21世纪高职高专精品教材
财务会计类

Xinbian Shangpin Liutong Qiye Kuaiji

新编商品流通企业会计

第二版

陈德洪　编著

解读专业原理，掌握行业特性

东北财经大学出版社
Dongbei University of Finance & Economics Press
大连

图书在版编目（CIP）数据

新编商品流通企业会计 / 陈德洪编著. —2版. —大连 ：东北财经大学出版社，2020.8（2021.8重印）

（21世纪高职高专精品教材·财务会计类）

ISBN 978-7-5654-3851-6

Ⅰ. 新… Ⅱ. 陈… Ⅲ. 商业会计-高等职业教育-教材 Ⅳ. F715.51

中国版本图书馆CIP数据核字（2020）第069868号

东北财经大学出版社出版

（大连市黑石礁尖山街217号 邮政编码 116025）

网 址：http：//www.dufep.cn

读者信箱：dufep@dufe.edu.cn

大连天骄彩色印刷有限公司印刷 东北财经大学出版社发行

幅面尺寸：185mm×260mm 字数：367千字 印张：16.75 插页：1

2020年8月第2版 2021年8月第2次印刷

责任编辑：张旭凤 责任校对：曲以欢

封面设计：冀贵收 版式设计：原 皓

定价：38.00元

第二版前言

在职业教育创新人才培养目标的引领下，我们确立了教材的总体思路，即以商品流通实体经营和网络经营的综合支付应用构建教材主线，以知识讲解—系统总结—分类测试三大步骤构建项目内容，将实践能力培养教育放在核心位置，在知识、技能、能力三个维度上全方位进行内容讲解、技能实训和能力培养。知识部分主要讲解项目中涉及的基本知识，以保证学生具备业务实践的基本理论水平，构建比较系统的专业知识体系；总结部分通过“项目总结”让学生不仅可以巩固本项目的相关知识，还可以形象地了解商品流通企业会计的创新应用情况；测试部分通过设计与业务相关的测试题型，将抽象的理论细化为具体的技能，让学生通过习题训练达到知识、技能的融会贯通，真正实现“理论通实践、实践用理论”。

本书根据当前我国实体经济、电商经济的发展情况，紧跟营改增及小微企业税收优惠政策的改革变化，突破了传统商品流通企业会计只有实体商品的单一形态的局限，用全新的实体商品与虚拟商品相结合的视野以实体经营、网络经营两种形式展开，并以货款综合支付方式（网银、第三方支付平台）为主线贯穿整个商品流通会计业务过程。除传统的批发经营、零售经营会计业务外，本书新增了网络经营电商会计业务，营改增会计业务，小微企业增值税、企业所得税减免优惠政策会计业务。

本书主要包括商品流通企业会计的工作内容、商品流转核算的一般原理、批发商品流转的核算、零售商品流转的核算、网络经营商品流转的核算、商品流转特殊业务的核算、商品流通费用和税金的核算、商品流通企业利润的核算、财务报表等九个项目。

本书由闽西职业技术学院陈德洪编著，并负责总体架构的设计及内容编写。为了方便教学，本书配有极具参考价值的教学电子课件、5 套综合模拟试卷及其参考答案。如有需要，请登录东北财经大学出版社网站（www.dufep.cn）或“财道书院”（www.idufep.com）下载使用，也可以通过 QQ：820274738 与本书责任编辑联系，或者通过 QQ：429766823 与本书编著者联系。

由于时间和水平有限，书中难免有疏漏和不足之处，恳请广大读者批评指正，不吝赐教。

编著者

2020 年 5 月

目录

1 项目一 商品流通企业会计的工作内容 1

任务一 了解商品流通企业会计的概念 2
任务二 熟悉商品流通企业会计的内容 3
任务三 掌握商品流通企业会计的模式 8
项目总结 9
项目测试 9

2 项目二 商品流转核算的一般原理 11

任务一 了解商品流转核算的特点及重要性 12
任务二 熟悉库存商品购销的确认与计价 13
任务三 掌握库存商品流转的核算方法 15
任务四 掌握库存商品采购费用的核算方法 17
项目总结 18
项目测试 18

3 项目三 批发商品流转的核算 21

任务一 批发商品购进的核算 22
任务二 批发商品销售的核算 47
任务三 出口商品销售的核算 66
任务四 商品销售成本的核算 71
任务五 批发商品盘存减值成本的核算 80
项目总结 84
项目测试 84

4 项目四　零售商品流转的核算　93

任务一　零售商品的核算内容　94
任务二　零售商品购进的核算　96
任务三　零售商品销售的核算　110
任务四　零售商品储存的核算　124
任务五　图书发行企业商品的核算　129
任务六　零售鲜活商品的核算　131
项目总结　135
项目测试　135

5 项目五　网络经营商品流转的核算　143

任务一　网络经营商品的内容　144
任务二　网络经营商品的模式　144
任务三　网络经营商品的核算　147
任务四　数字商品销售的核算　162
项目总结　168
项目测试　169

6 项目六　商品流转特殊业务的核算　173

任务一　库存商品加工的核算　174
任务二　出租商品的核算　176
任务三　包装物的核算　178
任务四　低值易耗品的核算　185
项目总结　187
项目测试　187

7 项目七　商品流通费用和税金的核算　193

任务一　商品流通费用的核算　194
任务二　商品流通税金的核算　202
项目总结　212
项目测试　212

8 项目八　商品流通企业利润的核算　217

任务一　利润的概述　218
任务二　营业利润的核算　219
任务三　利润总额的核算　222
任务四　所得税费用的核算　228
任务五　利润分配的核算　230
任务六　未分配利润的核算　233
项目总结　235
项目测试　235

9 项目九　财务报表　237

任务一　财务报表的概述　238
任务二　资产负债表　239
任务三　利润表　246
任务四　现金流量表　248
任务五　所有者权益变动表　254
任务六　财务会计报告附注　256
项目总结　257
项目测试　257

主要参考文献　261

项目一 1

商品流通企业会计的工作内容

任务一

了解商品流通企业会计的概念

一、商品流通企业会计的概念

商品流通企业会计是应用于商品流通企业的一门专业会计。它以货币计量为基本形式，运用专门的程序和方法对企业在组织商品购销调存中发生的交易和事项进行会计核算、监督。其基本目标是向会计信息使用者提供与企业财务状况、经营成果和现金流量等有关的会计信息，反映企业管理层受托责任的履行情况，有助于他们作出经营决策。

二、商品流通企业会计的特点

（一）以商品流通过程中的资金运动为对象进行核算和管理

制造企业的资金运动形式：货币—原材料—产品—货币。商品流通企业的资金运动形式：货币—商品—货币。

（二）成本计算范围和方法有其相对特殊性

制造企业的成本计算范围：购进原材料及运杂费、生产工人工资、制造费用。商品流通企业的成本计算范围：购进商品的进价作为成本，其他各项业务费用分别计入销售费用、管理费用、财务费用，归入当期损益。

（三）企业盈利的性质有别于制造企业

制造企业的盈利是其员工为社会创造的体现为高于制造成本的那部分价值。商品流通企业的盈利是制造企业让渡的一部分。

三、商品流通企业的类型

商品流通企业是以商品的购进、销售和储存等经济活动实现商品从生产领域到消费领域的价值转移和价值补偿的经济组织。其包括所有从事商品流通的独立核算的企业，包括商业、粮食、物资供销、供销合作社、对外贸易、医药、石油、烟草、图书发行等传统企业及新兴的电子商务企业。

商品流通企业按照其在商品流通中所处的地位和作用不同，可以分为批发企业、零售企业。

1.批发企业

批发企业：经营的商品主要来源于生产企业或其他商业企业及国外进口，再供应给零售企业、其他批发企业、生产企业、加工的商品流通企业及出口国外企业，是商品流通的起点或中间环节。

特点：一般是大宗商品买卖、交易次数少、购销金额大、商品储存数量大、交易双方签订商品购销合同或协议。

2.零售企业

零售企业：经营的商品主要来源于批发企业或生产企业及国外进口，销售给个人，或销售给企事业单位等用以生产和非生产消费，是商品流通的终点环节。

特点：组织形式多样，网点较分散，规模较小，经营商品的范围广泛，品种、规格繁多，销售次数频繁，数量零星。

商品流通企业按照其商品流通平台的不同，可以分为传统实体流通企业和现代电子商务流通企业。

1.传统实体流通企业

传统实体流通企业：商品的流通主要通过传统商场、店铺等实体平台进行从生产领域到消费领域的转移，实现商品直接面对面的消费交易。

特点：真实商品集中于商场、店铺的货架上，明码标价，并由消费者自由挑选、购买结算，实现了即买即用。

2.现代电子商务流通企业

现代电子商务流通企业：商品的流通主要通过现代互联网电子商务平台进行从生产领域到消费领域的转移，实现商品虚拟的消费交易。

特点：虚拟商品集中于网站的页面上、明码标价，并由消费者自由挑选、购买，通过第三方支付结算；由物流公司负责送货；实现了先买后用。

四、商品流通业的发展历程

第一阶段：改革开放初期至1989年年底，传统百货商店及国有贸易企业占商品流通市场的绝对主导地位。例如：北京王府井商场、上海百货商场等。

第二阶段：1990年至1995年年底，超级市场、新型专卖店及民营贸易公司出现。例如：北京华联超市、海尔家电专卖店、长虹家电专卖店等。

第三阶段：1996年至2004年年底，跨国零售商的进入及大型连锁企业的形成加速了商品流通业的现代化进程。例如：沃尔玛、家乐福、国美电器、苏宁电器等。

第四阶段：2004年以后，信息技术、互联网技术的发展彻底改变了传统商品流通企业的地位，出现了大量的现代电子商务流通企业。例如：阿里、京东、小米、苏宁等电商企业。

任务二 熟悉商品流通企业会计的内容

一、商品流通的形式

（一）实物形态运动

商品流通在物质上由不同商品的相互交换构成，是商品使用价值和所有权的转移。

（二）货币形态运动

商品流通在形式上是由商品转化为货币和由货币转化为商品，即由卖和买构成，也叫资金运动。它是通过购进、销售两个阶段按顺序变换自己的存在形态的，如图 1-1 所示。

货币资金——(1)——商品资金——(2)——货币资金

（1）表示商品的购进阶段（2）表示商品的销售阶段

图 1-1　资金的运动形式

二、商品流通的含义

商品流通是指商品从生产领域到消费领域的买卖运动过程。其简单的流通形式可用“商品—货币—商品”来表示，科学的流通形式可用“货币—商品—货币”来表示。其中，“货币—商品”是货币资金转化为商品资金的形式，称商品购进过程；“商品—货币”是商品资金转化为货币资金的形式，称商品销售过程。

三、商品流通的会计要素

会计要素，是确认、计量和报告企业财务状况，确定经营成果的基本单位，也是确定财务报表结构和内容的基础。《企业会计准则——基本准则》规定，会计要素按照其性质分为资产、负债、所有者权益、收入、费用和利润。

（一）反映财务状况

财务状况是指企业一定日期的资产及权益状况，是资金运动相对静止状态时的表现。商品流通企业的财务状况可通过资产、负债和所有者权益三个会计要素得以反映。

1. 资产。资产是指企业过去的交易或者事项形成的、由企业拥有或者控制的、预期会给企业带来经济利益的资源。资产通常按流动性分为流动资产与非流动资产。一般在 1 年内或长于 1 年的一个营业周期内变现或耗用的资产称为流动资产，如货币资金、应收及预付款项、存货等。不符合上述条件的资产均为非流动资产，如长期股权投资、固定资产、在建工程、无形资产等，如图 1-2 所示。

2. 负债。负债是指企业过去的交易或者事项形成的、预期会导致经济利益流出企业的现时义务。按照流动性，负债可分为流动负债与非流动负债。一般在 1 年内或长于 1 年的一个营业周期内偿还的债务称为流动负债，如短期借款、应付及预收账款等。偿还期长于 1 年或长于一个营业周期的债务属于非流动负债，如长期借款、应付债券和长期应付款等，如图 1-3 所示。

3. 所有者权益。所有者权益是指企业资产扣除负债后，由所有者享有的剩余权益，是所有者在企业资产中所享有的经济利益。所有者权益的来源包括所有者投入的资本、直接计入所有者权益的利得和损失、留存收益等，如图 1- 4 所示。

（二）反映经营成果

经营成果是企业在一定时期内从事生产经营活动所取得的最终成果，是资金运动显著变动状态时的体现。商品流通企业的经营成果可通过收入、费用和利润三个会计要素得以反映。

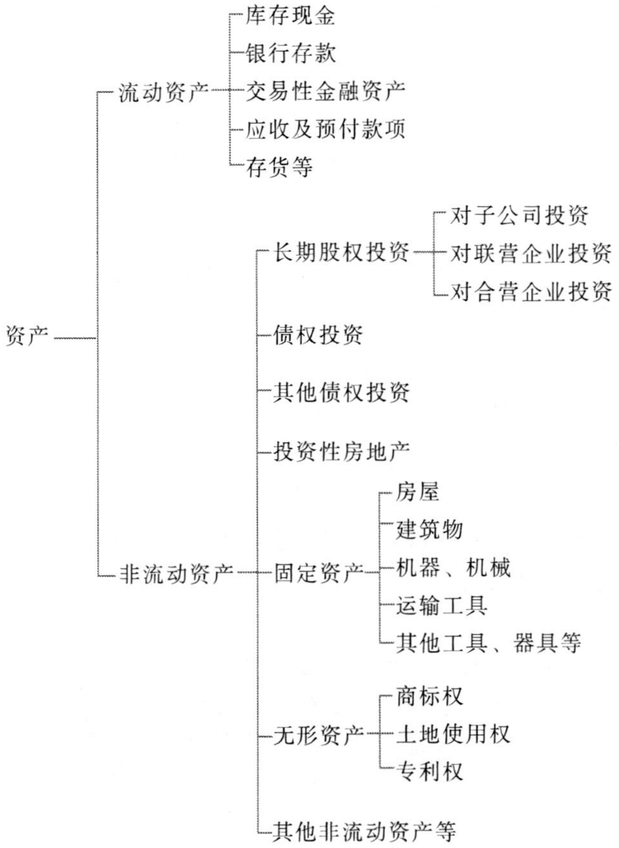

图 1-2 资产的构成

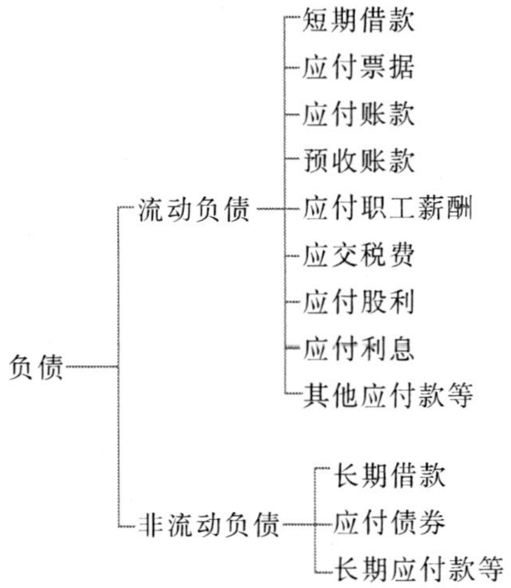

图 1-3 负债的构成

1.收入

收入是指企业在日常活动中形成的、会导致所有者权益增加的、与所有者投入资本无关的经济利益的总流入。其一般包括销售商品收入、提供劳务收入和让渡资产使用权收入。

所有者权益——
- 实收资本（股本）
- 资本公积
- 盈余公积
- 未分配利润

图 1-4　所有者权益的构成

2. 费用

费用是指企业在日常活动中发生的、会导致所有者权益减少的、与向所有者分配利润无关的经济利益的总流出。按照与收入的关系，费用可分为营业成本和期间费用，如管理费用、销售费用和财务费用。

3. 利润

利润是指企业在一定会计期间的经营成果，包括收入减去费用后的净额、直接计入当期利润的利得和损失等。

（三）商品流通企业的会计科目

会计科目是对会计要素按其经济内容和用途具体分类的项目。通过设置会计科目，可以将会计要素的增减变化分门别类地予以登记，为企业内部的经济管理和外部的有关方面提供一系列具体的分类数量指标。

商品流通企业会计科目表的一般形式见表 1-1。

表 1-1　　商品流通企业会计科目表

顺序号	编号	会计科目名称	顺序号	编号	会计科目名称
		一、资产类	42	2201	应付票据
1	1001	库存现金	43	2202	应付账款
2	1002	银行存款	44	2203	预收账款
3	1012	其他货币资金	45	2211	应付职工薪酬
4	1101	交易性金融资产	46	2221	应交税费
5	1121	应收票据	47	2231	应付利息
6	1122	应收账款	48	2232	应付股利
7	1123	预付账款	49	2241	其他应付款
8	1131	应收股利	50	2314	受托代销商品款
9	1132	应收利息	51	2401	递延收益
10	1221	其他应收款	52	2501	长期借款
11	1231	坏账准备	53	2502	应付债券
12	1402	在途物资	54	2701	长期应付款
13	1405	库存商品	55	2702	未确认融资费用

续表

顺序号	编号	会计科目名称	顺序号	编号	会计科目名称
14	1406	发出商品	56	2711	专项应付款
15	1407	商品进销差价	57	2801	预计负债
16	1408	委托加工物资	58	2901	递延所得税负债
17	1411	周转材料			三、所有者权益类
18	1471	存货跌价准备	59	4001	实收资本
19	1505	债权投资	60	4002	资本公积
20	1507	其他债权投资	61	4101	盈余公积
21	1511	长期股权投资	62	4103	本年利润
22	1512	长期股权投资减值准备	63	4104	利润分配
23	1521	投资性房地产	64	4201	库存股
24	1528	其他权益工具投资			四、成本类
25	1531	长期应收款	65	5201	劳务成本
26	1532	未实现融资收益	66	5301	研发支出
27	1601	固定资产			五、损益类
28	1602	累计折旧	67	6001	主营业务收入
29	1603	固定资产减值准备	68	6051	其他业务收入
30	1604	在建工程	69	6101	公允价值变动损益
31	1605	工程物资	70	6111	投资收益
32	1606	固定资产清理	71	6301	营业外收入
33	1701	无形资产	72	6401	主营业务成本
34	1702	累计摊销	73	6402	其他业务成本
35	1703	无形资产减值准备	74	6403	税金及附加
36	1711	商誉	75	6601	销售费用
37	1801	长期待摊费用	76	6602	管理费用
38	1811	递延所得税资产	77	6603	财务费用
39	1901	待处理财产损溢	78	6701	资产减值损失
		二、负债类	79	6711	营业外支出
40	2001	短期借款	80	6801	所得税费用
41	2101	交易性金融负债	81	6901	以前年度损益调整

任务三

掌握商品流通企业会计的模式

一、实体流通会计的定义及模式

（一）定义

实体流通会计，即以货币为计量单位，利用专门的方法和程序对实体商品流通企业发生的经营管理活动进行完整、连续、系统地反映和监督，旨在为实体商品流通企业的经济决策提供会计信息。

（二）模式

实体流通会计用于大中小型批发企业、大中小型零售企业、专营连锁企业。

二、网络流通会计的定义及模式

（一）定义

网络流通会计，即以货币为计量单位，利用专门的方法和程序对网络商品流通企业发生的经营管理活动进行完整、连续、系统地反映和监督，旨在为网络商品流通企业的经济决策提供会计信息。

（二）模式

网络流通会计用于平台电商、自营电商、生态电商、综合电商、直销电商。

商品流通企业资金运动如图 1-5 所示：

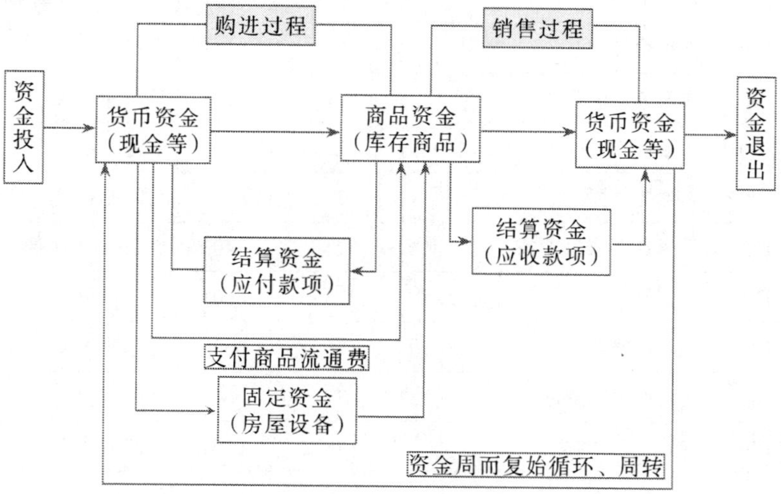

图 1-5 商品流通企业资金运动图

项目总结

在本项目中，我们了解了商品流通企业会计的基本职能。现代商品流通企业会计作为企业经营管理的一个重要组成部分，只有掌握其特点及资金运动过程的内容，才能为企业管理者提供有价值的会计信息。

项目测试

一、单项选择题

1. 商品流通企业会计的基本职能是核算与（　　）。

1-1

扫码看答案

A. 预测　　B. 控制

C. 监督　　D. 分析

2. 商品流通企业实现的盈利主要来自于（　　）。

A. 商品流通企业　　B. 制造企业让渡

C. 金融服务业让渡　　D. 教育行业让渡

3. 传统实体流通企业：商品的流通主要通过传统商场、店铺等实体平台进行从生产领域到消费领域的转移，实现商品（　　）的消费交易。

A. 面对面　　B. 虚拟　　C. 陆地　　D. 海上

4. 现代电子商务流通企业：商品的流通主要通过现代互联网电子商务平台进行从生产领域到消费领域的转移，实现商品（　　）的消费交易。

A. 面对面　　B. 虚拟　　C. 陆地　　D. 海上

5. 商品流通是指商品从生产领域到消费领域的买卖运动过程。其流通形式表示为（　　）。

A. 商品—货币—商品　　B. 货币—商品—货币

C. 货币—制造—货币　　D. 货币—制造—商品

二、多项选择题

1. 商品流通企业按照其在商品流通中所处的地位和作用不同可分为（　　）。

1-2

扫码看答案

A. 批发企业　　B. 零售企业

C. 传统实体企业　　D. 现代电子商务企业

2. 商品流通企业按照商品流通平台的不同可分为（　　）。

A. 批发企业　　B. 零售企业

C. 传统实体企业　　D. 现代电子商务企业

3. 反映商品流通企业财务状况的三个会计要素是（　　）。

A. 资产　　B. 负债　　C. 所有者权益　　D. 利润

4. 反映商品流通企业经营成果的三个会计要素是（　　）。

A. 收入　　B. 费用　　C. 利润　　D. 所有者权益

5. 实体流通会计的模式有（　　）。

A. 大中小型批发企业　　B. 大中小型零售企业
C. 垄断经营企业　　D. 专营连锁企业

6. 网络流通会计多用于（　　）。

A. 平台电商　　B. 自营电商　　C. 生态电商　　D. 直销电商

三、判断题

1-3

扫码看答案

1. 实体流通会计，以货币为计量单位，利用专门的方法和程序对实体商品流通企业发生的经营管理活动进行完整、连续、系统地反映和监督，旨在为实体商品流通企业的经济决策提供会计信息。（　　）

2. 网络流通会计，以货币为计量单位，利用专门的方法和程序对网络商品流通企业发生的经营管理活动进行完整、连续、系统地反映和监督，旨在为网络商品流通企业的经济决策提供会计信息。（　　）

3. 现代电子商务流通企业的特点：虚拟商品集中于网站的页面上，明码标价，并由消费者自由挑选、购买，通过第三方支付结算；由物流公司负责送货；实现了先买后用。（　　）

4. 到目前，我国商品流通业的发展经历了5个阶段。（　　）

5. 商品流通的资金运动形式表现为“货币—商品—货币”。（　　）

项目二

商品流转核算的一般原理

2

任务一

了解商品流转核算的特点及重要性

一、商品流转的特点

商品流转又称商品流通，是指社会产品通过货币结算，由生产领域转移到消费领域的过程。其具有两个基本特征：一是商品实物的转移；二是通过货币结算的交易行为。

完整的商品流转过程一般要经过批发商品流转和零售商品流转两个环节。

批发商品流转：商品流通企业从生产企业购进商品出售给零售企业以便继续转卖，或出售给生产企业继续加工的商品交易活动。它是商品流转的起点。

零售商品流转：商品流通企业从批发企业或生产单位购进商品，售予城乡居民和工厂、机关、团体、学校等集体消费单位，以进行直接消费的商品交易活动。它是商品流通的最终环节。

从事批发商品流转的企业称为批发企业，从事零售商品流转的企业称为零售企业，同时从事批发、零售商品流转的企业称为批零兼营企业。

二、商品流转核算的重要性

库存商品是商品流通企业的经营对象，组织商品流转也是商品流通企业的主要经营活动。因此，商品流转核算是商品流通企业会计核算的中心环节，科学地组织商品流转的核算对于恰当地反映商品流通企业的财务状况、经营成果和现金流量具有重要影响。

第一，库存商品计价会直接或间接地影响能否正确反映企业的财务状况与经营成果。

一方面，库存商品是商品流通企业存货中最为重要的内容，商品的核算是商品流通企业会计核算的中心内容。商品数量及价值的计算，直接影响到资产负债表中存货价值的真实性，进而对资产负债表中流动资产总额、所有者权益等项目的计算也产生直接影响。

另一方面，库存商品既是资产负债表的一个重要组成部分，也是利润表中销售成本的来源。库存商品与销售成本之间有机联系，库存商品的计价还会直接影响到当期和以后各期的财务成果。其具体表现在以下方面：

（1）期末库存商品计价（估价）如果过低，当期的收益可能因此而相应减少。

（2）期末库存商品计价（估价）如果过高，当期的收益可能因此而相应增加。

（3）期初库存商品计价如果过低，当期的收益可能因此而相应增加。

（4）期初库存商品计价如果过高，当期的收益可能因此而相应减少。

可见，库存商品计价得正确与否，对企业利润计算的准确性有着直接影响。

第二，库存商品是商品流通企业最为重要的资产项目，在企业全部资产中占有很大比重。保持适量的商品储备，加快商品流通速度，减少商品资金的积压，既是商品流通企业管理的重要内容，也是商品流通企业会计的重要任务。

第三，库存商品具有较强的流动性。在企业中，库存商品经常处于不断销售、耗用、购买或重置状态，具有较快的变现能力和明显的流动性。库存商品的这一性能决定了这样一个事实：若不借助于会计等管理工作加强对商品的管理，企业很可能遭受偷窃、浪费等人为的损失，或霉烂、变质等自然损失。

任务二

熟悉库存商品购销的确认与计价

一、库存商品的确认

商品流通企业库存商品的确认就是将符合资产要素确认标准的商品纳入资产负债表存货项目的过程。库存商品的确认条件包括：

第一，取得商品的目的是出售或加工后再出售。凡不是为了出售而取得的资产项目，均不能确认为商品流通企业的库存商品，而只能作为其他资产处理。如商品流通企业取得的固定资产、包装物、低值易耗品等资产项目，都是企业自用的，而不是以出售为目的，因此不能将其列入库存商品的范围。

第二，商品包含的经济利益很可能流入企业。库存商品最重要的特征是预期会给企业带来经济利益。因此，对库存商品的确认，关键是判断其是否能给企业带来经济利益或所包含的经济利益是否能流入企业。通常，库存商品的所有权是其所包含的经济利益能否流入企业的重要标志。一般情况下，根据销售合同已经售出（取得现金或收取现金的权利）、所有权已经转移的库存商品，因其所含经济利益已不能流入本企业，因而不能再作为企业的库存商品进行核算，即使该商品尚未运离企业。又如，委托代销商品由于其所有权并未转移至受托方，因而它是委托企业库存商品的一部分。总之，商品流通企业在判断库存商品所含经济利益能否流入企业时，通常应综合考虑该项库存商品所有权的归属。

第三，商品的成本能够可靠地计量。成本能够可靠地计量是库存商品确认的一项基本条件。库存商品是商品流通企业资产的组成部分，要予以确认也必须能够对其成本进行可靠的计量。如果库存商品的成本不能可靠地计量，则不能确认为一项存货。如商品流通企业承诺的订货，由于并未实际发生，不能确定其成本，因此就不能确认为企业的库存商品。

二、库存商品购销的交接货方式

库存商品购销的交接货方式通常是根据商品的特点及运输条件，由交易双方协商决定的。库存商品购销的交接货方式一般有以下几种：

1.送货制

送货制是指销货单位将商品送到购货单位指定的仓库或其他地点，由购货单位验收入库的一种方式。送货过程中所发生的费用和商品损耗，一般由销货单位负担。

2.提货制

提货制是指购货单位指派专人到销货单位指定的仓库或其他地点提取并验收商品的一种方式。提货过程中所发生的费用和商品损耗，一般由购货单位负担。

3.发货制

发货制是指销货单位根据购销合同规定的发货日期、商品品种、规格、数量等条件，将商品委托给运输单位运送到购货单位所在地的车站、码头、机场等，由购货单位领取并验收入库的一种方式。在发货过程中，一般规定商品交接以前所发生的费用和商品损耗由销货单位负担，商品交接以后所发生的费用和商品损耗由购货单位负担。

4.门市收购制

门市收购制是指企业直接在基层设立门市部收购农副产品、回收废旧材料物资。

三、库存商品购销的确认

1.库存商品采购的入账时间

商品购进以支付货款或收到商品的时间为入账时间。在货款先付、商品后到的情况下，以支付货款的时间作为商品购进的入账时间，因为购货方收到供货方的发货凭证后，支付了货款，说明购货方已取得商品的所有权；在商品先到、货款尚未支付的情况下，以收到商品的时间作为购进入账时间，因为商品到达并验收入库，购货方即有权处置商品，同时供货方也取得了向购货方收取货款的权利。

根据商品购销交接方式和货款结算方式的不同，商品流通企业的商品购进入账时间有以下几种情况：

（1）从实体平台或网络平台购进商品，采用现金、信用卡、第三方支付、网银（含手机银行）、支票、本票或商业汇票等结算方式的，以支付货款并取得供货单位的发货证明时间作为商品购进入账时间；假如商品先到并验收入库，而货款尚未支付，月末暂作购进商品入账，次月初再用红字冲回。

（2）从实体平台或网络平台购进商品，采用托收承付或委托收款结算方式的，以结算凭证先到并承付货款的时间，作为商品购进入账时间；商品先到并符合购销合同规定的，验收入库后，暂不作为商品入账，待承付货款时，再作购进入账，如月终还未付款，则作为购进入账，下月初再以红字冲回。

（3）如果在商品购进业务中采取预付货款方式，则不能以预付货款的时间作为商品购进的入账时间，因为预付货款不能形成买卖双方的商品交易行为。

（4）进口商品以支付货款的时间作为购进入账时间。

2.库存商品销售的入账时间

库存商品销售以发出商品、收取货款的时间，或以发出商品、取得收取货款权利的时间作为入账时间。

根据商品购销交接方式和货款结算方式的不同，商品流通企业的商品销售入账时间有以下几种情况：

（1）从实体平台销售商品，采用现金、信用卡、网银（含手机银行）、支票、本票或商业汇票等结算方式的，款到时入账。

（2）从实体平台销售商品，采用托收承付或委托收款结算方式的，办妥委托银行收款手续时入账。

（3）从网络平台（电商）销售商品，采用第三方支付结算方式的，客户确认收货时入账。

（4）采用异地汇兑结算方式的，发出商品并取得运输部门的运输单证时入账。

（5）采用分期收款方式的，发出商品时入账。

3.库存商品采购成本的确认

商品流通企业取得库存商品应当以其进价成本入账。一般而言，库存商品的成本包括采购成本、加工成本和其他成本。其中，采购成本是指库存商品从采购到入库发生的全部支出，包括购买价款、相关税费、运输费、装卸费、保险费以及其他属于库存商品采购成本的费用。

库存商品的购买价款，是指商品流通企业购入商品的发票上列明的价款，但不包括按规定可以抵扣的增值税税额。

与库存商品相关的税费，是指商品流通企业购买库存商品发生的进口关税、消费税、资源税和不能抵扣的增值税进项税额等应计入存货采购成本的税费。

商品流通企业在采购商品的过程中发生的运输费、装卸费、保险费等进货费用，一般情况下在发生时直接计入当期损益。

4.库存商品销售价格的确认

商业企业库存商品销售的入账金额，可以按不同的销售对象分为以下几种：

（1）批发价：是指商业批发企业直接供应给单位和个人的批量商品，按批发价作为销售入账价格。

（2）零售价：是指零售企业直接供应给消费者的数量零星的商品，按零售价扣除增值税后的余额作为销售入账价格。

（3）协商价：是指商业企业采用浮动价、批量作价，按实际开票价作为销售入账价格。

（4）批零兼营企业应视供应对象数量的多少分别采用批发价或零售价。

任务三

掌握库存商品流转的核算方法

商品流通会计核算处理既要反映商品的使用价值，又要反映商品的价值。反映商品的使用价值要对商品分类，进行实物数量核算，以反映各种商品进、销、存的数量增减变化情况；反映商品的价值要以货币为计量单位，以反映商品进、销、存金额的增减变化情况。因此，库存商品流转的核算方法有：数量进价金额法、数量售价金额法、售价金额法和进价金额法。

一、数量进价金额法

数量进价金额法，是指按商品的进价和数量核算库存商品进、销、存情况的一种方法。这种核算方法的主要特点是：

（1）“库存商品”的总分类账和明细分类账统一按进价记账。总分类账反映库存商品进价总金额；明细分类账反映各种商品的实物数量和进价金额。

（2）“库存商品”明细账按商品的品名、规格、等级和编号分户，按商品收、付、存分栏记录数量和金额，进行明细核算。

（3）对经营品种繁多的企业，在“库存商品”的总分类账和明细分类账之间可设置“库存商品”类目账，以核算大类商品的进、销、存金额情况，并控制所属明细账。

（4）在业务部门及仓库设置商品账，只记商品的收、付、存数量，不记金额。

（5）采用不同的方法定期计算并结转已销商品的成本。

这种方法的优点是：能按商品的品名、规格反映其进、销、存的数量和金额的变动情况，有利于加强库存商品的管理与控制，更好地安排商品的购销活动。

这种方法的缺点是：记账工作量较大，手续较烦琐。

这种方法的适用范围：一般适用于大中型批发企业。

二、数量售价金额法

数量售价金额法，是指按商品的售价和数量核算库存商品进、销、存情况的一种方法。这种核算方法的主要特点是：

（1）“库存商品”总分类账和明细分类账均按商品售价记账。

（2）设置“商品进销差价”科目用来核算库存商品进价金额与售价金额之间的差额。

（3）“库存商品”明细分类账的设置与数量进价金额法基本相同。

这种方法的优点是：能够按商品的品名、规格反映和监督商品的进、销、存数量和售价金额的变动情况。

这种方法的缺点是：经常调整商品金额和差价，即调价工作量较大。

这种方法的适用范围：一般适用于小型批发企业或某些特殊零售商品（如贵重物品）。

三、售价金额法

售价金额法，是指库存商品的总账和明细账都只核算商品的售价，不核算实物数量的一种方法。这种核算方法的主要特点是：

（1）售价记账，金额控制。库存商品进、销、存明细账登记售价金额，不登记数量。

（2）设置“商品进销差价”科目，用来核算商品进价金额与售价金额之间的差额。

（3）建立实物负责制。按经营商品的种类和管理要求，划分出若干柜组，确定实物负责人（或小组），对其经营的商品数量负责。

（4）加强商品的价格管理。如有售价变动，要即时调整相应商品的明码标价。

（5）健全商品盘存制度。盘存的各种商品数量分别乘以其售价算出的各种商品售价金额之和，应该与库存商品明细账中的账面金额相符。

这种方法的优点是：简化了会计核算手续，减少了工作量。

这种方法的缺点是：由于只记金额，不记数量，难以控制库存商品进、销、存情况。

这种方法的适用范围：一般适用于零售企业。

四、进价金额法

进价金额法，是指库存商品的总分类账和明细分类账都只核算进价金额而不核算其数量的一种方法。这种核算方法的主要特点是：

（1）库存商品总分类账和明细分类账按进价记账，只记进价总金额，不记商品数量。

（2）平时商品售出后，会计处理只核算销售收入，不结转销售成本。

（3）采取“以存计销”的方法。月末通过实地盘点，确定每种商品的实存数量，按最后一次进价计算库存商品的余额，倒求销售成本；然后结转销售成本。

其销售成本的计算公式是：

本期商品销售成本=期初库存商品进价金额＋本期进货进价金额−期末库存商品进价金额

期初库存商品进价金额=期初库存商品数量×期初库存商品单价

本期进货进价金额=$\sum$(进货数量×单价)

期末库存商品进价金额=期末盘存商品数量×最后一次的进货单价

这种方法的优点是：记账手续简便，工作量小。

这种方法的缺点是：由于缺乏数量的核算，难以准确算出销售成本。

这种方法的适用范围：一般适用于零售鲜活商品的企业。

任务四

掌握库存商品采购费用的核算方法

商品流通企业在采购商品的过程中发生的运输费、装卸费、保险费以及其他可归属于商品采购成本的费用有三种不同的核算方法。

一、采购费用直接计入商品采购成本

它是指将商品采购费用连同商品的买价（即货款）一并计入商品采购成本。这种方法的核算工作量大，通常适用于商品采购费用数额较大且品种规格不太多的国际贸易企业和批发企业。

二、采购费用先在“进货费用”账户中归集

它是指将商品采购费用先在“进货费用”账户中归集，期末再按商品的存销比例分摊，将已销商品的进货费用直接计入“主营业务成本”；剩余的计入期末“库存商品”的成本。这种方法的核算工作量大，通常适用于商品采购费用数额较大且品种规格较多的大型批发企业和零售企业。

三、采购费用直接计入当期损益

它是指将商品采购费用直接计入当期损益，列入“销售费用”账户。这种方法的核算最为简便，商品采购费用全部由已销商品负担。虽然不太合理，但一般情况下大多数商品流通企业都采取此种核算方法。

四、采购费用进项税额的抵扣核算

收到运输单位开来的增值税专用发票（运费）后，则可按其不含税金额的 9% 作为进项税额进行抵扣。若收到货物运输业增值税普通发票（运费），则按其全额作为销售费用入账，不得进行进项税额抵扣。

项目总结

在本项目中，我们了解了商品流转的基本过程、特征、核算方法，为学习和掌握项目三、四、五打下了基础，从而能在各类型企业中熟练运用数量进价金额法、数量售价金额法、售价金额法和进价金额法等进行会计业务实践操作。

项目测试

一、单项选择题

2-1

扫码看答案

1. 零售商品流转是整个商品流通的（　　）。

A. 起始环节　　B. 中间环节

C. 销售环节　　D. 最终环节

2. 从实体平台或网络平台购进商品，采用网银（含手机银行）结算方式的，商品购进入账时间为（　　）时。

A. 收到商品　　B. 支付货款　　C. 验收入库　　D. 商品发出

3. 商品流转环节有批发和（　　）。

A. 制造　　B. 加工　　C. 零售　　D. 服务

4. 批发商品流转是整个商品流通的（　　）。

A. 起始环节　　B. 中间环节　　C. 销售环节　　D. 最终环节

5. 从网络平台（电商）销售商品，采用第三方支付结算方式的，入账时间为（　　）时。

A. 客户确认收货　　B. 商品发出

C. 款项收到　　D. 办理委托收款手续

6. 小型批发流通企业和经营贵重物品的零售企业通常采用的商品核算方法是（　　）。

A. 进价金额法　　B. 售价金额法

C. 数量进价金额法　　D. 数量售价金额法

7. 大中型批发流通企业通常采用的商品核算方法是（　　）。

A. 进价金额法　　B. 售价金额法

C. 数量进价金额法　　D. 数量售价金额法

8. 零售鲜活商品的企业通常采用的商品核算方法是（　　）。

A. 进价金额法　　B. 售价金额法

C. 数量进价金额法　　D. 数量售价金额法

9. 企业进口商品时，商品到达我国口岸目的港后发生的费用一般情况下计入（　　）。

A. 管理费用　　B. 销售费用　　C. 财务费用　　D. 采购成本

10. 某商业企业 A 从国外进口一批商品，其中，商品离岸价格为 200 万元，商品离开对方口岸但还未到达我国口岸目的港所发生的运杂费为 3 万元、保险费为 7 万元；商品到达我国口岸目的港后发生运杂费 1 万元，增值税为 10 万元，则该批商品的采购成本为（　　）。

A.200 万元　　B.210 万元　　C.211 万元　　D.221 万元

二、多项选择题

1. 商品购销的交接货方式主要有（　　）。

A. 交货制　　B. 送货制　　C. 提货制　　D. 发货制

2-2

扫码看答案

2. 对于在采购商品的过程中发生的运输费、装卸费、保险费以及其他可归属于商品采购成本的费用，核算方法包括（　　）。

A. 直接计入商品采购成本　　B. 进货费用先归集后分配

C. 直接计入当期损益　　D. 直接计入其他支出

3. 库存商品销售价格的确认可按不同的销售对象分为（　　）。

A. 批发价　　B. 零售价　　C. 协商价　　D. 批发价或零售价

4. 商品流通企业库存商品的核算方法有（　　）。

A. 数量进价金额法　　B. 数量售价金额法

C. 售价金额法　　D. 进价金额法

5. 企业进口的商品，其采购成本包括（　　）。

A. 国外进价　　B. 应分担的外汇差价

C. 进口后的运杂费　　D. 进口环节的增值税

三、判断题

1. 从实体平台销售商品，采用托收承付结算方式的，办妥商品运输手续时入账。（　　）

2. 进口商品的国外进价，一律以到岸价格（CIF）为基础。（　　）

2-3

扫码看答案

3. 售价金额法适用于零售鲜活商品的企业。 (　　)

4. 采购费用直接计入商品采购成本的方法通常适用于采购费用数额较大且品种规格不太多的批发企业。 (　　)

5. 数量进价金额法一般适用于大中型批发企业。 (　　)

项目三 3

批发商品流转的核算

任务一

批发商品购进的核算

一、批发商品流转的业务特点

批发商品流转的环节包括商品购进、商品储存、商品销售三方面。

（一）批发商品流转的特点

批发商品流转的特点如下：

（1）商品主要来源于制造业、农业、商业及进口商品。

（2）商品经营活动一般是大宗商品交易且次数少，但金额大。

（3）商品储存数量大。

（4）商品购销对象主要是企事业单位，有本地的，也有异地的。

（5）商品流通时交易双方应签订商品购销合同或协议，并应严格执行合同或协议的规定。

（二）会计核算价格的主线

会计核算价格的主线是“三进一销”。“三进”是指购入商品时用购进的实际价格核算，验收入库时用购进的实际价格核算，结转主营业务成本时用购进的实际价格分类核算；“一销”是指销售商品时用销售价核算。

（三）批发商品流转核算流程图

批发商品流转核算流程如图 3-1 所示。

二、批发商品购进的业务程序

批发商品购进按照购进渠道不同可分为实体平台购进与网络平台购进。

（一）实体平台购进商品的业务

批发企业从实体平台购进商品主要是指从实体企业购进商品。

1.本地购进商品

对于本地购进商品，交接方式一般采用“送货制”或“提货制”，货款一般采用支票、信用卡、网银（含手机银行）、第三方支付或委托收款方式结算。业务程序是送货或提货—审核发票—验收商品—办理入库—结算货款。

2.异地购进商品

对于异地购进商品，交接方式一般采用“发货制”，货款一般采用网银（含手机银行）、第三方支付、托收承付、委托收款、商业汇票、银行汇票、汇兑等方式结算。业务程序是开具发票—商品出库—发货运输—审核发票—验收商品—办理入库—结算货款。

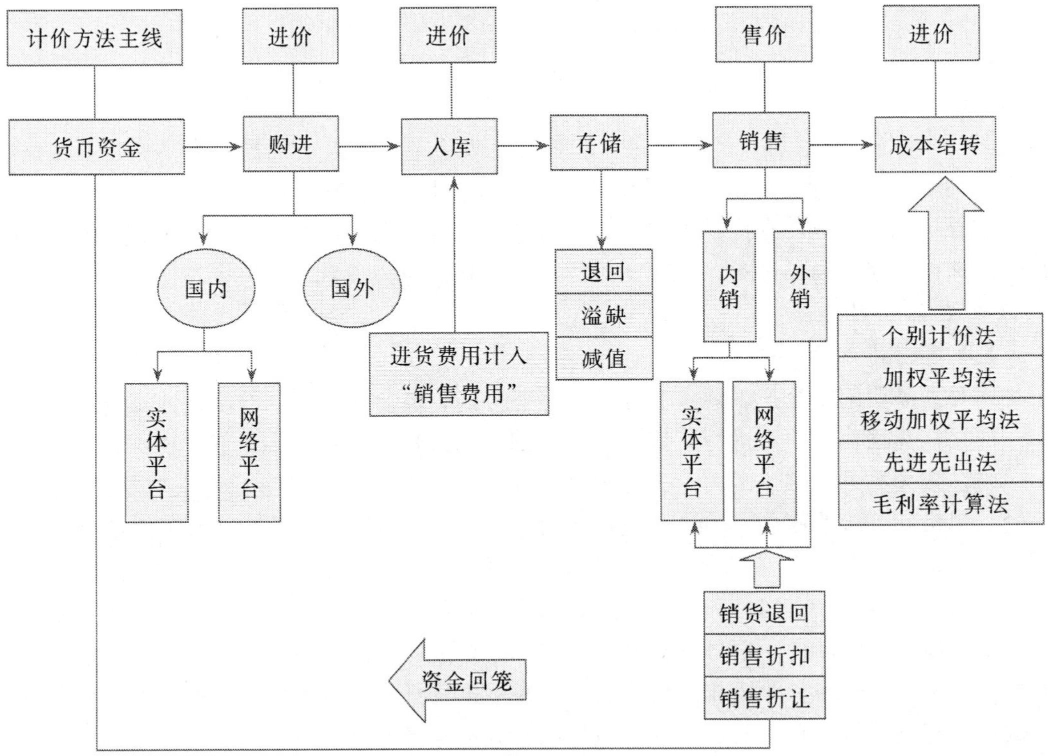

图 3-1　批发商品流转核算流程图

(二) 网络平台购进商品的业务

批发企业从网络平台购进商品主要是指从电商企业购进商品，交接方式一般采用“发货制”，货款一般采用网银（含手机银行）、第三方支付等方式结算。业务程序是搜索商品—订购商品—付款给第三方—收到商品—审核发票—验收入库—通知第三方支付货款。

(三) 商品办理入库程序

批发企业收到商品时，必须认真验收商品的数量和质量。实物负责人应当根据供货单位的发货单，逐一检查商品的品名、数量、单价、金额以及质量，验收合格后，应当填制收货凭证。收货凭证一般称为商品验收单，商品验收单上填列商品的品名、规格和购进价，以便记账。商品验收单的一般格式见表 3-1。

表 3-1　　商品验收单

收货单位　　　　年　月　日　　　　字第　号

商品条码	品名	实收				备注
		单位	数量	单价	金额	

会计主管：　　复核：　　验收人：　　制单：

三、库存商品账簿的设置与登记

（一）库存商品总账

“库存商品”科目属资产类科目，应核算批发企业全部自有的库存商品，包括存放在仓库及门市部和寄存在外库的商品、委托其他单位代管代销的商品、陈列展览的商品等。其借方登记批发企业库存商品的增加，贷方登记库存商品的减少，余额为库存商品的实存数额。该科目应按商品种类、名称、规格和存放地点分户设置明细账。

（二）库存商品明细账

1.库存商品明细账的分户

库存商品明细账分户，要本着能够满足业务经营需要，及时、准确地计算商品销售成本，简化核算工作等原则进行。库存商品明细账的分户方法一般有以下三种：

（1）按商品的品名、编号、规格和等级分户。采用这种分户方法，只要是同一品名、编号、规格和等级的商品，不论其进货批次是否相同，都在同一分户账页上连续登记。

（2）按商品的品名、编号、规格和等级，结合同一进货单价分户。采用这种分户方法，是将品名、编号、规格和等级、进货单价相同的商品，在同一分户账页上连续登记。

（3）按商品的品名、编号、规格和等级，结合进货批次分户。采用这种分户方法，是将品名、编号、规格和等级相同的商品，按每一进货批次开设明细账。这种方法适用于整批购进、整批销售，整批购进、分批销售以及分批保管的商品。

2.库存商品明细账的设置

在批发企业中，业务、保管和会计部门都掌握库存商品的明细资料。在实际工作中，库存商品明细账的设置一般有以下几种方法：

（1）三账分设：指业务、保管、会计部门各设一套库存商品明细账，即业务部门设调拨账，仓库设保管账，会计部门设库存商品明细账。

（2）两账合一：指业务和会计部门合并设置一套库存商品明细账，既记录数量又记录金额，提供业务和会计部门所需要的库存商品明细资料；仓库设保管账，只记录数量。

（3）三账合一：指业务、保管和会计部门合设一套库存商品明细账，记录数量、金额时还提供业务、保管和会计部门所需的库存商品明细资料。

3.库存商品明细账的格式及登记方法

库存商品明细账一般采用“数量金额”式账页，其格式见表 3-2。

在表 3-2 中，收入数量中的“其他”，是指商品加工完成收回和商品溢余等的数量；发出数量中的“其他”，是指商品加工发出、商品损耗和短缺等的数量。

在采用数量进价金额法核算的批发企业中，库存商品明细账中收入商品的数量、单价和金额，应该根据仓库、业务部门的发货票等凭证，按收入商品的批别分行登记。发出商品的数量，应根据业务部门的发货单登记；对于发出商品的单价（即发出商品的单位成本），由于各批发商品的进价往往不同，需要采用适当的方法（后面述及）计算、登记；发出商品的金额，应该根据发出商品的单价乘以发出商品的数量计算、登记。结存商品的数量和金额，在采用永续盘存制的情况下，应该根据期初结存、本期收入、本期发出的数

表 3-2　　库存商品明细表（1）

名称：　　单位：　　编号：　　规格：　　等级：

×年		凭证字号	摘要	收入				发出				结存			存放地点及数量	
				数量		单价	金额	数量		单价	金额	数量	单价	金额	甲库	乙库
月	日			购进	其他			购进	其他							

量和金额计算、登记；在采用实地盘存制的情况下，应该根据实际盘存的结果计算、登记。

四、批发商品购进业务的核算

（一）科目设置

1.“在途物资”

“在途物资”科目属于资产类，用来核算企业购进商品的采购成本。

2.“库存商品”

“库存商品”科目属于资产类，用来核算企业全部自有的库存商品，包括企业存放在仓库和实体店、寄存、代管、代销、展览的商品等。

3.“应交税费——应交增值税（进项税额）”

“应交税费——应交增值税（进项税额）”科目用来核算企业购进商品时支付的待抵扣的进项税额。

4.“销售费用”

“销售费用”科目属于损益类，用来核算企业购进商品时的运杂费和整理、挑选等零星费用。

（二）商品采购成本的确定

1.国内购进的用于国内销售和用于出口的商品

国内购进的用于国内销售和用于出口的商品，以进货原价作为采购成本。购进商品所发生的进货费用，包括购进出口商品到达交货地车站、码头以前支付的各种费用和手续费，均作为当期损益，列入销售费用。

2.企业进口的商品

企业进口的商品，其采购成本包括国外进价、应分担的外汇差价和进口环节的各种税费。进口商品的国外进价，一律以到岸价格（CIF）为基础。对外合同以离岸价格成交的，商品离开对方口岸后，应由我方负担的运杂费、保险费、佣金等费用，计入商品的进价；一般情况下，商品到达我国口岸目的港后发生的费用，计入销售费用。收入的进口佣金冲减进价；不易按商品认定的，冲减销售费用。

3.企业委托其他单位代理进口的商品

企业委托其他单位代理进口的商品，其采购成本为实际支付给代理单位的全部价款。

4.企业收购免税农副产品

企业收购免税农副产品，其采购成本为支付的收购价款扣除按规定计算的进项税款后的金额。

（三）购进国内商品业务的核算

1.实体平台购进商品的核算

批发企业从实体平台（同城或异地）购进商品，不论支付货款和商品到达时间是否在同一天，其会计处理均如下：

①采用支票、网银（含手机银行）、委托收款方式结算

购入：

借：在途物资——××公司（进价）

应交税费——应交增值税（进项税额）（专用发票上注明的增值税税额）

销售费用——运费（运杂费扣除进项税额）

贷：银行存款（或库存现金）

入库：

借：库存商品——××商品（进价）

贷：在途物资——××公司（进价）

【例 3-1】紫金象屿商贸股份有限公司从海尔公司购进家用电器一批，增值税专用发票上注明的价款为 50 000 元，增值税税额为 6 500 元，未发生其他相关费用。商品验收入库后，款项当日用网银支付。该公司应编制如下会计分录：

购入：

借：在途物资——海尔公司	50 000	
应交税费——应交增值税（进项税额）	6 500	
贷：银行存款		56 500

入库：

借：库存商品——××家电	50 000	
贷：在途物资——海尔公司		50 000

②采用信用卡方式结算

购入：

借：在途物资——××公司（进价）

应交税费——应交增值税（进项税额）

销售费用——运费（运杂费扣除进项税额）

贷：其他应付款——××个人

入库：

借：库存商品——××商品（进价）

贷：在途物资——××公司（进价）

到期还款：

借：其他应付款——××个人

贷：银行存款（或库存现金）

（预付账款——××担保支付方）

【例 3-2】紫金象屿商贸股份有限公司从海尔公司购进家用电器一批，增值税专用发票上注明的价款为 50 000 元，增值税税额为 6 500 元，发生运费（扣除进项税额）500 元。商品验收入库后，款项当日用刘某的建行信用卡支付，下月到期用支付宝归还。该公司应编制如下会计分录：

购入：

借：在途物资——海尔公司	50 000	
应交税费——应交增值税（进项税额）	6 500	
销售费用——运费	500	
贷：其他应付款——刘某		57 000

入库：

借：库存商品——××家电	50 000	
贷：在途物资——海尔公司		50 000

下月到期还款：

借：其他应付款——刘某	57 000	
贷：预付账款——支付宝担保支付方		57 000

③采用第三方支付方式结算

预付：

借：预付账款——××担保支付方

贷：银行存款

购入：

借：在途物资——××公司（进价）

应交税费——应交增值税（进项税额）

销售费用——运费（运杂费扣除进项税额）

贷：应付账款——××公司（客户）

入库：

借：库存商品——××商品（进价）

贷：在途物资——××公司（进价）

结算：

借：应付账款——××公司（客户）

贷：预付账款——××担保支付方

【例 3-3】紫金象屿商贸股份有限公司从海尔公司购进家用电器一批，增值税专用发票上注明的价款为 50 000 元，增值税税额为 6 500 元，发生运费（扣除进项税额）500 元。商品验收入库后，款项当日用支付宝账户支付。该公司应编制如下会计分录：

预付（到支付宝账户）：

借：预付账款——支付宝担保支付方　　57 000
　贷：银行存款　　57 000

购入：

借：在途物资——海尔公司　　50 000
　　应交税费——应交增值税（进项税额）　　6 500
　　销售费用——运费　　500
　贷：应付账款——海尔公司　　57 000

入库：

借：库存商品——××家电　　50 000
　贷：在途物资——海尔公司　　50 000

结算：

借：应付账款——海尔公司　　57 000
　贷：预付账款——支付宝担保支付方　　57 000

④采用托收承付方式结算

购入：

借：在途物资——××公司（进价）
　　应交税费——应交增值税（进项税额）
　　销售费用——运费（运杂费扣除进项税额）
　贷：应付账款——××公司（客户）

入库：

借：库存商品——××商品（进价）
　贷：在途物资——××公司（进价）

【例 3-4】紫金象屿商贸股份有限公司从海尔公司购进家用电器一批，增值税专用发票上注明的价款为 50 000 元，增值税税额为 6 500 元，发生运费（扣除进项税额）500 元。商品验收入库后，款项当日采用银行托收承付方式结算。该公司应编制如下会计分录：

购入：

借：在途物资——海尔公司　　50 000
　　应交税费——应交增值税（进项税额）　　6 500
　　销售费用——运费　　500
　贷：应付账款——海尔公司　　57 000

入库：

借：库存商品——××家电　　50 000

贷：在途物资——海尔公司　　50 000

⑤采用商业汇票、银行汇票、汇兑等方式结算

购入：

借：在途物资——××公司（进价）

　　应交税费——应交增值税（进项税额）

　　销售费用——运费（运杂费扣除进项税额）

　贷：应付票据

入库：

借：库存商品——××商品（进价）

　贷：在途物资——××公司（进价）

到期兑付：

借：应付票据

　贷：银行存款

【例 3-5】紫金象屿商贸股份有限公司从海尔公司购进家用电器一批，增值税专用发票上注明的价款为 50 000 元，增值税税额为 6 500 元，海尔公司代垫运费（扣除进项税额）500 元。商品验收入库后，该公司开出面值为 57 000 元、期限为 1 个月的商业承兑汇票结算上述款项，下月 25 日到期兑付。该公司应编制如下会计分录：

购入：

借：在途物资——海尔公司	50 000	
应交税费——应交增值税（进项税额）	6 500	
销售费用——运费	500	
贷：应付票据		57 000

入库：

借：库存商品——××家电	50 000	
贷：在途物资——海尔公司		50 000

到期兑付：

借：应付票据	57 000	
贷：银行存款		57 000

⑥采用先收商品后付款方式结算

若月末前收到结算凭证（发票），则会计处理如前①～⑤；若月末还未收到结算凭证（发票），则会计处理如下：对未付款的库存商品可按暂估价入账，下月初再用红字冲回，以便次月付款或开出商业承兑汇票后，按实际支付进货款和收到商品同时完成的情况处理。具体会计分录处理如下：

月末入账：

借：库存商品——××商品（暂估价）

　贷：应付账款——××公司（客户）

次月初用红字冲回：

借：库存商品——××商品（红字）

　贷：应付账款——××公司（客户）（红字）

次月收到增值税专用发票：

借：在途物资——××公司（实际进价）

　　应交税费——应交增值税（进项税额）

　　销售费用——运费（运杂费扣除进项税额）

　贷：银行存款（或应付账款或应付票据）

　　　预付账款——××担保支付方

重新办理入库：

借：库存商品——××商品（实际进价）

　贷：在途物资——××公司（实际进价）

【例 3-6】紫金象屿商贸股份有限公司从山东××公司购进一批电脑并验收入库，发票等结算单据未到，贷款尚未支付，月末按 80 000 元的暂估价入账。该公司应编制如下会计分录：

月末入账：

借：库存商品——电脑　　80 000

　贷：应付账款——山东××公司　　80 000

下月初用红字冲回：

借：库存商品——电脑　　[80 000]

　贷：应付账款——山东××公司　　[80 000]

下月 16 日，该公司收到电脑的增值税专用发票，电脑进价 100 000 元，增值税税额为 13 000 元，运费（扣除进项税额）2 000 元，上述款项均以支付宝支付。该公司应编制如下会计分录：

借：在途物资——山东××公司　　100 000

　　应交税费——应交增值税（进项税额）　　13 000

　　销售费用——运费　　2 000

　贷：预付账款——支付宝担保支付方　　115 000

重新办理入库：

借：库存商品——电脑　　100 000

　贷：在途物资——山东××公司　　100 000

⑦采用先付款后收商品的方式结算

预付：

借：预付账款——××公司（担保支付方）

　贷：银行存款

收到增值税专用发票：

借：在途物资——××公司（进价）

　　应交税费——应交增值税（进项税额）

　　销售费用——运费（运杂费扣除进项税额）

　　贷：预付账款——××公司（担保支付方）

收到所预订商品并入库：

借：库存商品——××商品（进价）

　　贷：在途物资——××公司（进价）

补付余款：

借：预付账款——××公司（担保支付方）

　　贷：银行存款

收回余款：

借：银行存款

　　贷：预付账款——××公司（担保支付方）

【例 3-7】紫金象屿商贸股份有限公司为增值税一般纳税企业，从外地的新普公司预订灯具 100 个，单价为 500 元，货款为 50 000 元，增值税税额为 6 500 元。按订货合同规定，应先向供货单位以网银预付货款 60 000 元，交货后结算余款。该企业应编制如下会计分录：

预付货款：

借：预付账款——新普公司	60 000	
贷：银行存款		60 000

收到所预订商品：

借：库存商品——灯具	50 000	
应交税费——应交增值税（进项税额）	6 500	
贷：预付账款——新普公司		56 500

收回余款：

借：银行存款	3 500	
贷：预付账款——新普公司		3 500

⑧收到增值税专用发票（增值税税率 9%）的会计处理

借：销售费用——运费（运杂费扣除进项税额）

　　应交税费——应交增值税（进项税额）

　　贷：银行存款（或应付账款或应付票据）

　　　　预付账款——××公司（担保支付方）

【例 3-8】紫金象屿商贸股份有限公司为增值税一般纳税企业，从外地新普公司购入灯具一批，委托龙州运输公司运到本公司仓库，该运输公司开来的增值税专用发票（增值税税率 9%）上列明的运费为 8 000 元、增值税税额 720 元，运费由第三方担保支付方支付宝支付。该企业应编制如下会计分录：

借：销售费用——运费	8 000	
应交税费——应交增值税（进项税额）	720	
贷：预付账款——支付宝（担保支付方）		8 720

需要注意的是，运费单列的，应以取得的货物运单为依据，以不含税运费的 9% 扣除

进项税额。扣除进项税额后的运费及采购费用不构成物资采购成本，而作“销售费用”处理。

2.网络平台购进商品的核算

批发企业从网络平台（同城或异地）购进商品，无论支付货款和商品到达时间是否在同一天，其会计处理如下：

有担保方：

①搜索商品不作会计处理。

②订购商品不作会计处理。

③付款给第三方担保支付方 。

借：预付账款——××担保支付方

　贷：银行存款

④收到商品及增值税专用发票。

借：在途物资——××公司（进价）

　　应交税费——应交增值税（进项税额）

　　销售费用——运费（运杂费扣除进项税额）

　贷：应付账款——××公司（客户）

验收入库：

借：库存商品——××商品（进价）

　贷：在途物资——××公司（进价）

⑤通知第三方担保支付方付款。

借：应付账款——××公司（客户）

　贷：预付账款——××担保支付方

⑥拒收商品但未取消交易，无须进行会计处理。

⑦拒收商品且取消交易，收回预付款（扣除运费）。

借：银行存款

　　销售费用——运费（运杂费扣除进项税额）

　贷：预付账款——××担保支付方

【例 3-9】紫金象屿商贸股份有限公司（一般纳税人）通过某电商 B2B 网络平台购入红光公司 A 商品 1 000 件（增值税税率为 13%），协商价格为每件 200 元，价款为 200 000 元、增值税税额为 26 000 元。该公司通过购物网站订货后，付款至支付宝。支付宝通知红光公司配发货物，红光公司通过顺丰物流公司将货物发出并代垫运费 4 000 元（可抵扣的增值税不计）。商品经紫金象屿公司验收合格后入库，同时通知支付宝支付价税费共计 230 000 元。该公司应编制如下会计分录：

①付款给支付宝。

借：预付账款——支付宝　　230 000

　贷：银行存款　　230 000

②收到商品及增值税专用发票。

借：在途物资——红光公司	200 000	
应交税费——应交增值税（进项税额）	26 000	
销售费用——运费	4 000	
贷：应付账款——红光公司		230 000

③验收入库。

借：库存商品——A 商品	200 000	
贷：在途物资——红光公司		200 000

④通知支付宝付款。

借：应付账款——红光公司	230 000	
贷：预付账款——支付宝		230 000

【例 3-10】若【例 3-9】中的紫金象屿商贸股份有限公司经验收发现商品不合格，拒收且取消交易，收回预付款（扣除运费），则该公司应编制如下会计分录：

借：银行存款	226 000	
销售费用——运费	4 000	
贷：预付账款——支付宝		230 000

无担保方：

①搜索商品不作会计处理。

②订购商品不作会计处理。

③收到商品及增值税专用发票。

借：在途物资——××公司（进价）

　　应交税费——应交增值税（进项税额）

　　销售费用——运费（运杂费扣除进项税额）

　贷：银行存款

验收入库：

借：库存商品——××商品（进价）

　贷：在途物资——××公司（进价）

④拒收商品退货，支付由我方负担的运费。

借：销售费用——运费（运杂费扣除进项税额）

　贷：库存现金

　　　银行存款

　　　应付账款——××物流公司

【例 3-11】紫金象屿商贸股份有限公司（一般纳税人）通过某电商 B2B 网络平台购入红光公司 A 商品 1 000 件（增值税税率为 13%），协商价格为每件 200 元，价款为 200 000 元、增值税税额为 26 000 元。该公司通过购物网站订货后，红光公司通过顺丰物流公司将货物发出并代垫运费 4 000 元（可抵扣的增值税不计）。商品经紫金象屿商贸股份有限公司验收合格后入库，同时支付价税费共计 230 000 元。该公司应编制如下会计分录：

①收到商品及增值税专用发票。

借：在途物资——红光公司　200 000

　　应交税费——应交增值税（进项税额）　26 000

　　销售费用——运费　4 000

　贷：银行存款　230 000

②验收入库。

借：库存商品——A 商品　200 000

　贷：在途物资——红光公司　200 000

【例 3-12】若【例 3-11】中的紫金象屿商贸股份有限公司经验收发现商品不合格，拒收且取消交易，收回预付款（扣除运费），则该公司应编制如下会计分录：

借：销售费用——运费　4 000

　贷：银行存款　4 000

（四）国外进口商品业务的核算

流通企业从国外购进商品，一般经历签订进口商品合同和履行进口商品合同两个过程。常用结算方式有信用证结算、托收结算和汇付结算，结算时间分为货到结算和单到结算。

在进口国外商品业务中，常会用到 FOB、CFR、CIF 三种价格。

FOB（Free on Board）是指船上交货（指定装运港）。FOB 价格包含了国内的所有费用（内陆运费、装卸费、拼箱费、码头费、报检费等）。

CFR（Cost and Freight）是指成本加运费（指定目的港），即卖方必须负担货物运至约定目的港所需的成本和运费。这里的成本相当于 FOB 价，故 CFR 价等于 FOB 价加上装运港到目的港的运费。

CIF（Cost，Insurance and Freight），即成本、保险费加运费（指定目的港），是指卖方必须在合同规定的日期或期间内在装运港将货物交到运往指定目的港的船上，负担货物装到船上为止的一切费用和货物灭失或损坏的风险；负责租船订舱，支付从装运港到目的港的正常运费，并负责办理货运保险，支付保险费。故 CIF 价等于 CFR 价加上保险费。

FOB、CFR、CIF 价之间的换算如下：

CFR 价=FOB 价+国外运费

CIF 价=CFR 价÷［1-（1+投保加成率）×保险费率］

CIF 价=（FOB 价+国外运费）÷［1-（1+投保加成率）×保险费率］

此外，从国外购进商品时，通常还会收到国外出口商所支付的各种佣金（Commission），包括明佣、暗佣和累计佣金。

1.一般情况下的进口业务

第一种：国外进价。

进口商品的国外进价一律以到岸价格（CIF）为基础，到达我国港口之后发生的费用（如检验费、港杂费、运杂费、保险费等）一律计入销售费用（一般情况下），且汇率一律以进口当日的汇率折算。

若以离岸价格（FOB/CFR）成交，则到达我国港口之前由我方负担的运杂费、保险费、佣金等费用计入商品的进价成本；到达我国港口之后发生的费用（如检验费、港杂费、运杂费、保险费等）一律计入销售费用（一般情况下），且汇率一律以进口当日的汇率折算。

第二种：进口税金。

进口税金是指进口商品在进口环节缴纳的计入进口商品成本的各种税金，含海关征收的进口关税和消费税（进口缴纳的增值税除外）。

第三种：进口佣金。

进口佣金是指进口商品时收到的国外出口商所支付的各种佣金，包含明佣、暗佣、累计佣金。

（1）以我国口岸到岸价格（CIF）成交：

进口商品采购成本=国外进价+外汇差价+进口环节的各种税金

（2）以国外口岸离岸价格（FOB/CFR）成交：

进口商品采购成本=国外进价+报关前的运保费+外汇差价+进口环节的各种税金

其中：

进口环节的各种税金=关税+消费税

海关完税价格=到岸价格（CIF）×汇率

或　　　　=（离岸价格（FOB/CFR）+运杂费+保险费+佣金）×汇率

关税=海关完税价格×关税税率

消费税=（海关完税价格+关税）÷（1-消费税税率）×消费税税率

增值税=（海关完税价格+关税+消费税）×增值税税率

进口商品采购成本=海关完税价格+关税+消费税

具体会计分录如下：

①进口（报关）。

借：在途物资——国外××公司（采购成本）

　　应交税费——应交增值税（进项税额）

　贷：银行存款

②支付国外费用（报关前费用）。

借：在途物资——国外××公司（报关前费用）

　贷：银行存款

③收到国外出口商的佣金。

借：银行存款

　贷：在途物资——国外××公司

④支付国内费用（报关后费用）。

借：销售费用（报关后费用）

　贷：银行存款

⑤验收入库。

借：库存商品——进口商品××

贷：在途物资——国外××公司

⑥索赔、理赔（对国外出口商索赔、对国内客户理赔）。

A. 对国外出口商索赔（进口商品已销售）。

借：应收账款——国外××公司

贷：主营业务成本

B. 收到国外出口商的赔偿款。

借：银行存款

贷：应收账款——国外××公司

C. 对国内客户理赔（开红字增值税专用发票）。

借：主营业务收入

应交税费——应交增值税（销项税额）

贷：应付账款——国内××公司

D. 收到税务机关退还的进口关税及增值税。

借：银行存款

贷：主营业务成本（关税、消费税）

应交税费——应交增值税（进项税额转出）

⑦代理进口业务。

A. 收到委托单位预付款。

借：银行存款

贷：预收账款——国内××公司

B. 收到进口单证并支付货款、保险费、关税及增值税。

借：预收账款——国内××公司

贷：银行存款

C. 收取代理手续费。

借：银行存款

贷：主营业务收入（属于主营业务）

其他业务收入（属于非主营业务）

D. 结算余款（退回）。

借：预收账款——国内××公司

贷：银行存款

E. 结算余款（补收）。

借：银行存款

贷：预收账款——国内××公司

2. 签有人民币互换协议

货币互换协议就是两个国家的中央银行签订一个协议，约定在某个时间内，以某种汇率可以换取多少数量的货币。其内容一般包括时间、汇率、数量、货币种类。人民币互换协议就是中国在与与其签有货币互换协议的国家进行贸易结算时，可以使用人民币或对方国家的货币，不必再使用美元作为交易的中介货币。一般情况下，进口商品无论是以到岸价格（CIF）还是以离岸价格（FOB/CFR）成交，都以人民币进行结算。

海关完税价格=到岸价格（CIF）

或　　=（离岸价格（FOB/CFR）+运杂费+保险费+佣金）

关税=海关完税价格×关税税率

消费税=（海关完税价格+关税）÷（1-消费税税率）×消费税税率

增值税=（海关完税价格+关税+消费税）×增值税税率

进口商品采购成本=海关完税价格+关税+消费税

具体会计分录如下：

①进口（报关）。

借：在途物资——国外××公司（采购成本人民币）

　　应交税费——应交增值税（进项税额）

　贷：银行存款

②支付国外费用（报关前费用）。

借：在途物资——国外××公司（报关前费用）

　贷：银行存款

③收到国外出口商的佣金。

借：银行存款

　贷：在途物资——国外××公司

④支付国内费用（报关后费用）。

借：销售费用（报关后费用）

　贷：银行存款

⑤验收入库。

借：库存商品——进口商品××

　贷：在途物资——国外××公司

3.保税区

保税区也称保税仓库区，是一国海关设置的或经海关批准注册、受海关监督和管理的可以较长时间存储商品的区域。在我国，保税区是经国务院批准设立的、海关实施特殊监管的经济区域。其功能定位为“保税仓储、出口加工、转口贸易”，享有“免证、免税、保税”政策，实行“境内关外”的运作方式，是我国对外开放程度最高、运作机制最便捷、政策最优惠的经济区域之一。

4.自贸区

自贸区是自由贸易区的简称，通常指两个以上的国家或地区，通过签订自由贸易协定，相互取消绝大部分货物的关税和非关税壁垒，以及绝大多数服务部门的市场准入限制，开放投资，从而促进商品、服务和资本、技术、人员等生产要素的自由流动，实现优势互补，促进共同发展。

5.各贸易区之间的关系

各贸易区之间的关系如图 3-2 所示：

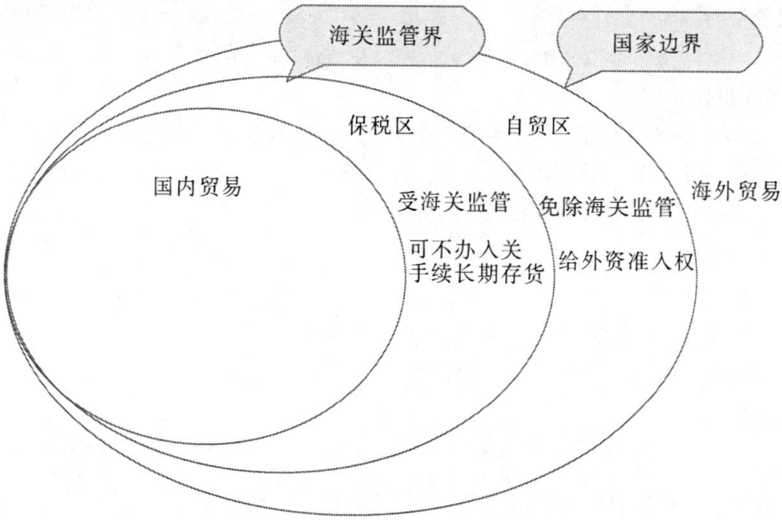

图 3-2　各贸易区之间的关系

【例 3-13】紫金象屿商贸股份有限公司自营进口货物一批，到岸价（CIF）为 100 000 美元，关税税率为 10%，消费税税率为 20%，海关完税凭证注明的增值税税率为 13%，当日的汇率为 1 美元=6.3 元人民币，同时支付报关费、检验费等 20 000 元（人民币），则：

海关完税价格=到岸价格（CIF）×汇率=100 000×6.3=630 000（元）

关税=海关完税价格×关税税率=630 000×10%=63 000（元）

消费税=（海关完税价格+关税）÷（1-消费税税率）×消费税税率

=（630 000+63 000）÷（1-20%）×20%=173 250（元）

增值税=（海关完税价格+关税+消费税）×增值税税率

=（630 000+63 000+173 250）×13%=112 612.50（元）

进口商品采购成本=海关完税价格+关税+消费税=630 000+63 000+173 250=866 250（元）

应编制会计分录如下：

①进口（报关）。

借：在途物资——国外××公司　　866 250

　　应交税费——应交增值税（进项税额）　　112 612.50

　贷：银行存款　　978 862.50

②支付费用（报关后费用）。

借：销售费用　　20 000

　贷：银行存款　　20 000

③验收入库。

借：库存商品——进口货物　　866 250

　贷：在途物资——国外××公司　　866 250

【例 3-14】紫金象屿商贸股份有限公司自营进口货物一批，离岸价（FOB）为 100 000 美元，关税税率为 10%，消费税税率为 20%，海关完税凭证注明的增值税税率为 13%，当日的汇率为 1 美元=6.3 元人民币；同时，支付报关前的海运费、保险费等 10 000 美元，支付报关后的运杂费、检验费等 20 000 元（人民币），则：

海关完税价格=（离岸价格（FOB）+运杂费+保险费+佣金）×汇率

=（100 000+10 000）×6.3=693 000（元）

关税=海关完税价格×关税税率=693 000×10%=69 300（元）

消费税=（海关完税价格+关税）÷（1−消费税税率）×消费税税率

=（693 000+69 300）÷（1−20%）×20%=190 575（元）

增值税=（海关完税价格+关税+消费税）×增值税税率

=（693 000+69 300+190 575）×13%=123 873.75（元）

进口商品采购成本=海关完税价格+关税+消费税=693 000+69 300+190 575=952 875（元）

应编制会计分录如下：

①进口（报关）。

借：在途物资——国外××公司　　952 875

　　应交税费——应交增值税（进项税额）　　123 873.75

　贷：银行存款　　1 076 748.75

②支付费用（报关后费用）。

借：销售费用　　20 000

　贷：银行存款　　20 000

③验收入库。

借：库存商品——进口货物　　952 875

　贷：在途物资——国外××公司　　952 875

【例 3-15】紫金象屿商贸股份有限公司从英国进口货物一批，到岸价（CIF）为 100 000 元（人民币），关税税率为 10%，消费税税率为 20%，海关完税凭证注明的增值税税率为 13%，当日的汇率为 1 美元=6.3 元人民币（我国与英国签有货币互换协议），同时支付报关费、检验费等 20 000 元（人民币），则：

海关完税价格=到岸价格（CIF）=100 000 元

关税=海关完税价格×关税税率=100 000×10%=10 000（元）

消费税=（海关完税价格+关税）÷（1−消费税税率）×消费税税率

=（100 000+10 000）÷（1−20%）×20%=27 500（元）

增值税=（海关完税价格+关税+消费税）×增值税税率

=（100 000+10 000+27 500）×13%=17 875（元）

进口商品采购成本=海关完税价格+关税+消费税=100 000+10 000+27 500=137 500（元）

应编制会计分录如下：

①进口（报关）。

借：在途物资——国外××公司　　137 500

　　应交税费——应交增值税（进项税额）　　17 875

贷：银行存款　155 375

②支付费用（报关后费用）。

借：销售费用　20 000

贷：银行存款　20 000

③验收入库。

借：库存商品——进口货物　137 500

贷：在途物资——国外××公司　137 500

（五）免税农副产品收购业务的核算

1.免税农副产品收购的一般业务程序

农副产品种类繁多，产地分散，生产的季节性强，且有品种规格复杂、政策性强等特点，因此批发企业收购免税农副产品一般有直接收购和预购两种。

2.免税农副产品收购业务的核算

按税法的有关规定，增值税一般纳税人向农业生产者购买免税的农副产品或向小规模纳税人购买的农副产品，准予按照买价（主管税务机关批准使用的免税农副产品收购发票上注明的实际支付价款）和 9% 或 10% 的扣除率计算进项税额，从当期销项税额中扣除。注：购入免税农产品用于直接出售的按 9% 扣除，购入免税农产品用于加工后出售的按 10% 扣除。

（1）直接从农业生产者处收购的核算

进项税额=买价（收购价）×9%（或 10%）

购进商品的成本=买价（收购价）-进项税额

①购入。

借：在途物资——××专业户

　　应交税费——应交增值税（进项税额）

贷：银行存款（或库存现金）

　　预付账款——××担保支付方

②入库。

借：库存商品——××商品

贷：在途物资——××专业户

【例 3-16】虹华水果批发公司向海南一龙眼种植专业户收购龙眼一批用于直接出售，收购价款为 100 000 元，以现金支付，则会计分录如下：

①准予抵扣的进项税额是 9 000 元（100 000×9%）。

借：在途物资——海南××专业户　91 000

　　应交税费——应交增值税（进项税额）　9 000

贷：库存现金　100 000

②验收入库。

借：库存商品——龙眼　91 000

贷：在途物资——海南××专业户　91 000

（2）直接从农业生产者处预购的核算

①预付定金。

借：预付账款——××专业户

　贷：银行存款（或库存现金）

　　预付账款——××担保支付方

②收购。

借：在途物资——××专业户

　应交税费——应交增值税（进项税额）

　贷：预付账款——××专业户

③按合同应补付货款。

借：预付账款——××专业户

　贷：银行存款（或库存现金）

　　预付账款——××担保支付方

④验收入库

借：库存商品——××商品

　贷：在途物资——×专业户

【例 3-17】虹华水果批发公司与海南一龙眼种植专业户签订合同购入后直接销售，预付定金 20 000 元（现金），则会计分录如下：

①预付定金。

借：预付账款——海南××专业户	20 000	
贷：库存现金		20 000

②收购龙眼总价款 100 000 元。

借：在途物资——海南××专业户	91 000	
应交税费——应交增值税（进项税额）	9 000	
贷：预付账款——海南××专业户		100 000

③按合同应补付货款 80 000 元。

借：预付账款——海南××专业户	80 000	
贷：库存现金		80 000

④龙眼验收入库。

借：库存商品——龙眼	91 000	
贷：在途物资——海南××专业户		91 000

（3）直接从生产、批发企业购入的核算

①从小规模生产、批发企业购入（免税或已税）。

借：在途物资——××公司

　贷：银行存款（或应付账款、应付票据）

　　预付账款——××担保支付方

②从一般纳税人生产、批发企业购入（免税）。

借：在途物资——××公司
　　贷：银行存款（或应付账款、应付票据）
　　　　预付账款——××担保支付方

③从一般纳税人生产、批发企业购入（已税进项税率 9%）。

借：在途物资——××公司
　　应交税费——应交增值税（进项税额）
　　贷：银行存款（或应付账款、应付票据）
　　　　预付账款——××担保支付方

【例 3-18】虹华水果批发公司向海南美林种植公司（小规模纳税人）购入龙眼一批，价款 50 000 元，以支付宝支付，则会计分录如下：

借：在途物资——美林公司　　50 000
　　贷：预付账款——支付宝（担保支付方）　　50 000

【例 3-19】虹华水果批发公司向海南美果种植公司（一般纳税人、免税）购入龙眼一批，价款 50 000 元，以网银支付，则会计分录如下：

借：在途物资——美果公司　　50 000
　　贷：银行存款　　50 000

【例 3-20】虹华水果批发公司向海南美海贸易公司（一般纳税人、已税）购入龙眼一批用于直接销售，价款 50 000 元，增值税税额为 4 500 元，以网银支付，则会计分录如下：

借：在途物资——美海公司　　50 000
　　应交税费——应交增值税（进项税额）　　4 500
　　贷：银行存款　　54 500

假设该公司购入龙眼用于加工成龙眼干进行出售则：

借：在途物资——美海公司　　50 000
　　应交税费——应交增值税（进项税额）　　5 000
　　贷：银行存款　　55 000

五、拒付货款和拒收商品的核算

（一）拒付货款的核算

拒付货款基本上有两种情况：一种情况是由于拒收商品而拒付全部货款；另一种情况是不拒收商品而只拒付部分货款。不管是哪种情况，当批发企业按规定拒付全部货款时，应在承付期内向银行提出“拒付理由书”。由于拒付全部货款，批发企业的资金未发生变化，所以在会计上不作账务处理。但商品到达后，必须作代管商品入账，记入表外科目“代管商品物资”辅助账簿中。批发企业拒付部分货款时，也要向银行提出“拒付理由书”，对承付的那部分货款，应按正常承付货款进行核算。

（二）拒收商品的核算

拒收商品一般有两种情况：

一是在承付货款以前，发现商品不符合合同规定，因而拒收商品，并拒付全部货款。对于此种情况，拒收商品时不作账务处理，仅对商品进行代管并记入表外科目“代管商品物资”。

二是在承付货款以后，验收商品时发现其不符合合同规定，因而拒收商品。对于货款已经支付并已入账的拒收商品，需对其作代管商品处理，并记入表外科目“代管商品物资”；对已经支付的货款，在解决前应从“在途物资”科目转入“应收账款”科目，对支付的该批商品的进项税额，也要转入“应收账款”科目；解决后，再冲减“应收账款”科目。

【例 3-21】某批发商业企业从联想电脑公司购进导航仪 500 台，计价款 200 000 元，应支付的增值税额为 26 000 元，接到银行转来的委托收款结算凭证和专用发票，审核无误后承付货款。该企业应编制如下会计分录：

借：在途物资——联想电脑公司　　200 000
　　应交税费——应交增值税（进项税额）　　26 000
　贷：银行存款　　226 000

导航仪运到后，发现质量与合同不符，该企业决定拒收，根据有关凭证编制会计分录如下：

借：应收账款——联想电脑公司　　226 000
　贷：在途物资——联想电脑公司　　200 000
　　　应交税费——应交增值税（进项税额）　　26 000

同时：

借：代管商品物资——导航仪　　200 000

经协商，对方同意退货，已办妥退货手续，收到对方归还的款项，根据有关凭证编制会计分录如下：

借：银行存款　　226 000
　贷：应收账款——联想电脑公司　　226 000

同时：

　贷：代管商品物资——导航仪　　200 000

六、购进商品发生溢余或短缺的核算

批发企业购进的商品运到后，要认真验收，查明实收商品与应收商品是否相符，如果发现不符，除按实收数入库外，还要反映溢缺商品数额并查明原因。批发企业购进的商品发生溢余或短缺的，在查明原因前或经批准予以转账前，溢余或短缺商品的价值先通过“待处理财产损溢”科目核算，待查明原因或经批准予以转账时，再转入相关科目。

（一）购进商品发生溢余的核算

①查明原因或批准前（先入库）。

借：库存商品——××商品
　贷：在途物资——××公司
　　　待处理财产损溢——待处理流动资产损溢

②查明原因属自然升溢。

借：待处理财产损溢——待处理流动资产损溢

贷：销售费用

③查明原因属供货方多发且同意购入（收到专用发票）。

借：待处理财产损溢——待处理流动资产损溢

　　应交税费——应交增值税（进项税额）

　贷：银行存款

④查明原因属供货方多发且不同意购入。

借：待处理财产损溢——待处理流动资产损溢

　贷：库存商品——××商品

同时记入表外科目“代管商品物资”。

【例 3-22】厦门中创公司从西安 A 公司购进洗涤剂 40 000 千克，单价为 3.50 元，总价款 140 000 元，货款已承付。商品运到后，实收商品 40 100 千克，溢余 100 千克，其价值为 350 元，原因待查。会计部门根据“发货票”（随货联）、“收货单”和“商品溢余报告单”编制如下会计分录：

借：库存商品——洗涤剂	140 350	
贷：在途物资——西安 A 公司		140 000
待处理财产损溢——待处理流动资产损溢		350

经查，溢余的洗涤剂中 40 千克计 140 元属自然升溢，其余部分为供货方多发，批发企业同意购进，收到西安 A 公司补来的专用发票，其中洗涤剂款为 210 元，增值税进项税额为 27.30 元，补付货款从银行存款户汇出。该企业应编制如下会计分录：

借：待处理财产损溢——待处理流动资产损溢	350	
应交税费——应交增值税（进项税额）	27.30	
贷：销售费用		140
银行存款		237.30

（二）购进商品发生短缺的核算

购进商品发生短缺的，能确定由保险公司或过失方负责的部分，应自“在途物资”科目转入“应付账款”“其他应收款”等科目；尚待查明原因和需要报批才能转销的损失，应通过“待处理财产损溢”科目核算，查明原因后，再进行处理：

①属于应由供货方、运输机构、保险公司或其他过失方负责赔偿的损失

借：应付账款——××公司

　　其他应收款——××个人

　贷：待处理财产损溢——待处理流动资产损溢

②属于自然灾害等非正常原因造成的损失，应是扣除残料价值和过失方、保险公司赔偿后的净损失

借：营业外支出——非正常损失

　贷：待处理财产损溢——待处理流动资产损溢

③属于无法收回的其他损失，报经批准后

借：销售费用

贷：待处理财产损溢——待处理流动资产损溢

④批发企业购进的商品发生的非正常损失，其增值税（进项税额）应转入有关科目

借：待处理财产损溢——待处理流动资产损溢

　贷：应交税费——应交增值税（进项税额转出）

【例 3-23】承【例 3-22】，假定该批发企业验收商品时发现洗涤剂短少 80 千克，原因待查。根据有关凭证，该企业应编制如下会计分录：

借：库存商品——洗涤剂	139 720	
待处理财产损溢——待处理流动资产损溢	280	
贷：在途物资——西安 A 公司		140 000

经查，短缺的洗涤剂属于运输途中自然损耗，根据有关凭证，编制如下会计分录：

借：销售费用	280	
贷：在途物资——西安 A 公司		280

七、进货退出的核算

批发企业购进商品后，在验收入库时可能会因商品的质量、规格与合同不符等原因，发生进货退出业务。

批发企业发生进货退出业务时，必须取得当地主管税务机关开具的进货退出证明单，送交供货方作为其开具红字专用发票的合法依据。批发企业在收到供货方开具的红字增值税专用发票及其他有关凭证后，作进货退出的账务处理。具体会计分录如下：

①红字增值税专用发票及其他有关凭证

借：应收账款——××公司

　贷：在途物资——××公司

　　应交税费——应交增值税（进项税额）

②退回商品

借：在途物资——××公司

　贷：库存商品——××商品

③收到退回款

借：银行存款

　贷：应收账款——××公司

【例 3-24】某批发商业企业从杭州电器公司购进电磁炉一批，价款 20 000 元，应支付的增值税税额为 2 600 元，商品验收入库，同时收到对方开来的增值税专用发票等有关凭证，审核无误后以银行存款支付款项。该批发商业企业应编制如下会计分录：

借：库存商品——杭州电器公司	20 000	
应交税费——应交增值税（进项税额）	2 600	
贷：银行存款		22 600

半个月后，发现该电磁炉质量不符合合同要求，经协商对方同意退货，退货手续已办妥，但尚未收到款项。根据收到的红字增值税专用发票等凭证，编制会计分录如下：

借：应收账款——杭州电器公司　　22 600

　贷：在途物资——杭州电器公司　　20 000

　　　应交税费——应交增值税（进项税额）　　2 600

退回商品：

借：在途物资——杭州电器公司　　20 000

　贷：库存商品——电磁炉　　20 000

收到杭州电器公司退回的款项时，编制会计分录如下：

借：银行存款　　22 600

　贷：应收账款——杭州电器公司　　22 600

八、进货退补价的核算

批发企业购进商品验收入库后，有时由于供货单位的价格计算错误，或发货时按暂定价结算，可能发生退价或补价业务。进货退补价业务只涉及商品的价格，不涉及数量。

（一）进货退价的核算

进货退价是指商品的实际进价低于原结算的进价，由供货单位退还一部分价款给进货单位。关于进货退价，会计部门要根据价款是否收回作不同处理。

如果收到供货单位退价通知的同时收到价款，借记“银行存款”科目，贷记“库存商品”科目；如果只收到供货单位的退价通知，价款尚未收到，则借记“应收账款”科目，贷记“库存商品”科目。后一种情况也可以暂不记账，待收到退还的价款时，再作其分录。如果退价时，购进的商品已全部或部分售出，并已结转销售成本，则应冲减“主营业务成本”科目。

具体会计分录如下：

①商品尚未出售或尚未结转成本。

借：银行存款（或应收账款）

　贷：库存商品——××商品

　　　应交税费——应交增值税（进项税额）

②商品已全部出售或已结转成本。

借：银行存款（或应收账款）

　贷：主营业务成本

　　　应交税费——应交增值税（进项税额）

（二）进货补价的核算

进货补价是指购进商品的实际进价高于原结算的进价，由购货单位补付少付的价款给供货单位。当购货单位接到供货单位发来的补价通知时，如立即补付，则借记“库存商品”科目，贷记“银行存款”科目；如果接到供货单位的补价通知时暂不付款，则应借记“库存商品”科目，贷记“应付账款”科目。如果补价的商品已出售，并已结转销售成本，则需借记“主营业务成本”科目。

具体会计分录如下：

①商品尚未出售或尚未结转成本。

借：库存商品——××商品

　　应交税费——应交增值税（进项税额）

　贷：银行存款（或应付账款）

②商品已全部出售或已结转成本。

借：主营业务成本

　　应交税费——应交增值税（进项税额）

　贷：银行存款（或应付账款）

任务二

批发商品销售的核算

一、批发商品销售的业务核算

批发商品销售由于销售渠道不同，因此其业务核算程序也不同，可分为实体平台商品销售业务的核算和网络平台商品销售业务的核算。

批发商品销售的会计科目设置如下：

①“主营业务收入”科目是损益类科目，用来核算商品流通企业在销售商品、提供劳务及让渡资产使用权等日常活动中产生的收入，可设“内销商品销售收入”“出口商品销售收入”两个明细账核算。

②“主营业务成本”科目是损益类科目，用来核算商品流通企业因销售商品、提供劳务等发生的实际成本，可设“内销商品销售成本”“出口商品销售成本”两个明细账核算。

二、实体平台商品销售业务的核算

批发企业从实体平台销售商品主要是指通过实体企业销售商品。

（一）对于本地销售商品

对于本地销售商品，交接方式一般采用“提货制”或“送货制”，货款一般采用支票、信用卡、网银（含手机银行）、第三方支付或委托收款等方式结算。

1.采用“提货制”方式

其一般是购货方到供货方处选购商品的品种、数量，供货方业务部门根据购货方选购的商品，填制“发货清单”（见表 3-3）交购货方向财务部门办理货款结算，财务部门开具“××省增值税专用发票”或“××省增值税普通发票”并将“发票联”“抵扣联”“发货清单”及“提货单”交购货方到指定仓库自行办理提货手续。

表 3-3　　发货清单

商品类别：　　开单日期　　年　月　日　字第　号

发货仓库：　　发货日期　　年　月　日

购入单位：　　合同　字第　号

货号	品名	规格	件数	单位	数量	单价	金额

附注：

附单据：

（有关人员签章）

每日终了，销售部门根据有关销售凭证填制“销售日报表”（见表 3-4）交给财务部门。财务部门根据收到的“销售日报表”及增值税专用发票或增值税普通发票的“记账联”作会计分录：

表 3-4　　销售日报表

年　月　日

货号	类别	品名	规格	单位	数量	单价	金额	发货单张数

（有关人员签章）

①平时

借：银行存款（现金交存）

　　银行存款——银联公司（刷 POS 机）

　　应收账款——××担保支付方

　贷：主营业务收入

　　　应交税费——应交增值税（销项税额）

②结算

借：银行存款

　　财务费用——手续费

　贷：银行存款——银联公司（刷 POS 机）

　　　应收账款——××担保支付方

③月终（汇总一次性结转成本）

借：主营业务成本

　贷：库存商品——××商品

【例 3-25】紫金象屿商贸股份有限公司销售商品一批，增值税发票上注明商品不含税价为 50 000 元，增值税税额为 6 500 元，货款收到已存入银行，发票及“提货单”已交购货方，但该批商品尚未从仓库提走，该批商品的进价为 40 000 元。该企业应编制如下会计分录：

借：银行存款　　56 500

　贷：主营业务收入　　50 000

　　　应交税费——应交增值税（销项税额）　　6 500

同时，结转销售成本 40 000 元，则：

借：主营业务成本　　40 000

　贷：库存商品——××商品　　40 000

批发企业销售商品，除核算商品销售收入外，还要核算商品销售成本，也就是要结转商品销售成本。商品销售成本可以逐日计算和结转，也可以定期计算和结转。在实际工作中，为简化核算手续，商品销售成本一般在月末汇总结转一次。

2.采用“先收货款”的“送货制”方式

其商品销售的账务处理与“提货制”相同。

①平时

借：银行存款（基本户）

　　银行存款——银联公司（刷 POS 机）

　　应收账款——××担保支付方

　贷：主营业务收入

　　　应交税费——应交增值税（销项税额）

②结算

借：银行存款（基本户）

　　财务费用——手续费

　贷：银行存款——银联公司（刷 POS 机）

　　　应收账款——××担保支付方

③月终（汇总一次性结转成本）

借：主营业务成本

　贷：库存商品——××商品

【例 3-26】紫金象屿商贸股份有限公司采用“先收货款”的“送货制”方式售给某商场化妆品一批，总价款 60 000 元，应收取的增值税税额为 7 800 元，该公司用建行 POS 机刷信用卡收取价税款（手续费每笔 20 元），该批化妆品的进价为 42 000 元。其会计分录如下：

①平时

借：银行存款——银联公司（刷 POS 机）　　67 800

　贷：主营业务收入　　60 000

　　　应交税费——应交增值税（销项税额）　　7 800

②结算

借：银行存款（基本户）　　67 780

　　财务费用——手续费　　20

贷：银行存款——银联公司（刷 POS 机）		67 800
③月终（汇总一次性结转成本）		
借：主营业务成本	42 000	
贷：库存商品——化妆品		42 000

3.采用“验货付款”的“送货制”方式

①发出商品

借：发出商品——某商场××商品

贷：库存商品——××商品

②收到货款确认收入

借：银行存款（基本户）

银行存款——银联公司（刷 POS 机）

应收账款——××担保支付方

贷：主营业务收入

应交税费——应交增值税（销项税额）

③结算

借：银行存款（基本户）

财务费用——手续费

贷：银行存款——银联公司（刷 POS 机）

应收账款——××担保支付方

④结转成本

借：主营业务成本

贷：发出商品——某商场××商品

【例 3-27】紫金象屿商贸股份有限公司采用“验货付款”的“送货制”方式售给某商场化妆品一批，总价款 60 000 元，应收取的增值税税额为 7 800 元，该批化妆品的进价为 42 000 元。其会计分录如下：

①发出商品		
借：发出商品——某商场××化妆品	42 000	
贷：库存商品——××化妆品		42 000
②收到商场的验货凭证及货款		
借：银行存款	67 800	
贷：主营业务收入		60 000
应交税费——应交增值税（销项税额）		7 800
③同时结转该批商品的成本		
借：主营业务成本	42 000	
贷：发出商品——某商场××化妆品		42 000

（二）对于异地销售商品

对于异地销售商品，交接方式一般采用“发货制”，货款一般采用网银（含手机银行）、第三方支付、托收承付、委托收款、汇票、汇兑等方式结算。

采用“发货制”销售的，先由供货方业务部门根据购货方选购的商品，填制“发货清单”（见表 3-3）交财务部门办理货款结算，财务部门开具“××省增值税专用发票”或“××省增值税普通发票”并将“发票联”、“抵扣联”、“发货清单”及“提货单”交储运部门，向仓库提货并办妥商品发运手续，再将“运单”及“发货清单（结算联）”送财务部门，据以办理货款结算手续。

代购货单位垫付的运杂费，也随同货款一并托收。由于批发企业采用委托收款方式销售商品一般会签订销售合同，在合同中规定买方的责任，所以，通常以商品已经发出并将发票账单提交银行而且已办妥托收手续作为销售收入的实现。具体会计分录如下：

①销售并开增值税专用发票

借：应收账款——××公司

　　贷：主营业务收入

　　　　应交税费——应交增值税（销项税额）

②支付代垫运费

借：应收账款——××公司

　　贷：银行存款

③结转已销商品成本

借：主营业务成本

　　贷：库存商品——××商品

④收到货款及代垫运费

借：银行存款

　　应收账款——××担保支付方

　　贷：应收账款——××公司

⑤结算

借：银行存款

　　财务费用——手续费

　　贷：应收账款——××担保支付方

【例 3-28】20××年 9 月 10 日，紫金象屿商贸股份有限公司采用托收承付方式向广西虹维公司销售玩具一批，增值税发票上注明该批玩具的不含税价为 100 000 元，增值税税额为 13 000 元，银行支付代垫运费 3 000 元，玩具已经发出，并向银行办理了托收手续；玩具的成本为 75 000 元；25 日货款及运费通过支付宝账户收取并付手续费 20 元。该公司应编制如下会计分录：

①确认商品销售收入

借：应收账款——广西虹维公司	113 000	
贷：主营业务收入		100 000
应交税费——应交增值税（销项税额）		13 000

②支付代垫运费

借：应收账款——广西虹维公司	3 000	
贷：银行存款		3 000

③结转商品销售成本

借：主营业务成本	75 000	
贷：库存商品——玩具		75 000

④收到货款及代垫运费

借：应收账款——支付宝担保支付方	116 000	
贷：应收账款——广西虹维公司		116 000

⑤结算

借：银行存款	115 980	
财务费用——手续费	20	
贷：应收账款——支付宝担保支付方		116 000

三、网络平台商品销售业务的核算

批发企业从网络平台销售商品主要是指通过自营、电商网络平台销售商品。

（一）从自营网络平台销售商品的核算处理

批发企业从自营网络平台销售商品时，一般采用“发货制”，货款一般采用无担保方的网银（含手机银行）、第三方支付等结算方式。其程序是：接收客户订单—预收货款—发出商品—客户确认收货—结算货款—客户拒收（换货）—客户拒收（退货）—退回货款（取消交易）。具体会计分录如下：

（1）接收客户订单不作会计处理

（2）预收货款

借：银行存款

　贷：预收账款——××公司

（3）发出商品

借：发出商品——××商品

　贷：库存商品——××商品

货物由物流公司配送，支付物流费用：

借：销售费用——运费（不考虑增值税）

　贷：库存现金

　　　应付账款——××物流公司

（4）客户确认收货并结算货款

借：预收账款——××公司

　贷：主营业务收入

　　　应交税费——应交增值税（销项税额）

结转销售成本时：

借：主营业务成本
　贷：发出商品——××商品
（5）客户拒收（换货）
退回商品入库：
借：库存商品——××商品
　贷：发出商品——××商品
重新发货：
借：发出商品——××商品
　贷：库存商品——××商品
（6）客户拒收（退货）
退回商品入库：
借：库存商品——××商品
　贷：发出商品——××商品
（7）退回货款
借：预收账款——××公司
　贷：银行存款

【例 3-29】20××年 9 月 10 日，紫金象屿商贸股份有限公司通过自营网络平台销售 B 商品 200 件给甲公司，协商价格为每件 226 元（含税），甲公司从紫金象屿商贸股份有限公司的网站订货后，预付价税款共计 45 200 元至该公司。该公司通过顺丰物流公司将货物发出（发生物流费用 200 元，不考虑增值税，签有费用定期结算协议），13 日甲公司验货合格后与该公司结清货款。若 13 日甲公司验收不合格退回并要求重新发货，18 日甲公司验收不合格退回并要求取消交易，该公司退还预收的价税款共计 45 200 元。B 商品每件成本为 150 元，增值税税率为 13%。则该公司应编制如下会计分录：

①接收客户订单不作会计处理
②预收货款

借：银行存款	45 200	
贷：预收账款——甲公司		45 200

③发出商品

借：发出商品——B 商品	30 000	
贷：库存商品——B 商品		30 000

货物由物流公司配送，支付物流费用：

借：销售费用——运费	200	
贷：应付账款——顺丰物流公司		200

④客户确认收货并结算货款

借：预收账款——甲公司	45 200	
贷：主营业务收入		40 000
应交税费——应交增值税（销项税额）		5 200

结转销售成本时：

借：主营业务成本　　30 000

　贷：发出商品——B 商品　　30 000

⑤客户拒收（换货）

退回商品入库：

借：库存商品——B 商品　　30 000

　贷：发出商品——B 商品　　30 000

重新发货：

借：发出商品——B 商品　　30 000

　贷：库存商品——B 商品　　30 000

⑥客户拒收（退货）

退回商品入库：

借：库存商品——B 商品　　30 000

　贷：发出商品——B 商品　　30 000

⑦退回货款

借：预收账款——甲公司　　45 200

　贷：银行存款　　45 200

（二）从电商网络平台销售商品的核算处理

批发企业从电商网络平台销售商品时，一般采用“发货制”，货款一般采用有担保方的第三方支付等结算方式。其程序是：接收客户订单—客户付款至担保方—发出商品—客户确认收货—担保方清算货款—客户拒收（换货）—客户拒收（退货）—退回货款（取消交易）。具体会计分录如下：

（1）接收客户订单不作会计处理

（2）客户付款至担保方不作会计处理

（3）发出商品

借：发出商品——××商品

　贷：库存商品——××商品

货物由物流公司配送，支付物流费用：

借：销售费用——运费（不考虑增值税）

　贷：库存现金

　　　应付账款——××物流公司

（4）客户确认收货

借：应收账款——××担保支付方

　贷：主营业务收入

　　　应交税费——应交增值税（销项税额）

结转销售成本时：

借：主营业务成本

贷：发出商品——××商品

（5）担保方清算货款

借：银行存款

　　财务费用

　贷：应收账款——××担保支付方

（6）客户拒收（换货）

退回商品入库：

借：库存商品——××商品

　贷：发出商品——××商品

重新发货：

借：发出商品——××商品

　贷：库存商品——××商品

（7）客户拒收（退货）

退回商品入库：

借：库存商品——××商品

　贷：发出商品——××商品

（8）退回货款（由担保支付方）不作会计处理

【例 3-30】20××年 9 月 10 日，紫金象屿商贸股份有限公司通过阿里天猫网络平台销售 B 商品 200 件给甲公司，协商价格为每件 226 元（含税），甲公司通过购物网站订货后，付款至支付宝。支付宝通知紫金象屿商贸股份有限公司配发货物，该公司通过顺丰物流公司将货物发出（发生物流费用 200 元，不考虑增值税，签有费用定期结算协议）。13 日甲公司验货合格，该公司收到支付宝转来的价税款共计 45 200 元（支付宝按货款的 0.1% 收取手续费）。若 13 日甲公司验收不合格退回并要求重新发货，18 日甲公司验收合格，紫金象屿商贸股份有限公司收到支付宝转来的价税款共计 45 200 元（支付宝按货款的 0.1% 收取手续费）。B 商品每件成本为 150 元，增值税税率为 13%。则该企业应编制如下会计分录：

①接收客户订单不作会计处理

②客户付款至担保方不作会计处理

③发出商品

借：发出商品——B 商品	30 000	
贷：库存商品——B 商品		30 000

货物由物流公司配送，支付物流费用：

借：销售费用——运费	200	
贷：应付账款——顺丰物流公司		200

④客户确认收货

借：应收账款——支付宝担保支付方	45 200	
贷：主营业务收入		40 000
应交税费——应交增值税（销项税额）		5 200

结转销售成本时：

借：主营业务成本　　30 000

　贷：发出商品——B 商品　　30 000

⑤担保方清算货款

借：银行存款　　45 154.80

　　财务费用　　45.20

　贷：应收账款——支付宝担保支付方　　45 200

⑥客户拒收（换货）

退回商品入库：

借：库存商品——B 商品　　30 000

　贷：发出商品——B 商品　　30 000

重新发货：

借：发出商品——B 商品　　30 000

　贷：库存商品——B 商品　　30 000

⑦客户拒收（退货）

退回商品入库：

借：库存商品——B 商品　　30 000

　贷：发出商品——B 商品　　30 000

⑧退回货款（由担保支付方）不作会计处理

四、预收货款商品销售业务的核算

在预收货款销售方式下，通常是销售方收到最后一笔款项后才将商品交付购货方，表示所有权上的主要风险和报酬只有在收到最后一笔款项时才转移给购货方，通常应在发出商品时确认收入，在此之前预收的货款应确认为预收账款。具体会计分录如下：

①预收款项

借：银行存款

　贷：预收账款——××公司

②销售商品（开出增值税专用发票）

借：预收账款——××公司

　贷：主营业务收入

　　　应交税费——应交增值税（销项税额）

③收回余款

借：银行存款

　贷：预收账款——××公司

④退回多余款项

借：预收账款——××公司

　贷：银行存款

⑤结转已销商品成本

借：主营业务成本

　　贷：库存商品——××商品

【例 3-31】20××年 9 月 10 日，紫金象屿商贸股份有限公司与东虹公司签订协议，采用预收货款的方式向东虹公司销售电器商品。该批商品的实际成本为 300 000 元。协议约定，该批商品的销售价格为 500 000 元，增值税税额为 65 000 元；东虹公司应在协议签订时预付价款的 90%，剩余货款于 12 月 31 日前付清。该企业应编制如下会计分录：

①收到 90% 的货款

借：银行存款	450 000	
贷：预收账款——东虹公司		450 000

②销售商品（开出增值税专用发票）

借：预收账款——东虹公司	565 000	
贷：主营业务收入		500 000
应交税费——应交增值税（销项税额）		65 000

③结转销售成本

借：主营业务成本	300 000	
贷：库存商品——电器		300 000

④收到余款

借：银行存款	115 000	
贷：预收账款——东虹公司		115 000

五、代销商品销售业务的核算

代销商品的方式有：委托代销商品和受托代销商品。

（一）委托代销商品的核算

1.视同买断方式的委托代销商品业务的核算

视同买断方式，是指委托方和受托方签订协议，委托方按协议价收取所代销的货款，实际售价可由受托方自定，实际售价与协议价之间的差额归受托方所有。当委托代销商品符合收入确认条件时，委托方应确认相关商品销售收入。如果委托方和受托方之间的协议明确标明，将来受托方没有将商品售出时可以将其退还给委托方，或受托方因代销商品出现亏损时可以要求委托方补偿，那么委托方在交付商品时不确认收入，受托方也不作购进商品处理。受托方将商品售出后，按实际售价确认销售收入，并向委托方开具代销清单；委托方收到代销清单时，再确认本企业的销售收入。

【例 3-32】20××年 9 月 10 日，紫金象屿商贸股份有限公司委托江淮公司销售乙商品一批，该批商品协议售价总额为 50 000 元，成本总额为 40 000 元，增值税税率为 13%。20××年 9 月 21 日，紫金象屿商贸股份有限公司收到江淮公司开来的代销清单，开具增值税专用发票，发票上注明售价 50 000 元，增值税税款 6 500 元。江淮公司实际销售时开具的增值税专用发票上注明售价 70 000 元，增值税税款 9 100 元。假定按代销协议，江淮公司可以将没有销售出去的商品退还给紫金象屿商贸股份有限公司。紫金象屿商贸股份有限公司应编制如下会计分录：

①将商品交付江淮公司

借：发出商品——乙商品　　40 000

　贷：库存商品——乙商品　　40 000

②收到代销清单

借：应收账款——江淮公司　　56 500

　贷：主营业务收入　　50 000

　　　应交税费——应交增值税（销项税额）　　6 500

同时结转成本：

借：主营业务成本　　40 000

　贷：发出商品——乙商品　　40 000

③收到江淮公司的货款

借：银行存款　　56 500

　贷：应收账款——江淮公司　　56 500

2.以收取手续费方式委托代销商品业务的核算

对委托方来说，委托代销商品收取的手续费实际上是一种劳务收入。与视同买断方式相比，这种代销方式的主要特点是：受托方通常应按照委托方规定的价格销售，不得自行改变售价。在这种方式下，委托方发出商品时，商品所有权上的风险和报酬并未转移给受托方，因此，委托方在发出商品时通常不应确认商品销售收入，而应在收到受托方开出的代销清单时确认商品销售收入；受托方应在商品销售后，按合同或协议约定的方法，计算确定的手续费并确认收入。

【例 3-33】资料承【例 3-32】并假定：(1) 紫金象屿商贸股份有限公司与江淮公司签订的代销协议规定：江淮公司应按 50 000 元的价格对外销售，紫金象屿商贸股份有限公司按售价的 10% 支付手续费；(2) 20××年 10 月 21 日，江淮公司对外售出商品，向买方开具的增值税专用发票上注明乙商品售价 50 000 元，增值税税额 6 500 元。10 月 25 日，紫金象屿商贸股份有限公司收到江淮公司交来的代销清单，并向江淮公司开具了一张相同金额的增值税发票。10 月 29 日，紫金象屿商贸股份有限公司收到江淮公司支付的商品代销款（已扣手续费）。紫金象屿商贸股份有限公司应编制如下会计分录：

①发出商品

借：发出商品——乙商品　　40 000

　贷：库存商品——乙商品　　40 000

②收到代销清单

借：应收账款——江淮公司　　56 500

　贷：主营业务收入　　50 000

　　　应交税费——应交增值税（销项税额）　　6 500

同时结转成本：

借：主营业务成本　　40 000
　贷：发出商品——乙商品　　40 000
计算应付代销手续费：
借：销售费用——代销手续费　　5 000
　贷：应收账款——江淮公司　　5 000
③结算货款及手续费
借：银行存款　　51 500
　贷：应收账款——江淮公司　　51 500

（二）受托代销商品的核算

受托代销商品是指企业接受其他单位委托，代销其他单位的商品。为了加强对受托代销商品的管理，按照会计准则的规定，批发企业应设置“受托代销商品”和“代销商品款”科目进行核算。批发企业以收取手续费的方式处理代购代销业务所产生的收入，记入“主营业务收入”或“其他业务收入”科目。

【例 3-34】资料承【例 3-32】，江淮公司接受紫金象屿商贸股份有限公司委托代销部分商品。假定江淮公司也为批发企业，该企业受托代销商品的核算也有以下两种方法：

方法一：视同买断方式的受托代销商品业务，其会计分录为：
①收到代销商品
借：受托代销商品——乙商品　　50 000
　贷：代销商品款　　50 000
②销售代销商品
借：银行存款　　79 100
　贷：主营业务收入　　70 000
　　应交税费——应交增值税（销项税额）　　9 100
借：主营业务成本　　50 000
　贷：应付账款——紫金象屿公司　　50 000
③结算货款及税款
借：应付账款——紫金象屿公司　　50 000
　应交税费——应交增值税（进项税额）　　6 500
　贷：银行存款　　56 500

方法二：收取手续费方式的受托代销商品业务，其会计分录为：
①收到商品
借：受托代销商品　　50 000
　贷：代销商品款　　50 000
②实际销售商品，交付代销清单
借：银行存款　　56 500
　贷：应付账款——紫金象屿公司　　50 000
　　应交税费——应交增值税（销项税额）　　6 500

③收到增值税专用发票

借：应交税费——应交增值税（进项税额）　6 500

　贷：应付账款——紫金象屿公司　6 500

借：代销商品款　50 000

　贷：受托代销商品　50 000

④结算货款及手续费

借：应付账款——紫金象屿公司　56 500

　贷：银行存款　51 500

　　主营业务收入　5 000

六、直运商品销售业务的核算

直运商品销售是指批发企业将购买的商品不办理入库手续而直接将其从供货单位发运给购货单位。其优点是：节约商品流通费用和仓储费用，加快商品的流通。

直运商品销售核算的特点是：购进与销售同时完成、不通过“库存商品”账户、直接通过“在途物资”账户、成本按实际进价进行分批次结转。

直运商品销售的发货方式是：批发企业委托供货单位代办商品发运、批发企业委派业务员常驻办理商品发运。

直运商品销售的结算方式包括：先付进货款后收销货款、先收销货款后付进货款、收销货款和付进货款同时进行。

具体会计业务如下：

1.先付进货款后收销货款

付进货款时：

借：在途物资——××公司

　　应交税费——应交增值税（进项税额）

　　应收账款——××公司（运费）

　贷：银行存款（或应付账款——××公司）

收销货款（开票）时：

借：银行存款（或应收账款——××公司）

　贷：主营业务收入

　　应交税费——应交增值税（销项税额）

　　应收账款——××公司（运费）

结转成本：

借：主营业务成本

　贷：在途物资——××公司

【例 3-35】20××年 9 月 10 日，紫金象屿商贸股份有限公司采用直运商品销售结算的方式销售给江淮公司乙商品一批，该批商品的协议售价总额为 50 000 元，采购成本总额为 40 000 元，增值税税率为 13%。该公司通过顺丰物流公司直接将乙商品从上海某公司发往江淮公司（已代垫物流费用 1 000 元），同时支付采购价税费及物流费用 46 200 元。13 日江淮公司验货合格，紫金象屿商贸股份有限公司收到支付宝转来的价税费及物流费用共计 57 500 元（支付宝按货款的 0.1% 收取手续费），同时开出增值税专用发票。紫金象屿商贸股份有限公司应编制如下会计分录：

①付进货款时

借：在途物资——上海某公司	40 000	
应交税费——应交增值税（进项税额）	5 200	
应收账款——江淮公司（运费）	1 000	
贷：银行存款		46 200

②收销货款（开票）时

借：应收账款——支付宝公司	57 500	
贷：主营业务收入		50 000
应交税费——应交增值税（销项税额）		6 500
应收账款——江淮公司（运费）		1 000

③结转成本

借：主营业务成本	40 000	
贷：在途物资——上海某公司		40 000

④结算

借：银行存款	57 442.50	
财务费用——手续费	57.50	
贷：应收账款——支付宝公司		57 500

2.先收销货款后付进货款

收销货款（开票）时：

借：银行存款（或应收账款——××公司）
　贷：主营业务收入
　　应交税费——应交增值税（销项税额）
　　应收账款——××公司（运费）

付进货款时：

借：在途物资——××公司
　应交税费——应交增值税（进项税额）
　应收账款——××公司（运费）
　贷：银行存款（或应付账款——××公司）

结转成本：

借：主营业务成本
　贷：在途物资——××公司

【例 3-36】20××年 9 月 10 日，紫金象屿商贸股份有限公司采用直运商品销售结算的方式销售给江淮公司乙商品一批，该批商品的协议售价总额为 50 000 元，采购成本总额为 40 000

元，增值税税率为13%。该公司通过顺丰物流公司直接将乙商品从上海某公司发往江淮公司（已代垫物流费用1 000元），13日江淮公司验货合格，紫金象屿商贸股份有限公司收到支付宝转来的价税费及物流费用共计57 500元（支付宝按货款的0.1%收取手续费），同时用网银支付采购价税费及物流费用46 200元。紫金象屿商贸股份有限公司应编制如下会计分录：

①收销货款（开票）时

借：应收账款——支付宝公司　　57 500

　贷：主营业务收入　　50 000

　　　应交税费——应交增值税（销项税额）　　6 500

　　　应收账款——江淮公司（运费）　　1 000

②付进货款时

借：在途物资——上海某公司　　40 000

　　应交税费——应交增值税（进项税额）　　5 200

　　应收账款——江淮公司（运费）　　1 000

　贷：银行存款　　46 200

③结转成本

借：主营业务成本　　40 000

　贷：在途物资——上海某公司　　40 000

④结算

借：银行存款　　57 442.50

　　财务费用——手续费　　57.50

　贷：应收账款——支付宝公司　　57 500

3.收付货款同时进行

收付货款同时进行的情况，与先付进货款后收销货款、先收销货款后付进货款一样处理。

七、商品销售拒付、拒收、退回的核算

批发企业销售出去的商品，有时会由于数量、规格、质量、品种不符合要求等原因而出现购货方拒付货款或拒收商品而退货的情况，这要分不同情况进行处理。

1.商品少发（拒付）

当发生商品少发（拒付）的情况时，补发商品按正常销售处理，不补发商品则开红字增值税专用发票按销货退回处理。

①补发不作会计处理，只办理出库手续

②不补发

借：主营业务收入

　　应交税费——应交增值税（销项税额）

　贷：应收账款——××公司

2.商品发错或质量不符（拒收）：换货处理

借：库存商品——A商品

贷：库存商品——B 商品

3.商品质量不符合要求（退回）：重新入库

当月发生（未确认收入）的，收回增值税专用发票并作废；跨月（已确认收入）的，则开红字增值税专用发票按销货退回处理；跨年（资产负债表日后事项）的，则开红字增值税专用发票按销货退回处理。

（1）当月发生（未确认收入）的，收回增值税专用发票并作废，会计分录如下：

借：库存商品——××商品

　贷：发出商品——××商品

（2）跨月（已确认收入）的，则开红字增值税专用发票按销货退回处理，会计分录如下：

①发生退回并开红字增值税专用发票

借：主营业务收入

　　应交税费——应交增值税（销项税额）

　贷：应付账款——××公司（或银行存款）

②退回商品重新入库

借：库存商品——××商品

　贷：主营业务成本

（3）跨年（资产负债表日后事项）的，则开红字增值税专用发票按销货退回处理，会计分录如下：

①发生退回并开红字增值税专用发票

借：以前年度损益调整

　　应交税费——应交增值税（销项税额）

　贷：应付账款——××公司（或银行存款）

②退回商品重新入库

借：库存商品——××商品

　贷：以前年度损益调整

【例 3-37】20××年 6 月 21 日，晖晔批发贸易公司向昌都公司销售一批商品，增值税专用发票上注明的销售价格为 200 000 元，增值税税额为 26 000 元，成本为 130 000 元。为及早收回货款，晖晔批发贸易公司和昌都公司约定的现金折扣条件为：2/10，1/20，n/30，昌都公司在 20××年 6 月 30 日用网银支付货款。20××年 10 月 20 日，该批商品因质量问题被昌都公司退回，晖晔批发贸易公司尚未支付有关款项。假定计算现金折扣时不考虑增值税，销售退回不属于资产负债表日后事项。该企业应编制如下会计分录：

①20××年 6 月 21 销售实现并确认收入

借：应收账款——昌都公司　　226 000

　贷：主营业务收入　　200 000

　　　应交税费——应交增值税（销项税额）　　26 000

②同时结转成本

借：主营业务成本　　130 000

贷：库存商品——××商品　　130 000

③20××年 6 月 30 日收到货款

晖晔批发贸易公司提供的现金折扣=200 000×2%=4 000（元）

晖晔批发贸易公司实际收款=226 000−4 000=222 000（元）

借：银行存款　　222 000

　　财务费用　　4 000

　　贷：应收账款——昌都公司　　226 000

④20××年 10 月 20 日发生销售退回

借：主营业务收入　　200 000

　　应交税费——应交增值税（销项税额）　　26 000

　　贷：应付账款——昌都公司　　222 000

　　　　财务费用　　4 000

⑤退回商品重新入库

借：库存商品——××商品　　130 000

　　贷：主营业务成本　　130 000

八、商品销售折扣的核算

（一）商业折扣

商业折扣，是指企业为促进商品销售而在商品标价上给予的价格扣除。具体来说，它是企业根据市场供需情况，或针对不同的顾客，在商品标价上给予顾客的价格优惠。商业折扣通常用百分数表示，如 5%、10%、15% 等。给予客户商业折扣主要是为了避免经常变更价目表价格，同时也可以为不同购货数量的客户提供不同的价格。应当指出，商业折扣一般在交易发生时就已确定，它仅仅是确定发票价格（即实际销售价格）的一种手段，不需要在买卖双方任何一方的账上反映，所以在存在商业折扣的情况下，批发企业应收账款入账金额应按扣除商业折扣以后的发票价格确认。

商业折扣可以是单一的，也可以是一系列的。例如，某种商品在价目单上的价格为 10 000 元，规定按 30% 的商业折扣计价，则其售价为 7 000 元（10 000×（1−30%））；或者假定价目单上的价格为 10 000 元，规定按 30% 和 10% 的商业折扣计价，则其售价为 6 300 元，其计算方法如下：

价目单上的价格：	10 000
减：第一次折扣数——10 000 的 30%	3 000
第一次折扣后余额：	7 000
减：第二次折扣数——7 000 的 10%	700
售价：	6 300

（二）现金折扣

现金折扣，是指债权人为鼓励债务人在规定的期限内付款而向债务人提供的债务扣除。批发企业赊销商品时，通常会给予客户一定的还款期限，同时为了鼓励客户提前付款，还与顾客达成协议，约定客户在不同期限内付款可以享受不同比例的折扣，即现金折扣。现金折扣一般用符号“折扣/付款期限”表示。例如，买方在 10 天内付款可按售价给予 2% 的折扣，用符号“2/10”表示；在 20 天内付款可按售价给予 1% 的折扣，用符号“1/20”表示；在 30 天内付款，则不给折扣，用符号“n/30”表示。现金折扣使得企业应收账款的实收数额，随着客户付款是否及时而发生变化。

现金折扣的会计处理方法通常有总价法和净价法。目前，在我国会计实务中，现金折扣通常采用总价法。

总价法，是指应收账款和销售收入按扣减现金折扣前的金额入账，当客户在折扣期内支付货款时，销售方将客户享有的现金折扣作为财务费用处理。可见，现金折扣只在折扣期内客户支付货款时才予以确认。

【例 3-38】20××年 12 月 1 日，旭日贸易公司销售给晖晔贸易公司一批商品，总价款为 100 000 元，由于是批量销售，购货方享有 10% 的商业折扣，增值税税率为 13%。合同中规定的现金折扣条件为：2/10，1/20，n/30，假定计算现金折扣时不考虑增值税。发出商品时，旭日贸易公司为买方垫付运杂费 500 元（不考虑增值税），通过网银支付。该企业按总价法核算，则会计分录如下：

①销售实现

商品的实际售价=100 000×（1−10%）=90 000（元）

销售商品的销项税额=90 000×13%=11 700（元）

借：应收账款——晖晔贸易公司	102 200	
贷：主营业务收入		90 000
应交税费——应交增值税（销项税额）		11 700
银行存款		500

②若晖晔贸易公司于 12 月 8 日付清货款

借：银行存款	100 400	
财务费用	（90 000×2%）1 800	
贷：应收账款——晖晔贸易公司		102 200

③若晖晔贸易公司于 12 月 18 日付清货款

借：银行存款	101 300	
财务费用	（90 000×1%）900	
贷：应收账款——晖晔贸易公司		102 200

④若晖晔贸易公司于 12 月 31 日付清货款

借：银行存款	102 200	
贷：应收账款——晖晔贸易公司		102 200

（三）销售折让

销售折让，是指企业因售出的商品质量不合格等原因而在售价上给予的折让。

第一种：已确认销售收入的售出商品发生销售折让，且不属于资产负债表日后事项的，应在发生时冲减当期“主营业务收入”；如按规定允许扣减增值税税额的，还应冲减已确认的“应交税费”。其会计分录如下：

借：主营业务收入

　　应交税费——应交增值税（销项税额）

　贷：应收账款——××公司

第二种：销售折让如发生在确认销售收入后，并且属于资产负债表日后事项的，按资产负债表日后事项处理（以前年度损益调整）。其会计分录如下：

借：以前年度损益调整

　　应交税费——应交增值税（销项税额）

　贷：应收账款——××公司

【例 3-39】旭日贸易公司销售一批白糖给晖晔贸易公司，售价 50 000 元，增值税税额为 6 500 元，货到后买方发现商品质量不合格，要求在价格上给予 5% 的折让。经协商，旭日贸易公司同意了 5% 的折让并办妥了有关手续。假定此前旭日贸易公司已确认该批商品的销售收入。该企业应编制如下会计分录：

①确认销售收入

借：应收账款——晖晔贸易公司	56 500	
贷：主营业务收入		50 000
应交税费——应交增值税（销项税额）		6 500

②发生销售折让

借：主营业务收入	2 500	
应交税费——应交增值税（销项税额）	325	
贷：应收账款——晖晔贸易公司		2 825

③实际收到款项

借：银行存款	53 675	
贷：应收账款——晖晔贸易公司		53 675

任务三

出口商品销售的核算

出口商品销售是指拥有商品进出口权的企业自营出口商品业务和无商品进出口权的企业委托出口商品业务。其一般采用国际信用证结算、汇付结算和托收结算。

出口商品的销售收入，一律以我国口岸离岸价格（FOB）为入账基础。若按国外口岸到岸价格（CIF）成交，在出口商品离开我国口岸后所支付的运费、保险费、佣金冲减出口销售收入，若收到佣金则增加出口销售收入；同时按当月 1 日的汇率折算成人民币入账。

增值税有关条例规定，出口货物税率为零，出口商品退回的增值税进项税额增加“银行存款”，出口商品退回的消费税则冲减“主营业务成本”。

一、一般情况下的出口业务

1.出口销售收入

借：应收账款——××外国公司（××美元/欧元）

　贷：主营业务收入——出口收入（××美元/欧元）

2.支付国外运费、保险费、佣金（按国外口岸到岸价格（CIF）成交）

借：主营业务收入——出口收入（××美元/欧元）

　贷：银行存款——美元户（××美元/欧元）

3.结转销售成本

借：主营业务成本

　贷：库存商品——××商品

4.计算当期出口货物不予抵扣和退税的税额

不得免征和抵扣税额=当期出口货物购进的成本×（征税率–退税率）

借：主营业务成本

　贷：应交税费——应交增值税（进项税额转出）

5.计算当期应退的增值税税额（收齐电子单证）

当期应退的增值税税额=当期出口货物购进的成本×退税率

当期应纳的增值税税额=销项税额+不得免征和抵扣税额–进项税额+期初留抵税额（小于零时为期末留抵税额）

6.判断|期末留抵税额|与|当期应退税额|的大小

（1）当|期末留抵税额|<|当期应退税额|时

借：应收出口退税（或其他应收款）

　　应交税费——应交增值税（出口免税/抵内销）

　贷：应交税费——应交增值税（出口退税）

（2）当|期末留抵税额|≥|当期应退税额|时

借：应收出口退税（或其他应收款）

　贷：应交税费——应交增值税（出口退税）

7.收到退税款

借：银行存款

　贷：应收出口退税（或其他应收款）

8.预收货款（××外国公司）

借：银行存款——美元户（××美元/欧元）

　贷：预收账款——××外国公司（××美元/欧元）

9.结算应收账款和预收账款的汇率差（由于出口时间与收款时间不同产生汇率差）

借：预收账款——××外国公司（××美元/欧元）

　　财务费用——汇兑损失（应收账款>预收账款）

　贷：应收账款——××外国公司（××美元/欧元）

　　　财务费用——汇兑损益（应收账款<预收账款）

【例 3-40】紫金象屿商贸股份有限公司 20××年 6 月 10 日购入测试仪 1 000 台，价格 500 元/台，已验收入库。增值税专用发票上注明的价款为 500 000 元，增值税税额为 65 000 元。当月共出口测试仪 800 台，出口离岸价为 115 000 美元。6 月 1 日的外汇牌价 1 美元=6.28 元人民币，测试仪退税率为 11%，增值税税率为 13%。出口报关后一个月办妥退税事项，已收到退税款。假设期末留抵税额为 60 000 元。该企业应编制如下会计分录：

①出口销售收入 722 200 元（115 000×6.28）

借：应收账款——××外国公司（11.5 万美元）　722 200

　贷：主营业务收入——出口收入（11.5 万美元）　722 200

②结转销售成本 400 000 元（800×500）

借：主营业务成本　400 000

　贷：库存商品——测试仪　400 000

③计算当期出口货物不予抵扣和退税的税额

不得免征和抵扣税额=当期出口货物购进的成本×（征税率-退税率）

=当期出口货物数量×购进单价×（征税率-退税率）

=800×500×（13%-11%）=8 000（元）

借：主营业务成本　8 000

　贷：应交税费——应交增值税（进项税额转出）　8 000

④计算当期应退的增值税税额

当期应退的增值税税额=当期出口货物购进的成本×退税率

=当期出口货物数量×购进单价×退税率

=800×500×11%=44 000（元）

判断|期末留抵税额|与|当期应退税额|的大小。

由于|期末留抵税额|（|-60 000|）>|当期应退税额|（|44 000|），所以应全额退税 44 000 元。

借：应收出口退税（或其他应收款）　44 000

　贷：应交税费——应交增值税（出口退税）　44 000

⑤收到退税款

借：银行存款　44 000

　贷：应收出口退税（或其他应收款）　44 000

⑥若预收货款（××外国公司）724 500 元（115 000×6.30）

借：银行存款——美元户（11.5 万美元）　724 500

　贷：预收账款——××外国公司（11.5 万美元）　724 500

⑦结算应收账款和预收账款汇率差（应收账款＜预收账款）

借：预收账款——××外国公司　724 500

　贷：应收账款——××外国公司　722 200

　　财务费用——汇兑损益（应收账款＜预收账款）　2 300

二、人民币互换协议下的出口业务

就人民币互换协议下的出口业务而言，出口商品无论以离岸价格（FOB/CFR）还是以到岸价格（CIF）成交，都以人民币进行结算。

1.出口销售收入

借：应收账款——××外国公司（人民币）

　贷：主营业务收入——出口收入（人民币）

2.支付国外运费、保险费、佣金（按国外口岸到岸价格（CIF）成交）

借：主营业务收入——出口收入（人民币）

　贷：银行存款（人民币）

3.结转销售成本

借：主营业务成本

　贷：库存商品——××商品

4.计算当期出口货物不予抵扣和退税的税额

不得免征和抵扣税额=当期出口货物购进的成本×（征税率-退税率）

借：主营业务成本

　贷：应交税费——应交增值税（进项税额转出）

5.计算当期应退的增值税税额（收齐电子单证）

当期应退的增值税税额=当期出口货物购进的成本×退税率

当期应纳的增值税税额=销项税额+不得免征和抵扣税额-进项税额+期初留抵税额（小于零时为期末留抵税额）

6.判断|期末留抵税额|与|当期应退税额|的大小

（1）当|期末留抵税额|<|当期应退税额|时

借：应收出口退税（或其他应收款）

　　应交税费——应交增值税（出口免税/抵内销）

　贷：应交税费——应交增值税（出口退税）

（2）当|期末留抵税额|≥|当期应退税额|时

借：应收出口退税（或其他应收款）

　贷：应交税费——应交增值税（出口退税）

7.收到退税款

借：银行存款

　贷：应收出口退税（或其他应收款）

8.预收货款（××外国公司）

借：银行存款（人民币）

　贷：应收账款——××外国公司（人民币）

9.结清余款（补收）

借：银行存款——补收（应收账款>预收账款）

　贷：应收账款——××外国公司（人民币）

10.结清余款（退回）

借：应收账款——××外国公司（人民币）

　贷：银行存款——补付（应收账款 < 预收账款）

【例 3-41】紫金象屿商贸股份有限公司 20××年 6 月 10 日购入测试仪 1 000 台，价格 500 元/台，已验收入库。增值税专用发票上注明的价款为 500 000 元，增值税税额为 65 000 元。当月共向英国出口测试仪 800 台，出口离岸价为 722 200 元（我国与英国签有人民币互换协议）。测试仪退税率为 11%，增值税税率为 13%。出口报关后一个月办妥退税事项，已收到退税款。假设期末留抵税额为 40 000 元。该公司应编制如下会计分录：

①出口销售收入 722 200 元

借：应收账款——英国××公司　　722 200

　贷：主营业务收入——出口收入　　722 200

②结转销售成本 400 000 元（800×500）

借：主营业务成本　　400 000

　贷：库存商品——测试仪　　400 000

③计算当期出口货物不予抵扣和退税的税额

不得免征和抵扣税额=当期出口货物购进的成本×（征税率–退税率）

=当期出口货物数量×购进单价×（征税率–退税率）

=800×500×（13%–11%）=8 000（元）

借：主营业务成本　　8 000

　贷：应交税费——应交增值税（进项税额转出）　　8 000

④计算当期应退的增值税税额

当期应退的增值税税额=当期出口货物购进的成本×退税率

=当期出口货物数量×购进单价×退税率

=800×500×11%=44 000（元）

判断|期末留抵税额|与|当期应退税额|的大小。

由于|期末留抵税额|（|–40 000|）<|当期应退税额|（|44 000|），所以应差额退税 40 000 元。

借：应收出口退税（或其他应收款）　　40 000

　　应交税费——应交增值税（出口免税/抵内销）　　4 000

　贷：应交税费——应交增值税（出口退税）　　44 000

⑤收到退税款

借：银行存款　　40 000

　贷：应收出口退税（或其他应收款）　　40 000

⑥若预收货款（英国××公司）500 000 元

借：银行存款　　500 000

　贷：应收账款——英国××公司　　500 000

⑦补收余款

借：银行存款　　222 200

贷：应收账款——英国××公司　　222 200

三、各贸易区之间的关系

各贸易区之间的关系见项目三任务一中的图 3-2。

任务四 商品销售成本的核算

一、商品销售成本的计算方法

批发企业的商品销售成本，是指已销商品的原进价或实际采购成本。其一般按已销商品原进价结转成本。但由于同种商品的各批进价往往不同，要先采用一定的方法确定已销商品的进价，然后根据确定的进价和销售数量计算商品的销售成本。批发企业商品销售成本的计算方法主要有个别计价法、加权平均法、移动加权平均法、先进先出法、毛利率计算法。

（一）个别计价法

个别计价法也称分批实际进价法，就是以该批销售商品的实际进货单价乘以销售数量求得商品销售成本的方法。采用这种方法，要求对每批购进的商品分别堆放，并为各批商品分别标明批次及进价；在发出、销售商品时，应在发货单中填写其进货批次和进价，据以计算发出、销售商品的进价成本，登记库存商品明细账。商品销售成本的计算公式如下：

商品销售成本=某批销售商品数量×该批商品原进货单价

【例 3-42】旭日批发商业企业采用个别计价法确定库存商品成本，经过辨认，库存商品进货批次及减少的数量如下：

进货批次	销售（发出）时间
期初库存	
6 月 5 日购进	
	6 月 8 日销售
	6 月 12 日发出加工
6 月 15 日购进	
	6 月 18 日销售
	6 月 22 日销售
6 月 25 日购进	
	6 月 27 日销售
6 月 30 日购进	

该企业采用个别计价法确定库存商品的发出成本和期末结存成本的过程，见表 3-5。

表 3-5

库存商品明细账（2）

（个别计价法）

商品类别：5　编号：5118　品名：A　规格：30×30　计量单位：件

20××年		凭证		摘要	收入				发出				结存		
月	日	字	号		购进数量	其他数量	单价（元）	金额（元）	销售数量	其他数量	单价（元）	金额（元）	数量	单价（元）	金额（元）
6	1			月初结存									1 200	40	48 000
6	5			购进	600		36	21 600					1 200 600	40 36	69 600
6	8			销售					400 600		40 36	37 600	800	40	32 000
6	12			发出加工						80	40	3 200	720	40	28 800
6	15			购进	1 400		42	58 800					720 1 400	40 42	87 600
6	18			销售					520		42	21 840	720 880	40 42	65 760
6	22			销售					800		42	33 600	720 80	40 42	32 160
6	25			购进	1 000		38	38 000					720 80 1 000	40 42 38	70 160
6	27			销售					720 220		40 38	37 160	80 780	42 38	33 000
6	30			购进	200		34	6 800					80 780 200	42 38 34	39 800
6	30			本月销售合计								130 200			
6	30			本月其他发出合计								3 200			
6	30			月结	3 200			125 200	3 260	80		133 400	80 780 200	42 38 34	39 800

月末结转销售成本，会计分录如下：

借：主营业务成本　　133 400

　贷：库存商品——A 商品　　133 400

个别计价法是一种合理而准确的存货计价方法。采用这种方法的前提是需要对发出存货和结存存货的批次进行具体认定，以辨别其所属的收入批次，所以计算工作量较大。

个别计价法适用于不能替代使用的存货，以及为特定项目专门购入或制造的存货，如珠宝、名画等贵重物品。

（二）加权平均法

加权平均法是按每一库存商品明细账一定时期的期初结存金额加上本期收入金额，除以期初结存数量加上本期收入数量减去本期其他付出数量的余额，计算出每种商品的加权平均单价，再乘以该商品的销售数量，计算出商品销售成本的方法。加权平均单价每月月末计算一次，因而加权平均法亦称全月一次加权平均法。其计算公式为：

加权平均单价=（期初结存金额+本期收入金额）÷（期初结存数量+本期收入数量-本期其他付出数量）

商品销售成本=本期销售（发出）商品数量×加权平均单价

【例 3-43】资料承【例 3-42】，采用加权平均法计算销售（发出）商品成本、登记其库存商品明细账，见表 3-6。

表 3-6　　库存商品明细账（3）

（加权平均法）

商品类别：5　　编号：5118　　品名：A　　规格：30×30　　计量单位：件

20××年		凭证		摘要	收入				发出				结存		
月	日	字	号		购进数量	其他数量	单价（元）	金额（元）	销售数量	其他数量	单价（元）	金额（元）	数量	单价（元）	金额（元）
6	1			月初结存									1 200	40	48 000
6	5			购进	600		36						1 800		
6	8			销售					1 000		40		800		
6	12			发出加工						80	36		720		
6	15			购进	1 400		42						2 120		
6	18			销售					520		42		1 600		
6	22			销售					800		42		800		
6	25			购进	1 000		38						1 800		
6	27			销售					940		42		860		
6	30			购进	200		34						1 060		
6	30			本月销售数量及成本合计								128 313.60			
6	30			本月其他发出数量及成本合计								3 148.80			
6	30			月结	3 200			125 200	3 260	80		131 462.40	1 060	39.38	41 737.60

在表 3-6 库存商品明细账中，由于每月发出、销售商品的加权平均单价在月末计算，因而月内发出、销售和结存的商品只记数量，不记金额。在月末算出加权平均单价以后，才计算、登记一次全月发出、销售商品的合计金额，以及月末结存商品的金额。其计算结果如下：

销售（发出）商品全月一次加权平均单价=［48 000+（600×36）+（1 400×42）+（1 000×38）+（200×34）］÷（1 200+600+1 400+1 000+200）

=（48 000+125 200）÷4 400=39.36（元）

本月销售商品成本=（1 000+520+800+940）×39.36=128 313.60（元）

本月其他发出商品成本=80×39.36=3 148.80（元）

本月发出商品成本合计=128 313.60+3 148.80=131 462.40（元）

月末结存商品成本=48 000+125 200−131 462.40=41 737.60（元）

月末结存商品加权平均单价=41 737.60÷1 060=39.38（元）

月末结转销售成本会计分录如下：

借：主营业务成本　　　　　　　　　　　　128 313.60

　　发出商品——A 商品　　　　　　　　　　3 148.80

　贷：库存商品——A 商品　　　　　　　　　　　131 462.40

采用加权平均法，只在月末计算月份内发出存货和结存存货的成本，这样可以大大简化存货核算工作。但因平时不能确定发出存货的成本和存货金额，会影响耗用存货成本的计算，也不便于取得存货储备占用情况的信息，并使该存货核算工作过于集中。另外，当市场存货价格上涨时，加权平均成本低于现行成本；反之，当价格下降时，则会超过现行成本。

（三）移动加权平均法

移动加权平均法，是在每次购入商品时，将原库存金额与本次购进的金额相加，除以原库存数量与本次购进数量之和，计算出移动加权平均单价；在下次进货以前出售商品，均按此单价计算销售成本。计算公式如下：

$$\text{材料平均单位成本}=\left(\text{原有库存材料的实际成本}+\text{本次进货的实际成本}\right)\div\left(\text{原有库存材料的数量}+\text{本次进货的数量}\right)$$

本次发出材料的成本=本次发出材料的数量×本次发出材料前材料的单位成本

本月月末库存材料成本=月末库存材料的数量×本月月末材料单位成本

移动加权平均单价的相关计算公式为：

移动加权平均单价=（原库存金额+本次购入金额）÷（原库存数量+本次购入数量）

商品销售成本=商品销售数量×移动加权平均单价

【例 3-44】资料承【例 3-42】，按移动加权平均法计算和登记其库存商品明细账，见表 3-7。

表 3-7　　库存商品明细账（4）

（移动加权平均法）

商品类别：5　　编号：5118　　品名：A　　规格：30×30　　计量单位：件

20××年		凭证字号	摘要	收入				发出				结存		
月	日			购进数量	其他数量	单价（元）	金额（元）	销售数量	其他数量	单价（元）	金额（元）	数量	单价（元）	金额（元）
6	1		月初结存									1 200	40	48 000
6	5		购进	600		36	21 600					1 800	38.66	69 600
6	8		销售					1 000		38.67	38 670	800	38.66	30 930
6	12		发出加工						80	38.67	3 093.60	720	38.66	27 836.40
6	15		购进	1 400		42	58 800					2 120	40.87	86 636.40
6	18		销售					520		40.87	21 252.40	1 600	40.87	65 384
6	22		销售					800		40.87	32 696	800	40.87	32 688
6	25		购进	1 000		38	38 000					1 800	39.27	70 688
6	27		销售					940		39.27	36 913.80	860	39.27	33 774.20
6	30		购进	200		34	6 800					1 060	38.28	40 574.20
6	30		本月销售合计								129 532.20			
6	30		本月其他发出合计								3 093.60			
6	30		月结	3 200			125 200	3 260	80		132 625.80	1 060		40 574.20

5 日商品移动加权平均单价=（48 000+21 600）÷（1 200+600）=38.67（元）

8 日销售商品成本=1 000×38.67=38 670（元）

月末结转销售成本会计分录如下：

借：主营业务成本　　129 532.20

　　发出商品——A 产品　　3 093.60

　贷：库存商品——A 商品　　132 625.80

运用移动加权平均法，在每次发出材料前即可求出移动加权平均单价，弥补了全月一次加权平均法的缺陷，可以随时确定发出材料的实际成本和库存材料的价格。但如果月份内购进次数多、每次购进单价变化小，则采用这种计算方法的工作量较大。

（四）先进先出法

先进先出法，是指对于发出的存货以先入库存货的单价计算其成本的一种方法。在销售（发出）商品的数量超过库存中最早进货的数量时，超过部分要依次按后一批购进的商品单价计算。这种方法假定先收到的商品先发出，然后根据这种假设的成本流转顺序对发出商品和期末库存商品进行计价。

1.先进先出进价顺算法

采用这种方法时，首先从数量金额式库存商品明细账中循序查阅购进商品的数量和单价，然后根据发出、销售商品的数量确定其单价，再确定其发出商品的成本。

【例 3-45】资料承【例 3-42】，按先进先出进价顺算法计算本月销售（发出）商品成本和月末结存商品成本情况，见表 3-8。

表 3-8　　库存商品明细账（5）

（先进先出进价顺算法）

商品类别：5　　编号：5118　　品名：A　　规格：30×30　　计量单位：件

20××年		凭证		摘要	收入				发出				结存		
月	日	字	号		购进数量	其他数量	单价（元）	金额（元）	销售数量	其他数量	单价（元）	金额（元）	数量	单价（元）	金额（元）
6	1			月初结存									1 200	40	48 000
6	5			购进	600		36	21 600					1 800		69 600
6	8			销售					1 000		40	40 000	800		29 600
6	12			发出加工						80	40	3 200	720		26 400
6	15			购进	1 400		42	58 800					2 120		85 200
6	18			销售					120 400		40 36	19 200	1 600		66 000
6	22			销售					200 600		36 42	32 400	800		33 600

续表

20××年		凭证		摘要	收入				发出				结存		
月	日	字	号		购进数量	其他数量	单价（元）	金额（元）	销售数量	其他数量	单价（元）	金额（元）	数量	单价（元）	金额（元）
6	25			购进	1 000		38	38 000					1 800		71 600
6	27			销售					800 140		42 38	38 920	860		32 680
6	30			购进	200		34	6 800					1 060		39 480
6	30			销售合计								130 520			
6	30			其他发出合计								3 200			
6	30			月结	3 200			125 200	3 260	80		133 720	860 200	38 34	39 480

6月8日销售1 000件和12日发出加工的80件，都没有超过月初结存商品的数量，均应按月初结存商品的单价40元计价；由于5日购进商品600件的单价与月初结存商品的单价不同，18日销售商品520件的数量又大于月初结存商品（400件）的数量，因此，在18日销售的520件商品中，120件应按月初结存商品的单价40元计价，另外400件则应按5日购进商品的单价36元计价，则：

18日销售商品的进价成本=120×40+400×36=19 200（元）

22日和27日销售商品的进价成本计算原理同上（略）。

2.先进先出进价倒算法

采用这种方法时，先计算月末结存商品的成本，再根据月初结存、本月收入和月末结存的商品成本，倒算出本月已销商品的成本。其具体做法是：

（1）期末结存商品的数量小于或等于最后一次购进商品的数量时，以最后一次购进商品的单价乘以期末结存商品的数量，求得期末结存商品的金额。

（2）期末结存商品的数量大于最后一次购进商品的数量而小于全月购进商品的数量时，从最后一次购进商品的数量开始，依次往前推算，直到等于期末结存商品的数量为止，各次购进金额相加之和，即期末结存商品金额。

（3）期末结存商品的数量大于全月购入商品的数量时，本期收入总金额加上超过数量与期初结存商品单价的乘积，即期末结存商品的金额。

在【例3-45】的库存商品明细账中，月末结存商品1 060件，大于最后一批购进商品的数量（200件），但小于全月购入商品的数量（3 200件）。其月末结存商品的进价成本应计算如下：

月末结存商品的进价成本=200×34+860×38=39 480（元）

月末结转销售成本的会计分录如下：

借：主营业务成本　　130 520

　　发生商品——A 商品　　3 200

　贷：库存商品——A 商品　　133 720

在有商品其他发出（非销售发出）的情况下，还应减去商品其他发出的进价成本。为了简化核算工作，商品其他发出的进价成本可以按月初结存商品的进价计算。

先进先出法的优点是使企业不能随意挑选存货计价以调整当期利润。缺点是核算工作比较烦琐，特别是存货进出比较频繁的企业更是如此，而且当物价上涨时，会高估企业的当期利润和存货价值；反之，会低估企业的存货价值和当期利润。

（五）毛利率计算法

毛利率计算法是根据本月实际商品销售收入净额和本季计划或上季实际毛利率，先计算出本月商品销售毛利，再据以计算出本月商品销售成本的方法。其相关计算公式为：

本月商品销售收入净额=本月商品销售收入-销售折扣与折让

本月商品销售毛利=本月商品销售收入净额×上季实际毛利率或本季计划毛利率

本月商品销售成本=本月商品销售收入净额-本月商品销售毛利

或按以下公式计算：

本月商品销售成本=本月商品销售收入净额×（1-上季实际毛利率或本季计划毛利率）

【例 3-46】某批发商业企业每季度前两个月份用上季实际毛利率计算商品销售成本，第三个月份用加权平均法计算调整。20××年 10 月，该企业服装类目账和明细账的有关资料见表 3-9、表 3-10、表 3-11。

表 3-9　　库存商品类目账

类别：服装类

20××年		凭证字号	摘要	借方	贷方	借或贷	结存
月	日						
10	1	（略）	上期结转			借	43 750
10	8	（略）	购进	53 250		借	97 000
10	31	（略）	结转销售成本		44 000	借	53 000
11	10	（略）	购进	98 250		借	151 250
11	30	（略）	结转销售成本		54 000	借	97 250
12	15	（略）	购进	103 850		借	201 100
12	30	（略）	盘亏		257	借	200 843
12	31	（略）	结转销售成本		102 292.15	借	98 550.85

表 3-10　　　　　　　　　　库存商品明细账（6）

名称：男式上衣　　　　　　　　单位：件　　　　　　　　规格：41

20××年		凭证字号	摘要	收入			发出			结存		
月	日			数量	单价（元）	金额（元）	数量	单价（元）	金额（元）	数量	单价（元）	金额（元）
10	1	（略）	上期结转							250	85	21 250
10	8	（略）	购进	500	84	42 000				750		
10	31	（略）	销售				250			500		
11	10	（略）	购进	750	85	63 750				1 250		
11	30	（略）	销售				500			750		
12	15	（略）	购进	1 000	91	91 000				1 750		
12	30	（略）	销售				750			1 000	87.20	87 200

表 3-11　　　　　　　　　　库存商品明细账（7）

名称：女式上衣　　　　　　　　单位：件　　　　　　　　规格：36

20××年		凭证字号	摘要	收入			发出			结存		
月	日			数量	单价（元）	金额（元）	数量	单价（元）	金额（元）	数量	单价（元）	金额（元）
10	1	（略）	上期结转							500	45	22 500
10	8	（略）	购进	250	45	11 250				750		
10	31	（略）	销售				500			250		
11	10	（略）	购进	750	46	34 500				1 000		
11	30	（略）	销售				250			750		
12	15	（略）	购进	250	51.40	12 850				1 000		
12	30	（略）	销售				750			250		
12	31	（略）	盘亏				5	51.40	257	245	46.33	11 350.85

经查，上季度实际毛利率为20%；本季度10月份商品销售额为55 000元，11月份商品销售额为67 500元，12月份商品销售额为122 500元。现将本年第四季度各月商品销售成本计算与结转的过程列示如下：

10月份服装类商品销售成本=55 000×（1-20%）=44 000（元）

在类目账上结转1月份的商品销售成本，编制如下会计分录：

借：主营业务成本　　44 000

　　贷：库存商品——服装类　　44 000

11 月份服装类商品销售成本=67 500×（1−20%）=54 000（元）

在类目账上结转 2 月份的商品销售成本，编制如下会计分录：

借：主营业务成本　　54 000

　　贷：库存商品——服装类　　54 000

12 月份用加权平均法计算第四季度服装类商品销售成本，计算过程如下：

（1）计算每种商品的加权平均单价：

男式上衣加权平均单价=（21 250+42 000+63 750+91 000）÷（250+500+750+1 000）=87.20（元）

女式上衣加权平均单价=（22 500+11 250+34 500+12 850−257）÷（500+250+750+250−5）
=46.33（元）

（2）计算每种和大类库存商品的期末结存金额：

男式上衣季末结存金额=1 000×87.20=87 200（元）

女式上衣季末结存金额=245×46.33=11 350.85（元）

服装类季末结存金额=87 200+11 350.85=98 550.85（元）

（3）根据类目账资料倒计该类商品本季销售成本：

本季服装类商品销售成本=43 750+53 250+98 250+103 850−257−98 550.85 =200 292.15（元）

（4）计算 12 月份服装类应结转的商品销售成本：

12 月份服装类商品销售成本=200 292.15−44 000−54 000=102 292.15（元）

在类目账上结转 12 月份服装类商品销售成本，编制如下会计分录：

借：主营业务成本　　102 292.15

　　贷：库存商品——服装类　　102 292.15

采用这种方法计算已销商品的进价成本，不按商品的品种、规格分别计算，而按商品的类别综合计算，因而可以简化核算工作。由于同类商品中毛利率不完全相同，而且上季实际毛利率（或本季计划毛利率）与本月实际毛利率不相同，因而计算结果不够准确。这种方法只能用来计算每一季度前两个月已销商品的进价成本。在每一季度末，必须采用前述比较准确的方法计算，以便调整季度的商品销售成本，提高每季度商品销售成本计算的准确性。

二、商品销售成本的结转

（一）商品销售成本的结转时间

商品销售成本的结转时间，有按日和定期两种。除经营品种简单、商品整批进出并能分清批次的企业和制度明确规定的业务采用按日结转外，一般企业都采用定期结转。定期结转有按月进行和按季进行两种，一般为按月结转。

（二）商品销售成本的结转方法

商品销售成本的结转方法，有分散结转和集中结转两种。

分散结转是按每一库存商品明细科目计算出已销商品的成本，并编制记账凭证逐户结转，然后逐户汇总，求得商品销售成本总金额，并编制记账凭证汇总表，据以在库存商品总分类账（或类目账）上结转。

集中结转是平日在库存商品明细账上只登记销售商品的数量，期末（一般为月末）结转已销商品成本时，根据确定的库存商品单价在明细账中计算出每种商品的结存金额，然后按类或全部商品汇总计算出大类或全部商品的期末结存金额，根据类目账和总账资料倒计大类或全部销售商品的成本，并在类目账或总账上结转。

任务五

批发商品盘存减值成本的核算

一、商品盘点的核算

商品盘点的结果有溢余和短缺两种。

（一）商品盘点的溢余

发生时（查明原因前）：

借：库存商品——××商品

　贷：待处理财产损溢——待处理流动资产损溢

批准处理（查明原因后）：

借：待处理财产损溢——待处理流动资产损溢

　贷：管理费用——其他

（二）商品盘点的短缺

发生时（查明原因前）：

借：待处理财产损溢——待处理流动资产损溢

　贷：库存商品——××商品

批准处理（查明原因后）：

借：原材料（残值）

　　其他应收款——××个人

　　　　　　——××保险公司

　　管理费用——其他

　　营业外支出（非常损失）

　贷：待处理财产损溢——待处理流动资产损溢

【例 3-47】紫金象屿商贸股份有限公司 20××年 12 月 31 日对库存商品进行盘点时发现 A 商品溢余 20 件（成本为 50 元/件），B 商品短缺 200 件（成本为 50 元/件）。经查明 A 商品溢余系 3 月份供应商无偿多送备用的，B 商品短缺系仓管员刘某失职 10 件、平安保险公司赔偿 150 件、自然损耗 30 件、收回残值 10 件，经有关部门负责人批准按查明的原因处理。该企业应编制如下会计分录：

（1）A 商品盘点的溢余

发生时（查明原因前）：

借：库存商品——A 商品	1 000	
贷：待处理财产损溢——待处理流动资产损溢		1 000

批准处理（查明原因后）：

借：待处理财产损溢——待处理流动资产损溢	1 000	
贷：管理费用——其他		1 000

（2）B 商品盘点的短缺

发生时（查明原因前）：

借：待处理财产损溢——待处理流动资产损溢	10 000	
贷：库存商品——B 商品		10 000

批准处理（查明原因后）：

借：原材料（残值）	500	
其他应收款——刘某	500	
——平安保险公司	7 500	
管理费用——其他	1 500	
贷：待处理财产损溢——待处理流动资产损溢		10 000

二、商品削价的核算

商品削价包括残损变质商品削价和冷背呆滞商品削价。

残损变质商品是指在购进、销售、存储过程中因运输、装卸、保管、包装等不妥而造成残次损坏或霉烂变质的商品。

冷背呆滞商品是指规格、品种、质量不适应当地消费者需要的商品。

以上两类商品进行削价时，由相关部门填制“商品削价报告单”报有关职能部门批准后进行处理。商品削价后的售价无论是否小于原进价，会计上都不作处理，其削价损失直接体现为收入与成本之差。

三、商品非正常损失的核算

商品非正常损失一般指商品发生火灾、水灾等自然灾害造成的损失。其会计处理是将购进时的进项税额按规定转出，将其损失扣除个人、保险公司赔偿后的净损失列支为营业外支出。

①发生时（查明原因前）

借：待处理财产损溢——待处理流动资产损溢

　贷：库存商品——××商品

②批准处理（查明原因后）

借：营业外支出

　贷：待处理财产损溢——待处理流动资产损溢

贷：应交税费——应交增值税（进项税额转出）

【例 3-48】20××年 12 月 20 日紫金象屿商贸股份有限公司一仓库发生火灾，经对库存商品进行盘点发现 B 商品损缺 200 件（成本为 50 元/件）。经协商由平安保险公司赔偿 150 件，其余 50 件（进项税额 325 元已抵扣）列为自然灾害造成的损失，经有关部门负责人批准按查明的原因处理。该企业应编制如下会计分录：

①发生时（查明原因前）

借：待处理财产损溢——待处理流动资产损溢	10 000	
贷：库存商品——B 商品		10 000

②批准处理（查明原因后）

借：营业外支出	2 825	
其他应收款——平安保险公司	7 500	
贷：待处理财产损溢——待处理流动资产损溢		10 000
应交税费——应交增值税（进项税额转出）		325

四、存货减值准备的核算

（一）存货减值的含义

存货减值是指商品流通企业存货成本低于其可变现净值。存货成本是指存货的历史成本。可变现净值是指企业在正常经营过程中，以存货预计售价减去预计完工成本及销售所必需的预计费用后的价值。可见，可变现净值是指存货未来净现金流入，而不是指存货的售价或合同价。

成本与可变现净值孰低法是指对期末存货按照成本与可变现净值两者中的低者计价的方法。当成本低于可变现净值时，存货按成本计价；当可变现净值低于成本时，存货按可变现净值计价，并按照成本高于可变现净值的差额计提存货跌价准备，计入当期资产减值损失。以前减计存货价值的影响因素已经消失的，减计的金额应当予以恢复，并在原已计提的存货跌价准备金额内转回，转回的金额计入当期损益。

（二）存货可变现净值的确定

商品流通企业在正常的生产经营过程中直接用于出售的存货，应当以该存货的估计售价减去估计的销售费用和相关税费后的金额确定其可变现净值。在确定其可变现净值时，最关键的问题是确定估计售价。企业确定存货估计售价的情况有：

（1）如果企业与购买方签订了销售合同，并且销售合同中订购的数量等于企业持有的商品数量，则该批商品的可变现净值应当以合同价格作为计算基础。

（2）如果企业持有库存商品的数量多于销售合同中订购的数量，超出部分的库存商品的可变现净值应当以商品的市场销售价格作为计算基础。

（3）没有销售合同约定的库存商品，其可变现净值应当以商品的市场销售价格作为计算基础。

（三）存货跌价准备的计提方法

商品流通企业在计提存货跌价准备时，通常应当以单个存货项目为基础，即企业将每个库存商品项目的成本与其可变现净值逐一进行比较，按较低者计量库存商品，并且按成本高于可变现净值的差额，计提存货跌价准备。

对于数量繁多、单价较低的库存商品，可以按照库存商品类别计提存货跌价准备，即对库存商品类别的成本总额与可变现净值总额进行比较，每个库存商品类别均取较低者确定库存商品的期末价值。

（四）计提存货跌价准备的账务处理

商品流通企业应当设置“存货跌价准备”科目，核算企业提取的存货跌价准备。贷方登记计提的存货跌价准备金额，借方登记实际发生的存货跌价损失金额和冲减的存货跌价准备金额。期末余额一般在贷方，反映企业已计提但尚未转销的存货跌价准备。

当存货成本高于其可变现净值时，企业应当按照二者之间的差额，借记“资产减值损失——计提存货跌价准备”科目，贷记“存货跌价准备”科目。

转回已计提的存货跌价准备金额时，按恢复增加的金额，借记“存货跌价准备”科目，贷记“资产减值损失——计提存货跌价准备”科目。在原计提的存货跌价准备金额内转回，意味着转回的金额以将存货跌价准备的余额冲减至零为限。

【例 3-49】紫金象屿商贸股份有限公司采用成本与可变现净值孰低法对甲库存商品进行期末计价。

（1）20×7 年年末库存商品的账面成本为 500 000 元，根据当日市价确定的可变现净值为 480 000 元，“存货跌价准备”科目余额为零。存货跌价准备的计提及会计分录如下：

应计提的存货跌价准备=500 000−480 000=20 000（元）

借：资产减值损失——计提存货跌价准备	20 000	
贷：存货跌价准备		20 000

（2）假设 20×8 年 6 月 30 日，甲商品的实际成本为 600 000 元，其可变现净值为 570 000 元。存货跌价准备的计提及会计分录如下：

存货跌价准备应保留的余额=600 000−570 000=30 000（元）

应补提的存货跌价准备=30 000−20 000=10 000（元）

借：资产减值损失——计提存货跌价准备	10 000	
贷：存货跌价准备		10 000

（3）假设 20×8 年年末甲商品的实际成本为 450 000 元，其可变现净值为 430 000 元。存货跌价准备的计提及会计分录如下：

存货跌价准备应保留的余额−450 000−430 000−20 000（元）

应冲减的存货跌价准备=30 000−20 000=10 000（元）

借：存货跌价准备	10 000	
贷：资产减值损失——计提存货跌价准备		10 000

（4）假设 20×9 年 6 月 30 日，甲商品部分已变质，经批准予以报废处理，实际成本为 50 000 元，已计提存货跌价准备 5 000 元，增值税税率 13%，会计分录如下：

借：资产减值损失——计提存货跌价准备	50 000	
存货跌价准备	5 000	
贷：库存商品——甲商品		55 000

同时进项税额转出：

借：管理费用　　6 500

　贷：应交税费——应交增值税（进项税额转出）　　6 500

（5）假设 20×9 年年末甲商品的实际成本为 300 000 元，其可变现净值为 320 000 元，“存货跌价准备”账户余额为 15 000 元，则会计分录如下：

需要注意的是，由于预计可变现净值大于商品的实际成本，需要按其实际成本计价，并将原“存货跌价准备”账户余额冲减至零。

借：存货跌价准备　　15 000

　贷：资产减值损失——计提存货跌价准备　　15 000

商品流通企业结转存货销售成本时，对于已计提存货跌价准备的，借记“存货跌价准备”“主营业务成本”“其他业务成本”等科目，贷记“库存商品”等科目。

【例 3-50】20×2 年，烟台某商品流通企业的甲产品库存为 100 台，每台成本为 3 000 元。该存货已经计提的存货跌价准备为 40 000 元。20×9 年，该企业将库存的 100 台甲产品全部以每台 3 500 元的价格售出，假定不考虑其他因素。该企业应编制如下会计分录：

借：主营业务成本　　260 000

　　存货跌价准备　　40 000

　贷：库存商品——甲产品　　300 000

项目总结

在本项目中，我们按照批发商品流转的主要业务程序，系统学习了批发企业从实体平台、网络平台购进商品、销售商品、存储商品各阶段的会计核算业务，同时结合现代新兴支付方式——网银、第三方支付平台的应用，以不同支付方式结算为主线对商品购进、销售业务进行分类会计核算；在进出口贸易业务项目中，针对一般情况下的普通贸易、签有货币互换协议的特殊贸易及其他贸易进行展开核算。通过各项工作任务的实施，可以了解到，要做好批发企业的会计核算工作，应当结合企业的实际情况恰当选择、灵活运用商品流通领域各阶段的业务程序，只有这样才能完全掌握各类批发企业会计核算的全过程，这也是本教材的重点、难点和创新所在。

项目测试

一、单项选择题

3-1

扫码看答案

1. 批发企业会计核算价格的主线“三进一销”中的“一销”是指（　　）。

A. 购进时的实际价格　　B. 入库时的实际价格

C. 结转时的实际价格　　D. 销售时的销售价格

2. 批发企业从实体平台购进商品的主要渠道是指（　　）。

A. 实体企业　　B. 电商企业

C. 流通企业　　　　D. 制造企业

3. 批发企业从网络平台（电商）购进商品，其发货方式一般采用（　　）。

A. 送货制　　B. 提货制　　C. 发货制　　D. 收购制

4. 国外进口商品计算其进价时，汇率一律选择当日汇率作为折算汇率，且基础成交价一律为（　　）。

A. 到岸价格　　B. 离岸价格　　C. 代理价格　　D. 国内价格

5. 进口商品时若以离岸价格成交，则到达我国港口之后发生的运保费一律计入（　　）。

A. 主营业务成本　　B. 管理费用　　C. 销售费用　　D. 财务费用

6. 出口商品时如按到岸价格对外成交，则其离岸后支付的运保费直接冲减出口（　　）。

A. 主营业务成本　　B. 主营业务收入　　C. 销售费用　　D. 管理费用

7. 如果发生进货退价时，购进的商品已全部或部分售出并已结转销售成本，则应冲减（　　）。

A. 主营业务收入　　B. 主营业务成本　　C. 销售费用　　D. 管理费用

8. 批发企业从网络平台销售商品时，其货款结算一般采用有担保方的（　　）。

A. 现金　　B. 网银　　C. 第三方支付　　D. 托收承付

9. 直运商品销售核算最大的特点是购进与销售同时完成，其核算账户不通过（　　）科目。

A. “在途物资”　　B. “库存商品”　　C. “销售费用”　　D. “应收账款”

10. 商品销售后跨年（资产负债表日后事项）退回的，则开红字增值税专用发票按销货退回处理，借记（　　）科目。

A. “主营业务收入”　　　　B. “主营业务成本”

C. “本年利润”　　　　D. “以前年度损益调整”

11. 某电器公司从欧洲进口一批家电产品，离岸价格为 5 万美元，关税税率 10%，同时支付海运费、保险费 0.2 万美元，汇率 1：6.3，则其采购成本为（　　）万元人民币。

A.32.76　　B.34.65　　C.35.00　　D.35.91

12. 企业进口商品的国外进价一律以（　　）。

A. 离岸价格为基础　　　　B. 到岸价格为基础

C. 公司价格为基础　　　　D. 国内价格为基础

13. 某公司出口一批产品到非洲，价款 205 万元人民币，按离岸价格对外成交，该公司代垫从大连港到非洲港的运保费共 5 万元人民币，则该公司入账的主营业务收入为（　　）万元。

A.200　　B.205　　C.210　　D.220

14. 通润商贸公司为加快资金回笼，采用的商业折扣方式为“3/10、2/20、n/30”，8 月 15 日收到货款 100 万元（货物是 8 月 1 日出售给泉台贸易公司的），则通润商贸公司实际支付的现金折扣为（　　）万元。

A.1　　B.2　　C.3　　D.4

15. 企业在购进商品时，如遇月末商品先到、货款结算凭证尚未到达，则（　　）。

A. 按实际价入账　　B. 按暂估价入账　　C. 不入账　　D. 退回

16. 出口商品时，进项税额与退税额的差额应结转到（　　）。

A. 库存商品　　B. 主营业务收入　　C. 主营业务成本　　D. 营业外支出

17. 某企业经营商品少、进货渠道多、进货单价前后相差大，则该企业应采用的成本核算方法是（　　）。

A. 移动加权平均法　　B. 先进先出法

C. 毛利率计算法　　D. 个别计价法

18. 在鲜活农副产品的核算方面，一般采用（　　）。

A. 售价金额法　　B. 数量售价金额法

C. 数量进价金额法　　D. 进价金额法

19. 某公司向一葡萄专业户收购免税农产品，收购价款为 10 万元，则该批产品的采购成本为（　　）万元。

A.9.1　　B.10.0　　C.11.3　　D.11.7

20. 购入商品在验收入库时发现实收数多于应收数，且查明原因属自然溢余，则贷方科目记（　　）。

A. “物资采购”　　B. “库存商品”

C. “待处理财产损溢”　　D. “销售费用”

21. 批发企业库存商品盘点的结果发现溢余和短缺在查明原因前先记入（　　）科目。

A. “管理费用”　　B. “库存商品”

C. “待处理财产损溢”　　D. “销售费用”

22. 商品非正常损失一般指商品发生火灾、水灾等自然灾害造成的净损失，一般记入（　　）科目。

A. “管理费用”　　B. “营业外支出”

C. “待处理财产损溢”　　D. “销售费用”

23. 购进商品短缺，如果查明属于运输单位失职，应列作（　　）。

A. 销售费用　　B. 其他应收款　　C. 营业外支出　　D. 其他应付款

24. 以下商品销售成本的核算方法中，计算出的单位成本较均衡的是（　　）。

A. 加权平均法　　B. 移动加权平均法　　C. 先进先出法　　D. 个别计价法

25. 以下核算方法，适用于珠宝流通企业的是（　　）。

A. 加权平均法　　B. 移动加权平均法　　C. 先进先出法　　D. 个别计价法

26. 受托单位代购商品应收取的手续费，通过（　　）账户核算。

A. “其他业务收入”　　B. “主营业务收入”

C. “销售费用”　　D. “库存商品”

27. 商品流通企业按年末库存的成本计提商品减值准备，应记入的账户是（　　）。

A. “主营业务成本”　　B. “库存商品”

C. “资产减值损失”　　D. “管理费用”

28. 对于视同买断的代销方式，委托方确认收入应在（　　）。

A. 发出商品时　　B. 商品出售时

C. 取得受托方开具的代销清单时　　D. 签订合同时

29. 某零售企业采用成本与可变现净值孰低法计提商品减值准备，20××年年末库存商品成本为500万元，当日其可变现净值为490万元，则年末应计提的存货跌价准备金额为（　　）。

A. 借方10万元　　B. 贷方10万元　　C. 借方5万元　　D. 贷方5万元

30. 对于收取手续费的代销方式，委托方确认收入应在（　　）。

A. 发出商品时　　B. 商品出售时

C. 取得受托方开具的代销清单时　　D. 签订合同时

二、多项选择题

3-2

扫码看答案

1. 批发企业会计核算价格的主线“三进一销”中的“三进”是指（　　）。

A. 购进时的实际价格　　B. 入库时的实际价格

C. 结转时的实际价格　　D. 销售时的销售价格

2. 批发企业从网络平台（电商）购进商品，其货款结算方式一般采用（　　）。

A. 支票　　B. 信用卡

C. 网银　　D. 第三方支付

3. 企业进口的商品，其采购成本包括（　　）。

A. 进口商品的国外进价　　B. 应分担的外汇差价

C. 进口环节的各种税费　　D. 进口后的各种杂费

4. 人民币互换协议下的贸易是指中国在与与其签有货币互换协议的国家进行贸易结算时，不必再使用美元作为交易的中介货币，可以使用（　　）。

A. 人民币　　B. 对方国家货币　　C. 美元　　D. 电子货币

5. 批发企业由于销售渠道不同，其商品销售的业务核算程序可分为（　　）。

A. 实体平台　　B. 网络平台　　C. 流通平台　　D. 制造平台

6. 批发企业从网络平台销售商品主要是指通过（　　）进行销售。

A. 自营网络平台　　B. 电商网络平台　　C. 国内网络平台　　D. 国外网络平台

7. 批发企业的业务流程主要包括（　　）等环节。

A. 商品购进　　B. 商品加工　　C. 商品储存　　D. 商品销售

8. 购进商品发生溢余或短缺的原因有（　　）。

A. 商品本身性能　　B. 自然条件变化　　C. 供货单位出错　　D. 运输单位失职

9. “待处理财产损溢——待处理流动资产损溢”账户的借方登记（　　）。

A. 商品短缺实际发生数　　B. 商品短缺转销数

C. 商品溢余转销数　　D. 商品溢余实际发生数

10. 在购进商品短缺的核算中，以下情况还应冲减进项税额且不得抵扣的有（　　）。

A. 商品的自然损耗　　B. 运输单位的失职

C. 自然灾害造成　　D. 自然条件变化

11. 购进商品时发生进货补价，假设该批商品尚未出售，则应调增（　　）。

A. 在途物资　　B. 库存商品　　C. 应交税费　　D. 银行存款

12. 购进商品时发生进货补价，假设该批商品已全部出售并已结转成本，则应调增（　　）。

A. 在途物资　　B. 库存商品　　C. 应交税费　　D. 主营业务成本

13. 以下科目期末无余额的有（　　）。

A. “主营业务收入”　　B. “银行存款”

C. “销售折扣与折让”　　D. “销售费用”

14. 批发企业商品销售折扣的核算方式有（　　）。

A. 商业折扣　　B. 现金折扣　　C. 销售折让　　D. 现金回扣

15. 批发企业商品销售成本的计算方法主要有（　　）。

A. 个别计价法　　B. 加权平均法　　C. 移动加权平均法　　D. 先进先出法

16. 商品销售成本的结转方法主要有（　　）。

A. 分散结转　　B. 集中结转　　C. 定期结转　　D. 按日结转

17. 批发商品购进业务的核算应设置的科目有（　　）。

A. “在途物资”　　B. “库存商品”　　C. “销售费用”　　D. “商品进销差价”

18. 在受托代销商品的核算中，若采用视同买断的方式，则账务处理涉及的科目有（　　）。

A. “主营业务收入”　　B. “受托代销商品”

C. “代销商品款”　　D. “其他业务收入”

三、判断题

3-3

扫码看答案

1. 对于本地购进商品，交接方式一般采用“发货制”或“提货制”。（　　）

2. 批发企业从网络平台（电商）购进商品主要是指从实体企业购进商品。（　　）

3. 企业进口的商品，其采购成本包括进口商品的国外进价、应分担的外汇差价和进口环节的增值税费。（　　）

4. 出口商品的销售收入，一律以我国口岸离岸价格（FOB）为入账基础。（　　）

5. 在进口国外商品的业务中，常会用到 FOB、CFR、CIF 三种价格。（　　）

6. 批发企业购进商品发生溢余或短缺的，无论是否查明原因均可直接记入“营业外支出”科目核算。（　　）

7. 购进商品发生退补价时，无论商品是否已全部或部分售出，均应冲减“主营业务成本”科目。（　　）

8. 批发企业从自营网络平台销售商品时，一般采用“送货制”。（　　）

9. 批发企业从电商网络平台销售商品时，货款一般采用有担保方的“第三方支付”结算方式。（　　）

10. 在预收款销售方式下，通常是销售方收到货款时确认收入。（　　）

11. 对于视同买断方式下的委托代销商品，委托方收到代销清单时才确认本企业的销

售收入。 (　　)

12. 直运商品销售的优点是：节约商品流通费用和仓储费用，加快商品流通。 (　　)

13. 商品销售后跨年（资产负债表日后事项）退回并开红字增值税专用发票，则会计处理直接冲减主营业务收入。 (　　)

14. 商品销售若采用现金折扣方式，则折扣部分直接冲减主营业务收入。 (　　)

15. 商品出口时，其当期出口货物不予抵扣及退税的税额直接计入主营业务成本。 (　　)

16. 个别计价法适用于不能替代使用的存货，以及为特定项目专门购入或制造的存货，如珠宝、名画等贵重物品。 (　　)

17. 商品削价后的售价无论是否小于原进价，其削价损失直接冲减主营业务收入。 (　　)

18. 商品非正常损失一般指商品发生火灾、水灾等自然灾害造成的损失，会计处理直接计入营业外支出。 (　　)

19. 存货减值是指商品流通企业存货的成本低于其可变现净值。 (　　)

20. 当存货成本高于其可变现净值时，企业应当按照二者之间的差额，借记“管理费用”科目，贷记“存货跌价准备”科目。 (　　)

四、综合实务操作

根据下列经济业务编制会计分录（单位：元）。

3-4

扫码看答案

京通商贸股份有限公司（以下简称京通公司）是一家批发企业，是增值税一般纳税人，增值税税率13%，20××年12月发生如下业务：

1.1日，从京渝公司购入手机400部，单价500元，价款20万元，增值税税额2.6万元，货款及税金用网银支付，收到增值税专用发票，商品验收入库。

2.3日，从中芯股份有限公司购入充电宝5 000个，单价20元，价款10万元，增值税税额1.3万元，中芯股份有限公司代垫运费0.2万元，价税费共11.5万元；收到增值税专用发票，商品验收入库，款项用张某的中行信用卡支付。（不考虑运费的进项税额）

3.5日，批发给本市众财公司手机200部（单价800元）、充电宝3 000个（单价30元），共计价款25万元，增值税税额3.25万元，商品已发出，款项已收到存入银行。

4.6日，批发给本市某公司手机50部（单价800元）、充电宝1 000个（单价30元），共计价款7万元，增值税税额0.91万元，商品已发出，款项已通过建行POS机刷信用卡收取。

5.7日，收到银联公司的结算款（手续费每笔20元）。

6.8日，通过阿里天猫网络平台销售手机50部给丙公司，协商价格为每部904元（含税）；丙公司通过购物网站订货后，付款至支付宝。支付宝通知京通公司配发货物，并通过顺丰物流公司将货物发出（发生物流费用100元，签有费用定期结算协议）。手机每部加权平均成本500元。

7.11日，丙公司验货合格，京通公司收到支付宝转来的价税款共计4.52万元（支付宝按货款的 0.1% 收取手续费），同时开出增值税专用发票。

8. 若 11 日丙公司验货不合格退回手机并要求重新发货；13 日丙公司验货合格，京通公司收到支付宝转来的价税款共计 4.52 万元（支付宝按货款的 0.1% 收取手续费）。

9.13 日，从海尔公司购进家用电器一批，增值税专用发票上注明的价款为 5 万元，增值税税额为 0.65 万元，发生运费 0.05 万元。商品验收入库，款项当日用支付宝账户支付。（不考虑运费的进项税额）

10.14 日，通过某电商 B2B 网络平台从虹图公司购入充电宝 5 000 个（增值税税率为 13%），协商价格为每个 20 元，价款为 10 万元，增值税税额为 1.3 万元。该公司通过购物网站订货后，将价税款付至支付宝。虹图公司通过顺丰物流公司将货物发出并代垫运费 0.3 万元。（不考虑运费的进项税额）

11.15 日，京通公司验货合格并入库，收到增值税专用发票并通知支付宝支付价税款共计 11.6 万元。

12. 若 15 日京通公司验货不合格拒收商品且取消交易，收回预付款（扣除运费）。

13.16 日，从云通公司购进办公电脑一批，增值税专用发票上注明的价款为 3 万元，增值税税额为 0.39 万元。商品验收入库，该公司开出面值为 3.39 万元、期限为 1 个月的商业承兑汇票结算上述款项。

14.17 日，向某专业户收购 100 吨大豆，收购价 20 万元用于直接销售，运费 0.2 万元（已取得农副产品收购证明，准予抵扣，税率 9%），大豆已入库，款项通过网银支付。（不考虑运费的进项税额）

15.17 日，京通公司自营从欧洲进口葡萄酒一批，到岸价 2 万欧元，关税税率 20%、消费税税率 10%，海关完税凭证上注明的增值税税率为 13%，当日汇率 1 欧元=9 元人民币。同时，支付从港口到公司的运费 0.92 万元人民币，收到发票及商品（已验收入库），价款、运费用网银支付。（不考虑运费的进项税额）

16.18 日，从海南美海贸易公司（一般纳税人，已税）购入农副产品一批直接销售，价款 5 万元，增值税税额为 0.45 万元，农副产品已验收入库，收到增值税专票并以网银支付相关费用。

17.20 日，将从欧洲进口的葡萄酒销售给辽宁 A 公司，售价 30 万元，增值税税额 3.9 万元，开出增值税专用发票并结清货款存入银行。

18.21 日，从苏州联创公司购入手机 1 000 部，单价 500 元，价款 50 万元，增值税税额 6.5 万元，支付运费 0.5 万元，价税费及运费共计 57 万元尚未支付，收到增值税专用发票，商品验收入库。（不考虑运费的进项税额）

19.22 日，自营从俄罗斯进口化工产品一批，到岸价（CIF）为 10 万元人民币，关税税率为 20%，消费税税率为 20%，海关完税凭证上注明的增值税税率为 13%，当日的汇率为 1 美元=6.3 元人民币（我国与俄罗斯签有货币互换协议）。同时，支付报关费、检验费等 0.45 万元人民币。

20.25 日，向中东某公司出口手机 1 000 部（联创公司，单价 150 美元）、充电宝 5 000 个（虹图公司，单价 6 美元），以到岸总价 18 万美元成交；同时用网银支付国外运保费 2 万美元，当月 1 日汇率为 1 美元=6.5 元人民币，该批出口货款尚未收到。

21.28 日，采用直运商品销售结算方式销售给江南汽车公司机电产品一批，该批商品的协议售价总额为 5 万元，采购成本总额为 3 万元，增值税税率为 13%。该公司通过顺丰物流公司直接将机电产品从浙江某公司发往江南汽车公司（已垫付物流费用 900 元），同时支付采购价税款 3.48 万元。（不考虑运费的进项税额）

22.30 日，江南汽车公司验货合格，京通公司收到支付宝转来的价税款共计 5.74 万元（支付宝按货款的 0.1% 收取手续费），同时开出增值税专用发票。

23.31 日，28 日从某贸易公司购入的儿童用品一批，价款 5 万元，增值税税额 0.65 万元，货款尚未支付，儿童用品已到达本公司，发票凭证尚未收到，公司按暂估价 7 万元入库。

24.31 日，收到出口到中东某公司的手机、充电宝款项共计 18 万美元，按汇率 1∶6.4 兑换成人民币存入银行。

25.31 日，从南方国塑公司购入塑料制品一批，价款 20 万元，增值税税额 2.6 万元，国塑公司垫付运费 0.436 万元（含税价），价款共计 23.036 万元，收到增值税专用发票，商品验收入库，但款项尚未支付，运费按 9% 抵扣进项税额。

26.31 日，用网银归还张某中行到期的信用卡款项 11.5 万元。

27.31 日，收到龙州运输公司开来的货物运输业（运费可抵扣 9%）增值税专用发票，运费 9 万元，增值税税额 0.81 万元，运费通过第三方支付方支付宝支付。

28.31 日，按加权平均法结转本月国内销售、出口商品的成本（指手机、充电宝、葡萄酒、机电产品）。

29.31 日，结转进项税额与退税额的差额到主营业务成本（出口商品的征税率为 13%）。

30.31 日，收齐单证并计算出口退税金额，退税率为 11%。其中：期初留抵税额为 0.26 万元，本月进项税额共计 23.246 万元，销项税额共计 10.43 万元（判断|期末留抵税额|与|当期应退税额|的大小）。

31.31 日，收到本月出口到中东某公司的手机、充电宝产品的退税款，已存入银行（6.6 万元）。

4

项目四

零售商品流转的核算

任务一

零售商品的核算内容

一、零售商品流转的业务特点

零售商品流转的环节包括商品购进、商品储存、商品销售。

零售商品流转的特点如下：

(1) 经营品种多，规格复杂，直接服务于消费者，且交易次数频繁、数量零星。

(2) 交易方式主要是一手交钱一手交货的现金交易，成交时间短。

(3) 除集团购买或贵重商品外，一般不需要填制销售凭证。

(4) 依其业务性质，零售商品一般都采用售价金额核算法。

(5) 贵重商品（金银首饰）采用售价金额核算法，鲜活商品采用进价金额核算法。

零售商品流转业务会计核算价格的主线是“一进三销”：“一进”是指购入商品时用购进的实际价格核算；“三销”是指商品验收入库时用销售价核算，销售商品时用销售价核算，结转主营业务成本也用销售价核算。

零售商品流转核算的流程如图 4-1 所示。

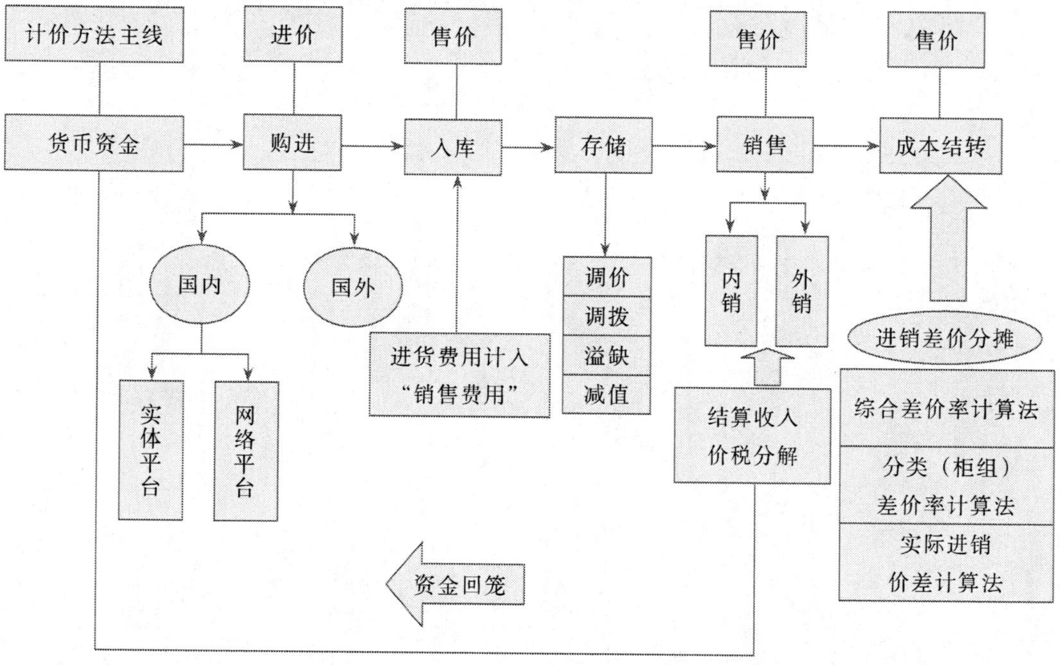

图 4-1 零售商品流转核算流程图

二、零售商品核算的内容

售价金额核算法也称“售价记账、实物负责制”，它不仅是库存商品的一种核算方法，也是零售企业一项重要的经营管理制度。其内容包括以下几方面：

（一）建立实物负责制

根据岗位责任制的要求，零售企业按照经营商品品种和存放地点的不同，划分出若干营业柜、组，确定实物负责人，要求各实物负责人对其所经营商品的数量、质量承担全部经济责任，使商品的进、销、存各环节都有专人负责。

（二）库存商品按含税售价记账

会计部门对商品的进、销、存都按照零售价记账。在总账中只记库存商品的售价总金额，库存商品明细账按实物负责人设置，按商品售价金额分别记载各实物负责人经管的商品。为了加强商品管理，对于仓库内的全部商品，专卖店、营业柜组存放的贵重商品、大件商品，以及业务上经常需要掌握数量的商品，实物负责人必须设置商品数量账，每天登记收付存数量。

（三）设置“商品进销差价”科目

采用售价金额核算法的零售企业，库存商品的增加、减少和结存都是按售价在库存商品账上反映的。它与实际购进商品时所支付的金额并不一致，通常是售价高于进价。会计核算不仅要以售价控制商品，还要以进价反映库存商品的实际价值。因此，有必要设置“商品进销差价”科目，以核算库存商品售价与进价之间的差额。平时，商品销售以售价结转营业成本计算实物负责人（小组）的商品金额；每月月末根据“商品进销差价”数字，按照商品总额或大类产品购销比例，计算已销商品应摊的差价并进行结转。

（四）加强商品实地盘点制度

对库存商品每月必须进行一次全面盘点。实物负责人调动或者商品调价，应及时进行盘点。盘点结果发生差异时，应及时查明原因，进行处理，保证账实相符。这是一项重要的管理措施，也是售价金额核算法下一项重要的内容。其通过盘点和账实核对来考核实物负责人对商品保管的情况，月终盘点后，确定实际库存，并据以处理损耗或溢余。

（五）按时编制“商品进销存日报表”，加强报账、对账工作

零售企业进、销、调、存全面的业务活动是通过“商品进销存日报表”来反映的，这对会计核算的报账、对账、记账工作及资金运用和经营管理，具有很重要的作用。因此，实物负责人必须每天编制“商品进销存日报表”，详细填列商品的购进、销售及库存情况，并连同应附的有关原始凭证，报送会计部门。会计部门应加强审核，无误后编制记账凭证入账，以反映实物负责人所经管商品的金额。“商品进销存日报表”也可分别装订，作为库存商品明细账。

（六）健全各业务环节的手续制度，加强价格管理

对购进、调入的商品要认真验收，不仅要验收数量、质量，而且要核实价格、金额是否相符；销售时要正确执行规定的价格。为了便于群众购买和监督，每种商品都应当有价格标签。实物负责人对商品的购进、调拨、销售、调价、升溢、损耗、损失、盘点、交接

等必须履行必要的手续，填制完备的凭证，按照合理的程序传递凭证，及时调整账面金额。

任务二

零售商品购进的核算

一、零售商品购进的业务分类及程序

零售商品购进业务按照购进渠道的不同可分为实体平台购进与网络平台购进。

（一）实体平台购进商品的业务

零售企业从实体平台购进商品主要是指通过实体企业购进商品。

1.对于本地购进商品

对于本地购进商品，交接方式一般采用“送货制”或“提货制”，货款一般采用支票、信用卡、网银（含手机银行）、第三方支付或委托收款等方式结算。其程序是：送货或提货—审核发票—验收商品—办理入库—结算货款。

2.对于异地购进商品

对于异地购进商品，交接方式一般采用“发货制”，货款一般采用网银（含手机银行）、第三方支付、托收承付、委托收款、商业汇票、银行汇票、汇兑等方式结算。其程序是：开具发票—商品出库—发货运输—审核发票—验收商品—办理入库—结算货款。

（二）网络平台购进商品的业务

零售企业从网络平台购进商品主要是指通过电商网络平台购进商品，交接方式一般采用“发货制”，货款的结算方式一般是网银（含手机银行）、第三方支付等。其程序是：搜索商品—订购商品—付款给第三方支付方—收到商品—审核发票—验收入库—通知第三方支付方付款。

（三）商品办理入库的程序

零售企业收到商品后，必须认真验收商品的数量和质量。实物负责人应当根据供货单位的发货单，逐一检查商品的品名、数量、单价、金额以及质量。验收合格后，应当填制收货凭证。收货凭证一般为商品验收单，商品验收单除填列商品的品名、规格和进价外，还要填列商品的零售价和进销差价，以便记账。商品验收单的一般格式见表 4-1。

表 4-1　　商品验收单

收货单位　　年　月　日　　字　第　号

货号	品名	实收（原价）				零售计价			商品进销差价
		单位	数量	单价	金额	数量	单价	金额	

会计主管：　　复核：　　验收人：　　制单：

二、零售商品购进的核算

（一）科目的设置

为了正确核算零售商品的购进业务情况，应设置“在途物资”“库存商品”“商品进销差价”“销售费用”“应交税费”等科目。

“在途物资”科目是资产类账户，用来核算零售企业购进商品时已经支付货款，但尚未验收入库的在途商品的进价成本，该账户应按供应单位设置明细账户。

“库存商品”科目，用来核算零售企业购进的商品经实物负责人验收后按售价计入库存成本。这里的售价，是指包含按规定应向购买者收取的增值税税额的零售价。该账户的明细账应按实物负责人分户，只记金额，不记实物数量。

“商品进销差价”科目，是“库存商品”科目的调整科目，核算库存商品售价（含税）与进价（不含税）之间的差额。该科目的贷方登记购进商品的售价大于进价的差额和由于其他原因增加的进销差价；借方登记购进商品的售价小于进价的差额、核销已销商品应分摊的进销差价和其他原因使库存商品售价大于进价的差额减少的数额；其余额一般在贷方，反映期末库存商品应保留的进销差价。该科目应按商品类别或实物负责人设置明细账。由于所采用的售价是含税的零售价格，因此，该科目所记录的商品售价与进价之间的差额就包括两部分：一是不含税的售价与不含税的进价之间的差额，二是应向购买者收取的增值税税额（销项税额）。

“销售费用”科目参见项目三。

“应交税费”科目参见项目三。

（二）零售商品购进业务的核算

1.实体平台购进商品的核算

零售企业从实体平台（同城或异地）购进商品，无论支付货款和商品到达是否在同一天内完成，其会计处理均如下：

（1）采用支票、网银（含手机银行）、委托收款方式结算

①购入

借：在途物资——××公司（进价）
　　应交税费——应交增值税（进项税额）（专用发票上注明的增值税税额）
　　销售费用——运费（运杂费扣除进项税额）
　贷：银行存款（或库存现金）

②入库

借：库存商品——××商品（售价）
　贷：商品进销差价（售价-进价）
　　　在途物资——××公司（进价）

【例 4-1】紫金万润商贸股份有限公司从星河公司购进手机一批，进价为 100 000 元，应支付的进项税额为 13 000 元，该批商品的含税售价为 150 000 元；商品由手机柜台验收入库，价税款项以网银支付。该公司应编制如下会计分录：

①购入

借：在途物资——星河公司	100 000	
应交税费——应交增值税（进项税额）	13 000	
贷：银行存款		113 000

②入库

借：库存商品——手机	150 000	
贷：商品进销差价——手机		50 000
在途物资——星河公司		100 000

（2）采用信用卡方式结算

①购入

借：在途物资——××公司（进价）
　　应交税费——应交增值税（进项税额）
　　销售费用——运费（运杂费扣除进项税额）
　　财务费用——手续费
　贷：其他应付款——××个人

②入库

借：库存商品——××商品（售价）
　贷：商品进销差价（售价-进价）
　　　在途物资——××公司（进价）

③到期还款

借：其他应付款——××个人
　贷：银行存款（或库存现金）
　　　预付账款——××担保支付方

【例 4-2】资料承【例 4-1】，若该公司价税款项以采购员刘某的信用卡支付并加付 20 元手续费，次月到期公司用网银归还刘某。该公司应编制如下会计分录：

①购入

借：在途物资——星河公司	100 000	
应交税费——应交增值税（进项税额）	13 000	
财务费用——手续费	20	
贷：其他应付款——刘某		113 020

②入库

借：库存商品——手机	150 000	
贷：商品进销差价——手机		50 000
在途物资——星河公司		100 000

③到期还款

借：其他应付款——刘某	113 020	
贷：银行存款		113 020

（3）采用第三方支付方式结算

①预付

借：预付账款——××担保支付方

　贷：银行存款

②购入

借：在途物资——××公司（进价）

　　应交税费——应交增值税（进项税额）

　　销售费用——运费（运杂费扣除进项税额）

　贷：应付账款——××公司（客户）

③入库

借：库存商品——××商品（售价）

　贷：商品进销差价（售价-进价）

　　　在途物资——××公司（进价）

④结算（通知付款）

借：应付账款 ——××公司（客户）

　贷：预付账款——××担保支付方

【例 4-3】资料承【例 4-1】，若该公司价税款项以第三方担保支付方支付宝支付，商品验收入库后通知支付宝公司支付，则该公司应编制如下会计分录：

①预付

借：预付账款——支付宝担保支付方　　113 000

　贷：银行存款　　113 000

②购入

借：在途物资——星河公司　　100 000

　　应交税费——应交增值税（进项税额）　　13 000

　贷：应付账款——星河公司　　113 000

③入库

借：库存商品——手机　　150 000

　贷：商品进销差价　　50 000

　　　在途物资——星河公司　　100 000

④结算（通知付款）

借：应付账款 ——星河公司　　113 000

　贷：预付账款——支付宝担保支付方　　113 000

（4）采用托收承付方式结算

①购入

借：在途物资——××公司（进价）

　　应交税费——应交增值税（进项税额）

　　销售费用——运费（运杂费扣除进项税额）

贷：应付账款——××公司（客户）

②入库

借：库存商品——××商品（售价）

贷：商品进销差价（售价-进价）

在途物资——××公司（进价）

【例 4-4】紫金万润商贸股份有限公司从珠海格力公司购进空调一批，进价为 200 000 元，应支付的进项税额为 26 000 元，格力公司代垫含税运费 5 450 元（运费税率 9%），该批商品的含税售价为 282 500 元，商品由仓库验收入库，价税费款项以托收承付方式结算。该公司应编制如下会计分录：

①购入

借：在途物资——格力公司	200 000	
应交税费——应交增值税（进项税额）	26 450	
销售费用——运费	5 000	
贷：应付账款——格力公司		231 450

②入库

借：库存商品——空调	282 500	
贷：商品进销差价		82 500
在途物资——格力公司		200 000

（5）采用商业汇票、银行汇票、汇兑等方式结算

①购入

借：在途物资——××公司（进价）

应交税费——应交增值税（进项税额）

销售费用——运费（运杂费扣除进项税额）

贷：应付票据

②入库

借：库存商品——××商品（售价）

贷：商品进销差价（售价-进价）

在途物资——××公司（进价）

③到期兑付

借：应付票据

贷：银行存款

【例 4-5】资料承【例 4-4】，若该公司价税费款项以银行汇票支付，于次月 25 日兑付，则该公司应编制如下会计分录：

①购入

借：在途物资——格力公司	200 000
应交税费——应交增值税（进项税额）	26 450
销售费用——运费	5 000

贷：应付票据——格力公司		231 450
②入库		
借：库存商品——空调	282 500	
贷：商品进销差价		82 500
在途物资——格力公司		200 000
③到期兑付		
借：应付票据	231 450	
贷：银行存款		231 450

（6）采用先收商品后付款的方式结算

若月末前收到结算凭证（发票），则会计处理如前（1）~（5）；若月末还未收到结算凭证（发票），则会计处理如下：对未付款的库存商品可按含税售价入账，次月初再用红字冲回，以便次月付款或开出承兑商业汇票后，按实际支付进货款和收到商品同时完成的情况处理。具体会计分录处理如下：

①月末入账

借：库存商品——××商品（售价）

　　贷：应付账款——××公司（暂估进价）

　　　　商品进销差价（售价-暂估进价）

②次月初用红字冲回

借：库存商品——××商品（红字）

　　贷：应付账款——××公司（红字）

　　　　商品进销差价（红字）

③次月收到增值税专用发票

借：在途物资——××公司（进价）

　　应交税费——应交增值税（进项税额）

　　销售费用——运费（运杂费扣除进项税额）

　　贷：银行存款（或应付账款或应付票据）

　　　　预付账款——××担保支付方

④重新办理入库

借：库存商品——××商品（售价）

　　贷：商品进销差价（售价-进价）

　　　　在途物资——××公司（进价）

【例 4-6】紫金万润商贸股份有限公司从昆明星海公司购进工艺品一批，商品已验收入库，月末发票账单仍未收到。该批商品估计进价为 60 000 元，零售价为 84 240 元，该公司应编制如下会计分录：

①月末入账		
借：库存商品——工艺品	84 240	
贷：应付账款——昆明星海公司		60 000

贷：商品进销差价　　24 240

②下月初红字冲回

借：库存商品——工艺品　　[84 240]

贷：应付账款——昆明星海公司　　[60 000]

商品进销差价　　[24 240]

③次月收到结算凭证付款（实际进价 58 000 元，代垫运费 460 元，不计进项税额）

借：在途物资——昆明星海公司　　58 000

应交税费——应交增值税（进项税额）　　7 540

销售费用——运费　　460

贷：银行存款　　66 000

④重新办理入库

借：库存商品——工艺品　　84 240

贷：商品进销差价　　26 240

在途物资——昆明星海公司　　58 000

（7）采用先付款后收商品的方式结算

①预付

借：预付账款——××公司

贷：银行存款

②收到增值税专用发票

借：在途物资——××公司（进价）

应交税费——应交增值税（进项税额）

销售费用——运费（运杂费扣除进项税额）

贷：预付账款——××公司

③收到所预订商品入库

借：库存商品——××商品（售价）

贷：商品进销差价（售价-进价）

在途物资——××公司（进价）

④补付余款

借：预付账款——××公司

贷：银行存款

⑤收回余款

借：银行存款

贷：预付账款——××公司

【例 4-7】紫金万润商贸股份有限公司从昆明星海公司购进工艺品一批，2 月 25 日用网银预付 75 000 元。3 月 10 日商品已到并验收入库，同时收到的增值税专用发票上注明的价款为 80 000 元、税款 10 400 元，且用第三方担保支付方财富通补付余款；该批工艺品零售价为 113 000 元。该公司应编制如下会计分录：

①预付

借：预付账款——昆明星海公司	75 000	
贷：银行存款		75 000

②收到增值税专用发票

借：在途物资——昆明星海公司	80 000	
应交税费——应交增值税（进项税额）	10 400	
贷：预付账款——昆明星海公司		90 400

③收到所预订商品入库

借：库存商品——工艺商品	113 000	
贷：商品进销差价		33 000
在途物资——昆明星海公司		80 000

④补付余款

借：预付账款——昆明星海公司	15 400	
贷：预付账款——财富通公司		15 400

（8）收到货物运输业（增值税税率 9%）增值税专用发票的会计处理

借：销售费用——运费（运杂费扣除进项税额）

应交税费——应交增值税（进项税额）

贷：银行存款（或应付账款或应付票据）

（预付账款——××公司（担保支付方））

【例 4-8】紫金万润商贸股份有限公司月末与顺丰物流公司结算本月进销商品运输费（含税）共计 54 500 元，并收到货物运输业（增值税税率 9%）增值税专用发票，但款项未付。该公司应编制如下会计分录：

计入销售费用的运费=含税运输费÷（1+9%）=54 500÷（1+9%）=50 000（元）

借：销售费用——运费	50 000	
应交税费——应交增值税（进项税额）	4 500	
贷：应付账款——顺丰物流公司		54 500

需要注意的是，运费单列的，应以取得的货物运单为依据，以不含税运费的 9% 扣除进项税额。扣除进项税额后的运费及采购费用不构成物资采购成本，而作“销售费用”处理。

2.网络平台购进商品的核算

零售企业从网络平台（同城或异地）购进商品，无论支付货款和商品到达是否在同一天，其会计处理均如下：

第一种：有担保方。

（1）搜索商品不作会计处理

（2）订购商品不作会计处理

（3）付款给第三方担保支付方

借：预付账款——××担保支付方

贷：银行存款

（4）收到商品及增值税专用发票

借：在途物资——××公司（进价）

应交税费——应交增值税（进项税额）

销售费用——运费

贷：应付账款——××公司（供应商）

验收入库：

借：库存商品——××商品（售价）

贷：在途物资——××公司（进价）

商品进销差价（售价-进价）

（5）通知第三方担保支付方付款

借：应付账款 ——××公司（供应商）

贷：预付账款——××担保支付方

（6）拒收商品但未取消交易，无须进行会计处理

（7）拒收商品且取消交易，收回预付款（扣除运费）

借：银行存款

销售费用——运费

贷：预付账款——××担保支付方

【例 4-9】紫金万润商贸股份有限公司（一般纳税人）通过某电商 B2B 网络平台购入尚美公司 M 商品 2 000 件（增值税税率为 13%），协商价格为每件 50 元，价款为 100 000 元，增值税税额为 13 000 元。该公司通过购物网站订货后，付款至支付宝。支付宝通知尚美公司配发货物，尚美公司通过顺丰物流公司将货物发出并代垫运费 3 000 元（可抵扣的增值税不计）。紫金万润商贸股份有限公司验收合格并入库（该批商品的含税售价为 135 600 元），同时通知支付宝支付价税费共计 116 000 元。该公司应编制如下会计分录：

①付款给支付宝

借：预付账款——支付宝	116 000	
贷：银行存款		116 000

②收到商品及增值税专用发票

借：在途物资——尚美公司	100 000	
应交税费——应交增值税（进项税额）	13 000	
销售费用——运费	3 000	
贷：应付账款——尚美公司		116 000

③验收入库

借：库存商品——M 商品	135 600	
贷：在途物资——尚美公司		100 000
商品进销差价		35 600

④通知支付宝付款

借：应付账款 ——尚美公司　　116 000

　贷：预付账款——支付宝　　116 000

【例 4-10】若【例 4-9】中的紫金万润商贸股份有限公司验收不合格拒收商品且取消交易，收回预付款（扣除运费），则该公司应编制如下会计分录：

借：银行存款　　113 000

　　销售费用——运费　　3 000

　贷：预付账款——支付宝　　116 000

第二种：无担保方。

（1）搜索商品不作会计处理

（2）订购商品不作会计处理

（3）收到商品及增值税专用发票

借：在途物资——××公司

　　应交税费——应交增值税（进项税额）

　　销售费用——运费

　贷：银行存款

验收入库：

借：库存商品——××商品（售价）

　贷：在途物资——××公司（进价）

　　　商品进销差价（售价-进价）

（4）拒收商品退货，支付由我方负担的运费

借：销售费用——运费

　贷：库存现金

　　　（银行存款）

　　　（应付账款——××物流公司）

【例 4-11】紫金万润商贸股份有限公司（一般纳税人）通过某电商 B2B 网络平台购入尚美公司 M 商品 2 000 件（增值税税率为 13%），协商价格为每件 50 元，价款为 100 000 元，增值税税额为 13 000 元。该公司通过购物网站订货后，尚美公司通过顺丰物流公司将货物发出并代垫运费 3 000 元（可抵扣的增值税不计）。紫金万润商贸股份有限公司验收合格并入库（该批商品的含税售价为 135 600 元），同时用网银支付价税费共计 116 000 元。该公司应编制如下会计分录：

①收到商品及增值税专用发票

借：在途物资——尚美公司　　100 000

　　应交税费——应交增值税（进项税额）　　13 000

　　销售费用——运费　　3 000

　贷：银行存款　　116 000

②验收入库

借：库存商品——M 商品　135 600

　贷：在途物资——尚美公司　100 000

　　　商品进销差价　35 600

【例 4-12】若【例 4-11】中的紫金万润商贸股份有限公司验收不合格拒收商品且取消交易，收回预付款（扣除运费），则该公司应编制如下会计分录：

借：销售费用——运费　3 000

　贷：银行存款　3 000

（三）商品购进发生溢余和短缺的核算

在商品购进的过程中，由于自然因素或差错事故，购进商品可能会发生溢余或短缺。对于本地进货发生的溢缺，应由业务部门及时向供货单位查询，暂不通过会计部门处理；如果溢缺发生在外地购进的商品上，或本地进货发生溢缺时不能查明原因，应根据溢缺情况分别填制“商品溢余（短缺）报告单”一式数联（见表 4-2），随同“发票”或“商品验收单”一并送会计部门进行账务处理。

表 4-2　商品溢余（短缺）报告单

供货单位　年　月　日　字　号

商品类别	商品编号	品名	单位	原发数量	实收数量	溢缺数量	进价		售价		商品进销差价	备注
							单价	金额	单价	金额		
合计												

会计主管：　实物负责人：　验收人：

1.商品购进溢余的核算

（1）购进商品发生溢余，查明原因前

借：库存商品——××商品（售价）

　贷：待处理财产损溢——待处理流动资产损溢（进价）

　　　商品进销差价（溢余商品售价-进价）

　　　在途物资——××公司（进价）

（2）查明原因后经批准处理

借：待处理财产损溢——待处理流动资产损溢（进价）

　贷：销售费用——商品损耗

【例 4-13】永湖商场从某制糖厂购入散装白糖 500 千克，单价 20 元，共计 10 000 元，应支付的增值税税额为 1 300 元，商场以银行存款支付。白糖运到后，经食品组验收，发现溢余 55 千克，原因待查，该批商品的含税售价为 30 元/千克。该商场应编制如下会计分录：

①付款

借：在途物资——某制糖厂　10 000

　　应交税费——应交增值税（进项税额）　1 300

贷：银行存款　　11 300

②白糖运到并按实际验收数入库

借：库存商品——食品组　　16 650

贷：商品进销差价——食品组　　5 550

待处理财产损溢——待处理流动资产损溢　　1 100

在途物资——某制糖厂　　10 000

经查，溢余白糖中 50 千克是制糖厂多发，永湖商场同意作购进处理，制糖厂补来专用发票，白糖进价为 1 000 元，增值税税额为 130 元，会计部门开出支票付清货款；其余 5 千克是计量公差，属自然升溢。该企业应编制如下会计分录：

①供方多发作购进部分

借：在途物资——某制糖厂　　1 000

应交税费——应交增值税（进项税额）　　130

贷：银行存款　　1 130

借：待处理财产损溢——待处理流动资产损溢　　1 000

贷：在途物资——某制糖厂　　1 000

②自然升溢部分

借：待处理财产损溢——待处理流动资产损溢　　100

贷：销售费用——商品损耗　　100

2.商品购进短缺的核算

（1）购进商品发生短缺，查明原因前

借：库存商品——××商品（售价）

待处理财产损溢——待处理流动资产损溢（进价）

贷：商品进销差价（售价-进价）

在途物资——××公司（进价）

（2）查明原因后经批准处理

①转出应负担的增值税税额

借：待处理财产损溢——待处理流动资产损溢

贷：应交税费——应交增值税（进项税额转出）

②确认意外事故造成损失

借：营业外支出——非正常损失

贷：待处理财产损溢——待处理流动资产损溢

【例 4-14】资料承【例 4-13】，商品到货验收时发现短少 20 千克，原因待查。该企业应编制如下会计分录：

借：库存商品——食品组　　14 400

待处理财产损溢——待处理流动资产损溢　　400

贷：商品进销差价——食品组　　4 800

在途物资——某制糖厂　　10 000

经查，短缺商品由意外事故造成，应负担的增值税税额为52元。根据有关凭证，编制如下会计分录：

借：待处理财产损溢——待处理流动资产损溢　　52

　贷：应交税费——应交增值税（进项税额转出）　　52

借：营业外支出——非正常损失　　452

　贷：待处理财产损溢——待处理流动资产损溢　　452

（四）进货退出和进货退补价的核算

1.进货全退的核算

零售企业购进商品，如存在质量问题，经供货单位同意，可将商品退回，收回原进货款。

当企业发生进货退出业务，收到供货方开来的红字专用发票及本单位的红字收货单凭证时，按商品进价及进项税额，借记“应收账款”科目；按商品进价，贷记“在途物资”科目；按进项税额，贷记“应交税费——应交增值税（进项税额）”科目。同时，按商品进价，借记“在途物资”科目；按含税售价，贷记“库存商品”科目；相应调整“商品进销差价”科目。收到供货方退回的款项时，借记“银行存款”科目，贷记“应收账款”科目。

具体会计分录处理如下：

①收到红字发票

借：应收账款——××公司

　贷：在途物资——××公司

　　　应交税费——应交增值税（进项税额）

②退回商品

借：在途物资——××公司

　　商品进销差价

　贷：库存商品——××商品

③收到退回的款项

借：银行存款

　贷：应收账款——××公司

【例4-15】紫金万润公司20××年10月28日从某食品公司购入食品一批，价款共计20 000元，增值税税额为2 600元，紫金万润公司用网银支付。食品次日运到，经食品组验收入库，含税售价为28 250元，财务部门已入账。次月5日，公司发现该批食品存在质量问题，经供货单位同意，可将商品退回，收到供货方开来的红字增值税专用发票并收回原进货款。该公司应编制如下会计分录：

①收到红字发票

借：应收账款——某食品公司　　22 600

　贷：在途物资——某食品公司　　20 000

　　　应交税费——应交增值税（进项税额）　　2 600

②退回商品

借：在途物资——某食品公司　　20 000

　　商品进销差价　　8 250

　贷：库存商品——某食品　　28 250

③收到退回的款项

借：银行存款　　22 600

　贷：应收账款——某食品公司　　22 600

2.进货退补价的核算

零售企业购进商品发生退补价时，应根据供货单位填制的退补价凭证和业务部门填制的红字或蓝字“收货单”进行账务处理。为简化核算手续，也可根据供货单位的退补价“发货票”直接进行退补价核算。

由于按售价金额核算的库存商品是按售价记账的，因此当发生进货退补价时，调整退补价库存商品所包含的商品进销差价即可。企业接到补价通知，尚未补付货款时，借记“商品进销差价”科目，按进项税额，借记“应交税费——应交增值税（进项税额）”科目；贷记“应付账款”科目。企业接到退价通知并收到退款时，借记“银行存款”科目；贷记“商品进销差价”科目，按进项税额，贷记“应交税费——应交增值税（进项税额）”科目。企业接到退价通知，尚未收到退款时，则借记“应收账款”科目；贷记“商品进销差价”科目，按进项税额，贷记“应交税费——应交增值税（进项税额）”科目。

具体会计分录处理如下：

①收到补价通知（收到补来的蓝字专用发票）

借：商品进销差价

　　应交税费——应交增值税（进项税额）

　贷：应付账款——××公司

②收到退价通知，收到退款（收到补来的红字增值税专用发票）

借：银行存款

　贷：商品进销差价

　　　应交税费——应交增值税（进项税额）

③收到退价通知，未收到退款（收到补来的红字增值税专用发票）

借：应收账款——××公司

　贷：商品进销差价

　　　应交税费——应交增值税（进项税额）

【例4-16】紫金万润公司20××年10月28日从某食品公司购入食品一批，价款共计20 000元，增值税税额为2 600元，紫金万润公司用网银支付。食品次日运到，经食品组验收入库，含税售价为28 250元，财务部门已入账。若次月5日食品公司发现售价少开2 000元，增值税税额为260元，紫金万润公司收到供货方补开来的增值税专用发票；若次月5日食品公司发现售价多开2 000元，增值税税额为260元，紫金万润公司收到供货方补开来的红字增值税专用发票。该公司应编制如下会计分录：

①收到补价通知（收到补来的蓝字增值税专用发票）

借：商品进销差价　　2 000

　　应交税费——应交增值税（进项税额）　　260

　贷：应付账款——某食品公司　　2 260

②收到退价通知，收到退款（收到补来的红字增值税专用发票）

借：银行存款　　2 260

　贷：商品进销差价　　2 000

　　　应交税费——应交增值税（进项税额）　　260

③收到退价通知，未收到退款（收到补来的红字增值税专用发票）

借：应收账款——某食品公司　　2 260

　贷：商品进销差价　　2 000

　　　应交税费——应交增值税（进项税额）　　260

任务三

零售商品销售的核算

一、零售商品销售业务的核算

零售商品销售由于销售渠道不同，因此业务核算程序也不同，可分为实体平台商品销售业务的核算和网络平台商品销售业务的核算。

零售商品销售业务的会计科目设置如下：

①“主营业务收入”科目是损益类科目，用来核算商品流通企业在销售商品、提供劳务及让渡资产使用权等日常活动中产生的收入，可设“××柜”“××组”“××店”等明细账核算。

②“主营业务成本”科目是损益类科目，用来核算商品流通企业因销售商品、提供劳务等而发生的实际成本，可设“××柜”“××组”“××店”等明细账核算。

③“应交税费”科目是负债类科目，用来核算商品流通企业因销售商品、提供劳务等而发生的应交增值税销项税额。

④“商品进销差价”科目是调整类科目，用来核算商品流通企业月末分摊的进销差价。

二、实体平台商品销售业务的核算

零售企业从实体平台销售商品主要是指通过实体企业销售商品。由于零售企业通过实体平台销售商品时大都采取现金、信用卡、网银（含手机银行）、第三方支付货款等方式结算，因此商品销售一般采取以下两种收款方式：

第一种是营业员直接收款，在进行商品交易时，同营业员一手交钱一手交货，营业员既管钱又管货。这种收款方式手续简便，方便客户，但发生差错不易查找。

第二种是柜台集中收款，即设置收银台，配备专职收银员和收银机，实行钱货分管。

零售企业无论采用哪种收款方式，每日营业终了都必须将销货款清点后送存银行。向银行交款，一般有两种做法：一是由各营业小组直接向银行交款；另一种是由财务部门将各实物负责人（小组）的销货款集中后交存银行。

向银行交款要填制“银行进账单”，并取得“银行进账单”回单。如将销货款送交财务部门，由其统一送交银行，则各实物负责人（小组）要填制“内部交款单”（见表 4-3）。销货如果发生长短款，应填制“长短款报告单”。

表 4-3　　内部交款单

专组（柜）编码：　　专组（柜）名称：　　年　月　日

项目	摘要	应交金额	实交金额
人民币（大写）		长款	短款

实物负责人：　　复核：　　制单：

营业组（柜）于每日营业终了，根据当日进销货情况，编制“商品进销存日报表”（见表 4-4）。商品进销存日报表一式两份，一份留存，一份连同内部交款单（或“银行进账单”回单）、商品验收单、商品调价单、商品内部调拨单、长短款报告单、增值税专用发票或普通发票记账联等有关凭证一并送交财务部门，经审核无误后，作为编制记账凭证、登记账簿的依据。

表 4-4　　商品进销存日报表

专组（柜）名称：百货组　　20××年 10 月 25 日　　单位：元

项目		金额	项目		金额	备注
昨日库存		35 000	减少	本日销售	8 000	
增加	本日购进	5 000		本日调出		
	本日调入			变价减值		
	变价增值			商品损耗		
	商品溢余		本日库存		32 000	
合计		40 000	合计			
本日进销差价	3 500		进销差价累计		12 000	
商品销售累计						

实物负责人：　　复核：　　制表：

实行售价金额核算法的零售企业，一般在每日营业终了，各实物负责人（柜组）会清点当日销货款并送存银行。财务部门应根据销货日报表、发票记账联、“银行进账单”回单及有关凭证进行核算。具体会计分录如下：

①结算每日零售收入

借：库存现金
　　银行存款
　　银行存款——银联公司（刷 POS 机）
　　应收账款——××担保支付方
　贷：主营业务收入——××柜（销售价）
　　　　　　　　　——××柜（销售价）

②交款

借：银行存款
　贷：库存现金

③结算

借：银行存款
　　财务费用——手续费
　贷：银行存款——银联公司（刷 POS 机）
　　　应收账款——××担保支付方

④结转主营业务成本

借：主营业务成本——××柜（销售价）
　　　　　　　　——××柜（销售价）
　贷：库存商品——××柜（销售价）
　　　　　　　——××柜（销售价）

⑤分解含税零售收入

不含税销售额：

××柜=该柜销售收入÷（1+13%）

销项税额：

××柜=该柜不含税销售收入×13%

会计分录：

借：主营业务收入——××柜
　　　　　　　　——××柜
　贷：应交税费——应交增值税（销项税额）

⑥分摊进销差价

已销商品应分摊的进销差价=总收入×进销差价率

借：商品进销差价
　贷：主营业务成本

【例 4-17】紫金百润公司 20××年 11 月 25 日各组销售额分别为：百货组 67 800 元、化妆品组 33 900 元、鞋帽组 56 500 元、家电组 45 200 元，销货款为现金 43 400 元已送存银行，刷银联卡、信用卡（POS 机）160 000 元（协议手续费按 0.2% 计算）。财务部门根据各组当日报来的“商品进销存日报表”、“银行进账单”回单、POS 单等凭证，应编制如下会计分录：

①结算每日零售收入

借：银行存款	43 400	
银行存款——银联公司	160 000	
贷：主营业务收入——百货组		67 800
——化妆品组		33 900
——鞋帽组		56 500
——家电组		45 200

②结算

借：银行存款	159 680	
财务费用——手续费	320	
贷：银行存款——银联公司		160 000

③结转主营业务成本

借：主营业务成本——百货组	67 800	
——化妆品组	33 900	
——鞋帽组	56 500	
——家电组	45 200	
贷：库存商品——百货组		67 800
——化妆品组		33 900
——鞋帽组		56 500
——家电组		45 200

由于零售企业在商品销售中采用“钱货两清”的销售方式，对顾客不开增值税专用发票（一般纳税人单位或公司除外），只打印清单，无法根据发票确认销售收入和销项税额，只能定期或月份终了根据当期收取的含税销售额和规定的计算公式计算不含税的销售收入和销项税额，因此，零售企业平时按含税的销售额进行账务处理，定期或月末计算出销项税额以后，再将含税的销售额调整为不含税的销售额。不含税销售额及销项税额的计算公式为：

不含税销售额=含税销售额÷（1＋增值税税率）

销项税额=不含税销售额×增值税税率

将含税销售额调整为不含税销售额后，编制会计分录如下：

借：主营业务收入

　贷：应交税费——应交增值税（销项税额）

【例 4-18】紫金百润公司 20××年 11 月份实现的含税销售额为 565 万元，增值税税率为 13%，月末计算不含税销售额和销项税额。

不含税销售额=565÷（1+13%）=500（万元）

销项税额=500×13%=65（万元）

分解含税零售收入：

借：主营业务收入　　650 000

　　贷：应交税费——应交增值税（销项税额）　　650 000

三、网络平台商品销售业务的核算

零售企业从网络平台销售商品主要是指通过自营、电商网络企业销售商品。

（一）从自营网络平台销售商品的核算处理

零售企业通过自营网络平台销售商品时，一般采用“发货制”，货款一般采用无担保方的“网银（含手机银行）”“第三方支付”等结算方式。其程序是：接收客户订单—预收货款—发出商品—客户确认收货—结算货款—客户拒收（换货）—客户拒收（退货）—退回货款（取消交易）。具体会计分录如下：

（1）接收客户订单不作会计处理

（2）预收货款

借：银行存款

　　贷：预收账款——××公司（客户）

（3）发出商品

借：发出商品——××商品（销售价）

　　贷：库存商品——××商品（销售价）

货物由物流公司配送，支付物流费用：

借：销售费用——运费

　　贷：库存现金

　　　　应付账款——××物流公司

（4）客户确认收货并结算货款

借：预收账款——××公司（客户）

　　贷：主营业务收入

结转销售成本时：

借：主营业务成本（销售价）

　　贷：发出商品——××商品（销售价）

（5）客户拒收（换货）

退回商品入库：

借：库存商品——××商品（销售价）

　　贷：发出商品——××商品（销售价）

重新发货：

借：发出商品——××商品（销售价）

　　贷：库存商品——××商品（销售价）

（6）客户拒收（退货）

退回商品入库：

借：库存商品——××商品（销售价）

贷：发出商品——××商品（销售价）

（7）退回货款

借：预收账款——××公司（客户）

贷：银行存款

（8）分解含税零售收入［实际收入］

借：主营业务收入——××商品

贷：应交税费——应交增值税（销项税额）

（9）分摊进销差价［实际收入］

借：商品进销差价

贷：主营业务成本

【例4-19】若紫金百润公司20××年11月通过自营网络平台销售商品，汇总结算实际收入如下：良朋公司A商品56 500元、友朋公司B商品33 900元、个人C商品113 000元，货款已存入银行；月末与顺丰物流公司结算运费5 000元（不计进项税额），款未付；月中客户拒收C商品（退货）并取消交易，款项共11 300元（不考虑税金及差价）；月末该公司结转成本（综合差价率为20%）。

①预收货款

借：银行存款	203 400	
贷：预收账款——良朋公司		56 500
——友朋公司		33 900
——个人		113 000

②发出商品

借：发出商品——A商品	56 500	
——B商品	33 900	
——C商品	113 000	
贷：库存商品——A商品		56 500
——B商品		33 900
——C商品		113 000

③货物由物流公司配送，支付物流费用

借：销售费用——运费	5 000	
贷：应付账款——顺丰物流公司		5 000

④客户确认收货并结算货款

借：预收账款——良朋公司	56 500	
——友朋公司	33 900	
——个人	113 000	
贷：主营业务收入		203 400

⑤结转销售成本时

借：主营业务成本	203 400	

贷：发出商品——A 商品		56 500
——B 商品		33 900
——C 商品		113 000

⑥客户拒收（退货）

退回商品入库：

借：库存商品——C 商品	11 300	
贷：发出商品——C 商品		11 300

⑦退回货款

借：预收账款——个人	11 300	
贷：银行存款		11 300

⑧分解含税零售收入

不含税收入=含税收入÷（1+13%）=（203 400−11 300）÷（1+13%）=170 000（元）

销项税额=不含税收入×13%=170 000×13%=22 100（元）

借：主营业务收入	22 100	
贷：应交税费——应交增值税（销项税额）		22 100

⑨分摊进销差价

分摊进销差价=已销含税零售收入×综合差价率=192 100×20%=38 420（元）

借：商品进销差价	38 420	
贷：主营业务成本		38 420

（二）从电商网络平台销售商品的核算处理

零售企业通过电商网络平台销售商品时，一般采用“发货制”，货款一般采用有担保方的第三方支付等结算方式。其程序是：接收客户订单—客户付款至担保方—发出商品—客户确认收货—担保方清算货款—客户拒收（换货）—客户拒收（退货）—退回货款（取消交易）。具体会计分录如下：

（1）接收客户订单不作会计处理

（2）客户付款至担保方不作会计处理

（3）发出商品

借：发出商品——××商品（售价）

　贷：库存商品——××商品（售价）

货物由物流公司配送，支付物流费用（不计进项税额）：

借：销售费用——运费

　贷：库存现金

　　　（应付账款——××物流公司）

（4）客户确认收货

借：应收账款——××担保支付方

　贷：主营业务收入

结转销售成本时：

借：主营业务成本（售价）

　　贷：发出商品——××商品（售价）

（5）担保方清算货款

借：银行存款

　　财务费用

　　贷：应收账款——××担保支付方

（6）客户拒收（换货）

退回商品入库：

借：库存商品——××商品（售价）

　　贷：发出商品——××商品（售价）

重新发货：

借：发出商品——××商品（售价）

　　贷：库存商品——××商品（售价）

（7）客户拒收（退货）

退回商品入库：

借：库存商品——××商品（售价）

　　贷：发出商品——××商品（售价）

（8）退回货款（由担保支付方退回）不作会计处理

（9）分解含税零售收入［实际收入］

借：主营业务收入——××商品

　　贷：应交税费——应交增值税（销项税额）

（10）分摊进销差价［实际收入］

借：商品进销差价

　　贷：主营业务成本

【例 4-20】若紫金百润公司 20××年 11 月通过淘宝网销售商品，汇总结算如下：良朋公司 A 商品 56 500 元、友朋公司 B 商品 33 900 元、个人 C 商品 113 000 元，通过第三方担保支付方收款（其中支付宝 169 500 元、财付通 33 900 元），已结算存入银行（手续费 0.2%）；月末与顺丰物流公司结算运费 5 000 元（不计进项税额），款项用网银支付；月中客户拒收 C 商品（换货），款项共 11 300 元；月末该公司结转成本（综合差价率为 20%）。

①发出商品

借：发出商品——A 商品	56 500	
——B 商品	33 900	
——C 商品	113 000	
贷：库存商品——A 商品		56 500
——B 商品		33 900
——C 商品		113 000

②货物由物流公司配送，支付物流费用：

借：销售费用——运费　　5 000

　贷：银行存款　　5 000

③客户确认收货并结算货款

借：应收账款——支付宝担保支付方　　169 500

　　　　　——财付通担保支付方　　33 900

　贷：主营业务收入　　203 400

④结转销售成本时

借：主营业务成本　　203 400

　贷：发出商品——A 商品　　56 500

　　　　　　——B 商品　　33 900

　　　　　　——C 商品　　113 000

⑤担保方清算货款

借：银行存款　　202 993.20

　　财务费用　　406.80

　贷：应收账款——支付宝担保支付方　　169 500

　　　　　　——财付通担保支付方　　33 900

⑥客户拒收（换货）

退回商品入库：

借：库存商品——C 商品　　11 300

　贷：发出商品——C 商品　　11 300

重新发货：

借：发出商品——C 商品　　11 300

　贷：库存商品——C 商品　　11 300

⑦分解含税零售收入

不含税收入=含税收入÷（1+13%）=203 400÷（1+13%）=180 000（元）

销项税额=不含税收入×13%=180 000×13%=23 400（元）

借：主营业务收入　　23 400

　贷：应交税费——应交增值税（销项税额）　　23 400

⑧分摊进销差价

分摊进销差价=已销含税零售收入×综合差价率=203 400×20%=40 680（元）

借：商品进销差价　　40 680

　贷：主营业务成本　　40 680

四、零售商品销售长短款的核算

零售企业销售商品如有专人收款或由营业员直接收款并作柜台记录，应于每日营业终了后，将付款凭证或柜台记录加总，与所收销货凭证进行核对，检查收进的货款是否正确。如果实收销货凭证大于付款凭证（或柜台记录），称为“长款”；反之，则为“短款”。

发生长短款差错的，应填写“长短款报告单”（见表 4-5），送交财务部门据以入账。对于零星的销售长短款，经有关负责人核算后，可直接作收益或损失处理，或留待月终集中处理。如销售长短款数额较大，在查明原因或等待处理核销前，应记入“待处理财产损溢”科目，待查明原因或批准核销时，再予以转账。

表 4-5　　　　　　　　　　　　长短款报告单

组别	服装组	收款人	刘燕	长（+）或短（-）	+20
金额	人民币（大写）贰拾元				
原因	计算错误	初步意见	作销售处理	组长签字	陈香兰
审批意见					

企业主管：　　　　　　　　财会：　　　　　　　　申请人：

【例 4-21】20××年 11 月 23 日，紫金百润公司丰华商场食品组销货记录为 24 910 元，实收销货款 24 960 元，长款 50 元；日用品组销货记录为 26 300 元，实收销货款 26 275 元，短款 25 元，原因待查。会计部门根据“商品进销存日报表”“长短款报告单”“银行进账单”回单等凭证，编制如下会计分录：

①销售长款

借：银行存款　　24 960

　贷：待处理财产损溢——待处理流动资产损溢　　50

　　　主营业务收入——食品组　　24 910

②销售短款

借：银行存款　　26 275

　　待处理财产损溢——待处理流动资产损溢　　25

　贷：主营业务收入——日用品组　　26 300

③结转主营业务成本

借：主营业务成本——食品组　　24 910

　　　　　　　　——日用品组　　26 300

　贷：库存商品——食品组　　24 910

　　　　　　　——日用品组　　26 300

上述差错查明原因：食品组长款 50 元系销货凭证计算错误，作销售处理；短款 25 元是收款时错收，经批准转为公司销售费用。编制如下会计分录：

借：待处理财产损溢——待处理流动资产损溢　　50

　贷：主营业务收入——食品组　　50

借：销售费用　　25

　贷：待处理财产损溢——待处理流动资产损溢　　25

同时：

借：主营业务成本——食品组　　50

　贷：库存商品——食品组　　50

五、零售商品进销差价分摊的计算与结转

零售企业已销商品成本的计算与结转是通过计算销售商品应分摊的进销差价（包括不含税的售价与进价之间的差额、应向购买者收取的增值税税额），调整“主营业务成本”和“商品进销差价”科目余额进行的。计算已销商品分摊进销差价的方法主要有综合差价率计算法、分类（或柜组）差价率计算法、实际进销差价计算法。

（一）综合差价率计算法

综合差价率计算法是根据月末分摊前“商品进销差价”科目余额和“库存商品”“受托代销商品”科目余额及本月商品销售额（含税）计算出综合差价率，并按商品的存销比例，分摊商品进销差价的方法。其计算程序为：

1.计算本月存销商品的综合差价率

$$\text{综合差价率}=\text{月末分摊前“商品进销差价”科目余额}\div\left(\text{月末“库存商品”科目余额}+\text{月末“受托代销商品”科目余额}+\text{本月主营业务收入（含税）}\right)\times 100\%$$

2.计算本月已销商品应分摊的进销差价

本月已销商品应分摊的进销差价=本月“主营业务收入”科目贷方发生额（含税）×综合差价率

3.计算月末库存商品应保留的进销差价

月末库存商品应保留的进销差价=月末分摊前“商品进销差价”科目余额−本月已销商品应分摊的进销差价

【例 4-22】紫金百润公司丰华商场 20××年 10 月末“商品进销差价”科目余额为 248 788 元，“库存商品”科目余额为 566 500 元，本月主营业务收入（含税）为 588 000 元。根据上述资料，计算已销商品应分摊的进销差价如下：

综合差价率=248 788÷（566 500+588 000）×100%=21.55%

销售商品应分摊的进销差价=588 000×21.55%=126 714（元）

为了方便记账，编制结转销售商品应分摊的进销差价的会计分录时，应先编制“已销商品进销差价计算表”（见表 4-6）。

表 4-6　　已销商品进销差价计算表

20××年 10 月 31 日

月末“商品进销差价”科目余额（元）	按售价计算的全部商品		商品进销差价		
	本月销售总额（元）	月末库存商品金额（元）	综合差价率	已销商品应摊金额（元）	库存商品应摊金额（元）
248 788	588 000	566 500	21.55%	126 714	122 074

根据表 4-6 编制结转销售商品应分摊的进销差价的会计分录时，依据企业结转主营业务成本时间的不同，有以下两种方法：

1. 平时按商品售价结转成本的企业，月终将计算出的本月分摊已销商品实现的进销差价冲减多转销售成本和已实现差价，并编制如下会计分录：

借：商品进销差价　　126 714

　贷：主营业务成本　　126 714

2. 平时不随商品售价结转成本的企业（如书刊发行企业），月终应同时核销已销商品

进销差价和结转成本，并编制如下会计分录：

借：主营业务成本　　461 286

　　商品进销差价　　126 714

　贷：库存商品　　588 000

经过以上结转，“主营业务成本”科目中平时结转的含税售价成本调整为不含税的实际成本，“商品进销差价”科目余额亦调整为库存商品（包括不采用收取手续费方式代销的受托代销商品）应保留的进销差价。

综合差价率计算法比较简单，但由于不同类别商品的进销差价率不同，有的甚至差别很大，因此这种综合计算的结果不能反映各类商品的差别，也影响已销商品应分摊的进销差价和库存商品价值计算的精确性。

（二）分类（或柜组）差价率计算法

分类（或柜组）差价率计算法仍然是一种综合差价率计算法，只不过把综合计算的范围按商品类别（或柜组）划小，计算分类（或柜组）差价率和已销商品应分摊的进销差价。采用这种方法，“商品进销差价”“库存商品”“主营业务收入”和“主营业务成本”科目均应按商品大类（或柜组）分户设置明细账。

【例 4-23】资料承【例 4-22】，假定该公司丰华商场设有 4 个营业柜组，20××年 10 月 31 日“商品进销差价”“库存商品”科目有关明细账余额和各组本月商品销售额（含税）资料见表 4-7，根据所列资料计算已销商品应分摊的进销差价见表 4-8。

表 4-7　　商品销售额明细表

20××年 10 月 31 日

组别	“商品进销差价”科目余额（元）	“库存商品”科目余额（元）	本月商品销售额（含税）（元）
百货组	48 666	133 000	80 640
交电组	82 840	188 800	208 000
鞋帽组	43 520	139 420	75 200
服装组	73 762	105 280	224 160
合计	248 788	566 500	588 000

表 4-8　　商品进销差价分摊计算表

20××年 10 月 31 日

组别	商品进销差价（分摊前）（元）	按含税售价计算的全部商品		商品进销差价		
		月末“库存商品”余额（元）	本月商品销售额（含税）（元）	差价率（%）	已销商品应分摊差价（元）	库存商品应保留差价（元）
	（1）	（2）	（3）	（4）=（1）÷（（2）+（3））	（5）=（3）×（4）	（6）=（1）-（5）
百货组	48 666	133 000	80 640	22.78	18 369.79	30 296.20
交电组	82 840	188 800	208 000	20.88	43 430.40	39 409.60
鞋帽组	43 520	139 420	75 200	20.28	15 250.56	28 269.44
服装组	73 762	105 280	224 160	22.39	50 189.42	23 572.58
合计	248 788	566 500	588 000	—	127 240.17	121 547.82

①计算各柜组的分类差价率

百货组分类差价率=48 666÷（133 000+80 640）=22.78%

交电组分类差价率=82 840÷（188 800+208 000）=20.88%

鞋帽组分类差价率=43 520÷（139 420+75 200）=20.28%

服装组分类差价率=73 762÷（105 280+224 160）=22.39%

②计算已销商品应分摊差价

百货组应分摊差价=80 640×22.78%=18 369.79（元）

交电组应分摊差价=208 000×20.88%=43 430.40（元）

鞋帽组应分摊差价=75 200×20.28%=15 250.56（元）

服装组应分摊差价=224 160×22.39%=50 189.42（元）

根据以上计算结果，编制如下会计分录：

借：商品进销差价——百货组　　18 369.79
　　　　　　　　——交电组　　43 430.40
　　　　　　　　——鞋帽组　　15 250.56
　　　　　　　　——服装组　　50 189.42
　贷：主营业务成本——百货组　　18 369.79
　　　　　　　　　——交电组　　43 430.40
　　　　　　　　　——鞋帽组　　15 250.56
　　　　　　　　　——服装组　　50 189.42

采用分类（或柜组）差价率计算法计算的结果较综合差价率计算法准确，但由于同类（或柜组）商品不同品种的进销差价可能不一致，存销比例也不尽相同，所以，仍与已销商品应分摊的实际进销差价有一定的差距。为了真实地反映库存商品和销售商品的进销差价，正确核算盈亏，年终应采用实际进销差价计算法，对商品的进销差价进行一次核实调整。

（三）实际进销差价计算法

为正确反映库存商品的结存金额和已销商品的进销差价，正确核算盈亏，凡采用售价核算法的企业，在年终决算前还应对商品的进销差价运用实际进销差价计算法进行一次核实调整。实际进销差价计算法是根据年末库存商品的实际盘点结果，计算出全部（或大类）商品应保留的实际进销差价，调整库存商品进销差价使其符合实际的方法。具体做法如下：

（1）根据年末各种商品的盘存数量和进货单价，逐一计算出各种商品的进价金额。

（2）加计各种商品的进价金额，从而计算出各类或全部库存商品的进价金额。

（3）用库存商品总账或类目账的账面售价金额减去全部（或各类）库存商品的进价金额，求出全部或大类库存商品应保留的进销差价。

（4）以“商品进销差价”科目总账或明细账年终调整前账面的余额，减去全部（或大类）库存商品应保留的进销差价，其差额即应转账调整的全部（或大类）进销差价数额。

如“商品进销差价”科目余额大于库存商品应保留的进销差价，说明平时少转了商品进销差价，应编制借记“商品进销差价”和贷记“主营业务成本”科目的会计分录，予以补转；反之，说明平时多转了商品进销差价，应编制借记“主营业务成本”和贷记“商品进销差价”科目的会计分录，予以转回。

【例 4-24】紫金百润公司丰华商场平时采用分类（或柜组）差价率计算法计算已销商品应分摊的进销差价，年终盘点后根据“商品盘点表”计算库存商品应保留的进销差价为 45 800 元，“商品进销差价”科目月末余额为 50 800 元，比实际应保留的商品进销差价多 5 000 元，说明平时少转了商品进销差价，多计了主营业务成本，应予以调整。该企业应编制如下会计分录：

借：商品进销差价　　5 000

　贷：主营业务成本　　5 000

相反，如果核实的商品进销差价大于“商品进销差价”科目的余额，说明平时按差价率计算，分摊进销差价时，多转了商品进销差价，少计了主营业务成本，应做与上述相反的会计分录，予以调整。

【例 4-25】假定【例 4-24】中紫金百润公司丰华商场的“商品进销差价”科目月末余额为 45 000 元，比实际应保留的商品进销差价少 800 元，说明平时多转了商品进销差价，少计了主营业务成本。该企业应编制如下会计分录予以调整：

借：主营业务成本　　800

　贷：商品进销差价　　800

应当指出，采用实际进销差价计算法，使企业的商品销售成果及库存商品应保留的进销差价计算较准确，但工作量比较繁重。在实际工作中，往往将 12 月份应结转的进销差价与年终盘点商品的实际进销差价结合进行。

六、零售商品价税分解的计算与结转

零售商品企业月末除了计算销售商品应分摊的进销差价外，还应将每月反映的商品含税销售额分解成不含税的销售额和销项税额。其计算公式如下：

不含税的销售额=含税销售额÷（1＋增值税税率）

销项税额=不含税的销售额×增值税税率

具体会计分录如下：

借：主营业务收入——××柜/组

　贷：应交税费——应交增值税（销项税额）

【例 4-26】紫金百润公司丰华商场（一般纳税人）20××年 12 月份共销售商品 904 万元，其中：家电柜 452 万元、日用品柜 113 万元、服装柜 226 万元、食品柜 113 万元。该商场进行价税分解并编制如下会计分录：

①计算不含税的销售额

家电柜=452÷（1+13%）=400（万元）

日用品柜=113÷（1+13%）=100（万元）

服装柜=226÷（1+13%）=200（万元）

食品柜=113÷（1+13%）=100（万元）

②计算销项税额

家电柜=400×13%=52（万元）

日用品柜=100×13%=13（万元）

服装柜=200×13%=26（万元）

食品柜=100×13%=13（万元）

借：主营业务收入——家电柜	520 000	
——日用品柜	130 000	
——服装柜	260 000	
——食品柜	130 000	
贷：应交税费——应交增值税（销项税额）		1 040 000

任务四

零售商品储存的核算

商品储存是商品流通的必要条件。零售企业为了保持商品流转的正常进行，必须要有一定数量的商品储备。实行售价金额核算法的零售商品储存，是通过售价在“库存商品”科目中反映，商品进价与售价之间的差额是通过在“商品进销差价”科目中反映来进行核算的。

零售商品储存的核算，包括库存商品调价、内部调拨、盘点溢缺、削价以及明细分类账等方面的核算。

一、库存商品调价的核算

有时零售企业需要根据市场供求关系的变化、商品质量状况等，对某些商品的含税售价进行调整。某种商品的含税售价变动时，需通过盘点查明商品数量，计算商品调价金额，填制“变价商品差额调整单”，及时对“库存商品”和“商品进销差价”科目作相应的调整，以明确实物负责人的责任。

①在调高商品的含税售价时

借：库存商品——××商品

贷：商品进销差价（新含税售价-原含税售价）

②在调低商品的含税售价时

借：商品进销差价（原含税售价-新含税售价）

贷：库存商品——××商品

【例 4-27】紫金百润公司丰华商场家电组对经营的彩电进行调价，每台原含税售价为 5 850 元，新含税售价为 5 750 元，经盘点共有 40 台。会计部门根据“变价商品差额调整单”编制如下会计分录：

借：商品进销差价——家电组　　4 000

　贷：库存商品——家电组　　4 000

如该商品调高含税售价，新含税售价为 5 950 元，则编制如下会计分录：

借：库存商品——家电组　　4 000

　贷：商品进销差价——家电组　　4 000

二、库存商品内部调拨的核算

库存商品内部调拨是指在一个独立核算企业内，各实物负责人之间商品的转移。这种企业内部的商品转移并不引起企业商品资金总额的变化，但为明确各实物负责人的经济责任，对库存商品的内部调拨应进行相应的账务处理。发生商品内部调拨时，由调出或调入单位填制“商品内部调拨单”一式数联。调入单位验收商品并签章后，“商品内部调拨单”分别留归调入和调出单位各两联，然后各将其中一联用于编制商品进销存日报表，附在该表后一并送交会计部门，会计部门核对双方的调拨凭证，相符后，编制借记调入商品实物负责人、贷记调出商品实物负责人库存商品的会计分录，如果“商品进销差价”科目也按实物负责人分户，则应将调拨商品的进销差价同时转账。

【例 4-28】紫金百润公司丰华商场百货组 20××年 11 月 10 日将一批化妆品调给阳光路分销店，该批化妆品含税售价为 18 000 元，进价为 13 000 元，双方已办妥调拨手续。财务部门根据转来的“商品内部调拨单”（见表 4-9）编制如下会计分录：

表 4-9　商品内部调拨单

20××年 11 月 10 日

付货方	百货组					收货方	阳光路分销店	
编号	品名	单位	数量	进价（元）	金额（元）	零售单价（元）	金额（元）	差额（元）
略	洗面奶	瓶	200	65	13 000	90	18 000	5 000
合计	—	—	200	65	13 000	90	18 000	5 000

①调出方调出商品

借：库存商品——阳光路分销店　　18 000

　贷：库存商品——百货组　　18 000

如果“商品进销差价”科目也按实物负责人分户，会计部门还应编制如下会计分录：

借：商品进销差价——百货组　　5 000

　贷：商品进销差价——阳光路分销店　　5 000

②调入方收到商品，编制相反的会计分录

三、库存商品盘点溢余及短缺的核算

对于实行售价金额核算法的零售商业，各营业柜组除了对一些贵重商品和大件商品以及业务上需要掌握数量的商品设立商品数量收付备查簿外，一般商品是没有数量账的。会计部门虽设有“库存商品”明细账，并根据各实物负责小组报来的“商品进销存日报表”和有关凭证进行记载核对，但只是账、单之间的核对。账实是否相符，必须通过实地盘点，进行核对后才能证实。通过商品盘点，核对账实是否相符、商品保管是否完善、商品结构和商品摆放是否合理，对防止和揭发贪污、盗窃等不法行为有重要意义。所以说，商品盘点实际上是对商品进行管理的一项重要措施。

（一）商品盘点发生溢余的核算

造成零售商品发生溢余的原因很多，为及时反映库存商品的增减变动情况，库存商品盘点发生溢余在查明原因前，应按溢余商品的含税售价，借记“库存商品”科目；按进货原价，贷记“待处理财产损溢”科目，同时调整“商品进销差价”科目，待查明原因并经有关部门批准后，再从“待处理财产损溢”科目转入有关科目。

【例 4-29】紫金百润公司丰华商场百货组月末库存商品账面余额为 49 670 元，盘点的库存商品金额为 49 720 元，商品溢余 50 元，原因待查。上月百货组差价率为 14%。根据有关凭证，该商场应编制如下会计分录：

①商品溢余

借：库存商品——百货组	50	
贷：商品进销差价——百货组		7
待处理财产损溢——待处理流动资产损溢		43

②处理溢余商品

借：待处理财产损溢——待处理流动资产损溢	43	
贷：销售费用——商品损耗		43

（二）商品盘点发生短缺的核算

零售商品盘点发生短缺的原因有商品自然损耗、人为地少收多付、计算差错以及保管不善等。零售商品盘点发生短缺的，在查明原因前，应按短缺商品的进货原价，借记“待处理财产损溢”科目；按短缺商品的差价，借记“商品进销差价”科目；按短缺商品的含税售价，贷记“库存商品”科目。待查明原因、确定处理办法后，再从“待处理财产损溢”科目转入有关科目。

【例 4-30】紫金百润公司丰华商场食品组月末库存商品账面余额为 8 570 元，盘点的库存商品金额为 8 390 元，短少 180 元，原因待查。上月食品组商品差价率为 17%。根据有关凭证，该商场应编制如下会计分录：

借：待处理财产损溢——待处理流动资产损溢	149.40	
商品进销差价——食品组	30.60	
贷：库存商品——食品组		180

经查，该短缺商品中有 29.40 元为定额内损耗；其余由营业员工作失职造成，故商场

决定向其索赔，这部分短缺应负担的进项税额为 15.60 元。根据有关凭证，该商场应编制如下会计分录：

借：销售费用——商品损耗　　29.40

　其他应收款——某营业员　　135.60

　贷：待处理财产损溢——待处理流动资产损溢　　149.40

　　应交税费——应交增值税（进项税额转出）　　15.60

四、库存商品削价处理的核算

库存商品削价是商品流通企业对库存中的残损变质、冷背呆滞商品所做的降价处理。

残损变质商品是指在购进、销售、存储过程中因运输、装卸、保管、包装等不妥而造成残次损坏或霉烂变质的商品。

冷背呆滞商品是指规格、品种、质量不适应当地消费者需要的商品。

以上两类商品削价处理时，由相关部门填制“商品削价报告单”报有关职能部门批准后进行。由于零售企业的库存商品是按含税零售价核算的，而含税零售价包括进价、进销差价、增值税销项税额三部分，因此商品削价的会计处理如下：

1.削价后，其新售价（不含税）高于其可变现净值时

借：商品进销差价（原售价-新售价）

　贷：库存商品——××商品

2.削价后，其新售价（不含税）低于其可变现净值时

（1）调整“库存商品”账面价值

借：商品进销差价（原售价-新售价）

　贷：库存商品——××商品

（2）计提减值准备

借：资产减值损失——存货减值损失（原进价-可变现净值）

　贷：存货跌价准备

【例 4-31】紫金百润公司丰华商场在店庆期间对 100 部手机进行削价处理，原零售单价为 1 500 元，削价为 1 130 元出售，该手机原进价为 800 元；估计每部销售费用为 5 元，增值税税率 13%。计算其可变现净值如下：

手机削价后不含增值税售价=1 130÷113%×100=100 000（元）

手机可变现净值=100 000-（100×5）=99 500（元）

手机可变现净值低于成本的差价=原进价成本-可变现净值

=800×100-99 500=-19 500（元）

（1）调整“库存商品”账面价值

借：商品进销差价　　37 000

　贷：库存商品——手机　　（（1 500-1 130）×100）37 000

（2）出售 50 部手机，现金收入 11 300 元、支付宝收入 45 200 元

借：库存现金　　11 300

　　应收账款——支付宝担保支付方　　45 200

　贷：主营业务收入　　56 500

（3）结转 50 部手机销售成本

借：主营业务成本——手机　　56 500

　贷：库存商品——手机　　56 500

（4）担保方清算货款，手续费为 0.5%

借：银行存款　　44 974

　　财务费用　　226

　贷：应收账款——支付宝担保支付方　　45 200

【例 4-32】紫金百润公司丰华商场在店庆期间对 100 部手机进行削价处理，原零售单价为 1 500 元，削价为 1 130 元出售，该手机原进价为 1 200 元；估计每部销售费用为 5 元，增值税税率 13%。计算其可变现净值如下：

手机削价后不含增值税售价=1 130÷113%×100=100 000（元）

手机可变现净值=100 000-（100×5）=99 500（元）

手机可变现净值低于成本的差价=原进价成本-可变现净值

=12 00×100-99 500=20 500（元）

（1）调整“库存商品”账面价值

借：商品进销差价　　37 000

　贷：库存商品——手机　　(（1 500-1 130）×100)37 000

（2）计提减值准备

借：资产减值损失——存货减值损失（原进价-可变现净值）　　20 500

　贷：存货跌价准备　　20 500

（3）出售 50 部手机，现金收入 11 300 元、支付宝收入 45 200 元

借：库存现金　　11 300

　　应收账款——支付宝担保支付方　　45 200

　贷：主营业务收入　　56 500

（4）结转 50 部手机销售成本

借：主营业务成本——手机　　56 500

　贷：库存商品——手机　　56 500

（5）转销其计提的存货跌价准备

借：存货跌价准备　　20 500

　贷：主营业务成本——手机　　20 500

（6）担保方清算货款，手续费为 0.5%

借：银行存款　　44 974

　　财务费用　　226

　贷：应收账款——支付宝担保支付方　　45 200

五、库存商品的明细分类核算

为加强库存商品的管理，及时掌握各实物负责人所经管商品的进销存情况，需要对库存商品进行明细分类核算。实行售价金额核算法的企业对库存商品进行明细分类核算时，一般有以下两种做法：

（1）“库存商品”明细账是按实物负责人分别设户的，只登记按售价计算的商品进销存金额，不登记商品品名和数量。库存商品的明细账一般为“三栏式”，有的也采用把库存商品和其进销差价结合起来的明细账。关于商品进销差价，如果采用综合差价率计算法计算，则“商品进销差价”“主营业务收入”可不进行明细核算；如按分类（或柜组）差价率计算法计算进销差价，则要按照实物负责人开设以上明细分类账，单独进行核算。

（2）以“商品进销存日报表”代替“库存商品明细账”。这种做法是会计部门不单设“库存商品明细账”，而是将各实物负责人送来的一式两联的“商品进销存日报表”中的一联，按实物负责人和日期先后分别装订成册，或汇总成“商品进销存汇总表”，代替“库存商品明细账”；将另一联签章后退还给各实物负责人装订成册，作为该实物负责人的“库存商品明细账”。

任务五

图书发行企业商品的核算

一、图书发行企业商品购进的核算

图书发行企业通常采取售价金额核算法，对购进的图书均按图书码价核算和记账。图书码价是指图书定价的总和，也称图书售价，是出版社根据国家规定的图书定价标准（印在每本书的版权页和封底上）确定的发行价格。在图书码价的基础上，按一定比例享受的进货折扣属于商品进销差价，在“商品进销差价”科目核算。码价与折价之间的差额，即图书商品的实价。

【例4-33】枫叶文化传媒有限公司从南方传媒出版社购进图书一批，码价为150 000元，出版社按码价的70%收取货款，该公司得到30%的进货折扣，实付价款为105 000元，增值税税额为9 450元，以网银支付，图书已交书店财经类组验收，图书的增值税税率为9%。财务部门根据有关凭证，编制如下会计分录：

①购入

借：在途物资——南方传媒出版社	105 000	
应交税费——应交增值税（进项税额）	9 450	
贷：银行存款		114 450

②验收

借：库存商品——财经类组　　150 000

　贷：商品进销差价——财经类组　　45 000

　　在途物资——南方传媒出版社　　105 000

二、图书发行企业商品销售的核算

图书发行企业销售的商品时效性很强，企业应根据商品的这一特性，采取多种销货方式，如通过门市、流动供应、邮寄代销和特约经销等及时地将商品销售出去。图书发行企业销售商品的货款结算以现金直接交易为主，少数对机关、团体或企业的销售业务可采用转账结算方式结算货款。

根据码价核算制的要求，具体会计分录如下：

①按销售码价（售价）销售图书

借：银行存款

　　应收账款——××担保支付方

　贷：主营业务收入

②月终进行价税分解（图书的增值税税率为9%）

不含税的销售额=含税销售额÷（1+增值税税率）

销项税额=不含税的销售额×增值税税率

借：主营业务收入——××柜/组

　贷：应交税费——应交增值税（销项税额）

③月终通过“固定折扣率法”或“账面折扣率法”计算主营业务成本，并结转“库存商品”和已销商品的进销差价

借：商品进销差价——某实物负责人

　　主营业务成本——某实物负责人

　贷：库存商品——某实物负责人

【例4-34】枫叶文化传媒有限公司本月销售图书54.5万元（码价），月末按固定折扣率30%计算主营业务成本，则：

主营业务成本=545 000×70%=381 500（元）

已销商品进销差价=545 000−381 500=163 500（元）

月末根据计算结果，编制如下会计分录：

借：商品进销差价——图书柜/组　　163 500

　　主营业务成本——图书柜/组　　381 500

　贷：库存商品——图书柜/组　　545 000

月末进行价税分解：

不含税的销售额=含税销售额÷（1+增值税税率）

=545 000÷109%=500 000（元）

销项税额=不含税的销售额×增值税税率=500 000×9%=45 000（元）

编制会计分录如下：

借：主营业务收入——图书柜/组　　45 000

　贷：应交税费——应交增值税（销项税额）　　45 000

如果企业采用“账面折扣率法”计算主营业务成本，要按照“商品进销差价”“库存商品”两科目的期末余额之比确定折扣率。其计算公式为：

本期主营业务成本=本期销售总码价×（1-商品进销差价期末余额÷库存商品期末余额）

任务六

零售鲜活商品的核算

一、鲜活商品的特点

零售企业除经营工业品外，也经营蔬菜、瓜果、鱼、海产品、肉、禽、蛋等鲜活商品。这些鲜活商品的特点是：在经营过程中需要清选整理、分等分级、按质论价；随鲜活程度变化随时调整零售价格；交易频繁且数量零星；容易腐烂变质、损耗数量难以控制。因此，鲜活商品的会计核算一般采用进价金额核算法。

二、鲜活商品的核算

进价金额核算法是对库存商品的总分类核算和明细分类核算都按进价金额记账而不实行数量核算的一种方法。

（一）进价金额核算法的基本内容

①商品购进后，按原买价（收购价）扣除9%或10%的进项税额后的金额记入“库存商品”科目；同时，按实物负责人分户设置明细分类账，该账只记金额，不记数量，不设“商品进销差价”科目。

②商品销售后，按销货收入贷记“主营业务收入”科目，平时不结转销售成本，售出的商品也不从“库存商品”科目内随意转出，而是分批或定期结转。

③对于商品价格变动、等级变化和一般损耗，会计部门不作账务处理，但发生事故损失时，应查明原因，按财产损失规定处理。

④月末进行价税分解及计算销售成本，通过实地盘点，用最后一次进价计算库存商品总金额，倒计销货成本，并结转一次。

⑤库存商品的明细核算一般有两种做法：一是按实物负责人分户设立库存商品明细账；二是会计部门不设置库存商品明细账，直接用“商品进销存日报表”代替库存商品明细账，管理实物负责人所负责的库存商品进价金额。

（二）进价金额核算的具体会计分录

1.从生产、批发企业购入鲜活商品

①从小规模生产、批发企业购入（免税或已税）

借：在途物资——××公司

　　贷：银行存款（或应付账款、应付票据）

　　　　预付账款——××担保支付方

②从生产、批发企业（一般纳税人）购入（免税）

借：在途物资——××公司

　　贷：银行存款（或应付账款、应付票据）

　　　　预付账款——××担保支付方

③从生产、批发企业（一般纳税人）购入（已税进项税率 9%）

借：在途物资——××公司

　　应交税费——应交增值税（进项税额）

　　贷：银行存款（或应付账款、应付票据）

　　　　预付账款——××担保支付方

2.从农业生产者处购入免税鲜活商品（先计算进项税额）

进项税额=买价（收购价）×9%（或 10%）

购进商品的成本=买价（收购价）-进项税额

注意：购入后直接销售按 9% 扣除，购入后用于加工销售的则按 10% 扣除。

①购入

借：在途物资——×专业户

　　应交税费——应交增值税（进项税额）

　　贷：银行存款（或库存现金）

②入库

借：库存商品——××商品

　　贷：在途物资——×专业户

3.结算零售收入

借：银行存款

　　应收账款——××担保支付方

　　贷：主营业务收入

4.进行价税分解

不含税的销售额=含税销售额÷（1+增值税税率）

销项税额=不含税的销售额×增值税税率

借：主营业务收入

　　贷：应交税费——应交增值税（销项税额）

5.月末倒计销售成本并结转

已销商品进价成本=期初库存商品金额+本期购进商品金额-期末库存商品金额

期末库存商品金额=期末盘点商品的数量×最后一次进货的价格

借：主营业务成本——××商品

　　贷：库存商品——××商品

【例 4-35】惠民农副食品股份有限公司（一般纳税人）上月末海产品“库存商品”科目进价余额为 40 000 元。海产品属农副产品，可按其买价和 9% 的税率计算进项税额。本月发生下列经济业务：

（1）11 月 5 日从美林养殖有限公司（小规模企业，免税或已税）购进海产品，买价为 50 000 元，对方开来增值税普通发票（价税合计 50 000 元），海产品已由海产组验收入柜。经财务部门审核无误后，货款用网银支付。该企业应编制如下会计分录：

①购入

借：在途物资——美林公司	50 000	
贷：银行存款		50 000

②入库

借：库存商品——海产品	50 000	
贷：在途物资——美林公司		50 000

（2）11 月 8 日从漳虹养殖有限公司（一般纳税人企业，免税）购进海产品，买价为 50 000 元，对方开来增值税普通发票（价税合计 50 000 元），海产品已由海产组验收入柜。经财务部门审核无误后，货款用第三方担保支付方支付宝支付。该企业应编制如下会计分录：

①购入

借：在途物资——漳虹公司	50 000	
贷：预付账款——支付宝担保支付方		50 000

②入库

借：库存商品——海产品	50 000	
贷：在途物资——漳虹公司		50 000

（3）11 月 15 日从龙厦贸易有限公司（一般纳税人企业，已税）购进海产品，价款为 50 000 元、税额 4 500 元，对方开来增值税专用发票，海产品已由海产组验收入柜。经财务部门审核无误后，货款尚未支付。该企业应编制如下会计分录：

①购入

借：在途物资——龙厦公司	50 000	
应交税费——应交增值税（进项税额）	4 500	
贷：应付账款——龙厦公司		54 500

②入库

借：库存商品——海产品	50 000	
贷：在途物资——龙厦公司		50 000

（4）11 月 20 日从专业户王某处收购海产品，收购价为 50 000 元直接销售，海产品已由海产组验收，并将“农副产品收购证明”和“商品进销存日报表”送来。经财务部门审核无误后，货款用网银支付。该企业应编制如下会计分录：

进项税额=买价（收购价）×9%=50 000×9%=4 500（元）

购进商品的成本=买价（收购价）-进项税额=50 000-4 500=45 500（元）

①购入

借：在途物资——王某　　45 500

　　应交税费——应交增值税（进项税额）　　4 500

　贷：银行存款　　50 000

②入库

借：库存商品——海产组　　45 500

　贷：在途物资——王某　　45 500

（5）假设本月从个人、专业户处（按收购价计算）累计购入免税海产品50万元，从养殖、批发公司（一般纳税人）累计购入海产品200万元（免税或已税）全部用于直接销售。

计算从个人、专业户处（按收购价计算）累计购入免税海产品的进项税额和购进成本：

进项税额=买价×9%=500 000×9%=45 000（元）

购进成本=买价-进项税额=500 000-45 000=455 000（元）

（6）11月28日零售收入共98 000元（其中现金38 000元、POS机刷卡60 000元），现金已存入银行，“银行进账单”回单、POS单及“商品进销存日报表”已送来，经财务部门审核无误后，该企业应编制如下会计分录：

借：银行存款　　38 000

　　银行存款——银联公司　　60 000

　贷：主营业务收入　　98 000

（7）假设本月零售累计主营业务收入为436万元（鲜活商品），进行价税分解：

不含税的销售额=含税销售额÷（1+增值税税率）

=4 360 000÷（1+9%）=4 000 000（元）

销项税额=不含税的销售额×增值税税率

=4 000 000×9%=360 000（元）

借：主营业务收入　　360 000

　贷：应交税费——应交增值税（销项税额）　　360 000

（8）月末对海产品进行盘点，库存共1 000千克，按最后一次进价60元/千克计算，库存海产品成本为60 000元。根据公式倒计本月销售成本：

期末库存商品金额=期末盘点商品的数量×最后一次进货的价格

=1 000×60=60 000（元）

已销商品进价成本=期初库存商品金额+本期购进商品金额-期末库存商品金额

=40 000+455 000+2 000 000-60 000=2 435 000（元）

结转销售成本：

借：主营业务成本——海产组　　2 435 000

　贷：库存商品——海产组　　2 435 000

（9）为考核海产组本月的经营情况，可根据主营业务收入400万元和主营业务成本243.5万元计算本期销售毛利和毛利率。其计算过程如下：

海产组本月销售毛利=4 000 000−2 435 000=1 565 000（元）

海产组本月销售毛利率=1 565 000÷4 000 000×100％=39.125%

项目总结

在本项目中，我们按照零售商品流转的主要业务程序，系统学习了零售企业从实体平台、网络平台购进商品、销售商品、存储商品各阶段的会计核算业务；同时以现代新兴支付方式——网银、第三方支付为主线对商品购进、销售业务进行分类核算，在零售商品价税分解及分摊差价任务中进行详细核算；在农副产品核算方面，分别对从农业生产者、小规模企业、一般纳税人企业购进进行会计核算处理。通过各项工作任务的实施，可以了解到，要做好零售企业的会计核算工作，应当结合企业的实际情况恰当选择、灵活运用商品各阶段的业务程序，只有这样才能完全掌握各类零售企业的会计核算业务。这也是本教材的重点、难点和新颖所在。

项目测试

一、单项选择题

4-1

扫码看答案

1. 对于零售百货商店，其库存商品的核算一般运用（　　）。

A. 进价记账、盘存计销　　B. 数量售价金额核算法

C. 数量进价金额核算法　　D. 售价金额核算法

2. 零售企业会计核算价格的主线“一进三销”中的“一进”是指（　　）。

A. 购进时的实际价格　　B. 入库时的销售价格

C. 结转时的销售价格　　D. 销售时的销售价格

3. 图书发行企业采用的会计核算方法一般为（　　）。

A. 进价金额核算法　　B. 数量售价金额核算法

C. 数量进价金额核算法　　D. 售价金额核算法

4. 鲜活商品零售企业采用的会计核算方法一般为（　　）。

A. 进价金额核算法　　B. 数量售价金额核算法

C. 数量进价金额核算法　　D. 售价金额核算法

5. 鲜活商品零售企业月末结转已销售成本一般采用的会计核算方法为（　　）。

A. 固定折扣率法　　B. 账面折扣率法

C. 综合差价率计算法　　D. 倒计销货成本法

6. 采用售价金额核算法的商业企业，其库存商品明细账的设置要求是（　　）。

A. 按商品类别　　B. 按进货批次

C. 按实物负责人　　D. 按商品名称及规格

7. 批发商与零售商在商品购进时设置科目不同的是（　　）。

A. 库存商品　　B. 物资采购　　C. 应交税费　　D. 商品进销差价

8. 为了正确反映零售企业库存商品的资金实际占用额，必须设置（　　）账户。

A.“库存商品”　　B.“在途物资”

C.“商品进销差价”　　D.“材料成本差异”

9. 零售商品的流转是商品流转的（　　）。

A. 中间环节　　B. 最终环节　　C. 原始环节　　D. 经济环节

10. 零售企业购进退补业务，在会计核算上应调整的账户是（　　）。

A.“库存商品”　　B.“商品进销差价”

C.“主营业务收入”　　D.“本年利润”

11. 零售企业发生进货退补价核算时（假设原售价不变），无须调整（　　）账户。

A.“库存商品”　　B.“银行存款”

C.“商品进销差价”　　D.“应交税费”

12. 恒润商场有限公司（一般纳税人）从海南省某专业户处收购一批水果用于直接销售，价款 50.0 万元，则计入的采购成本为（　　）万元。

A.45.5　　B.50.0　　C.56.5　　D.58.5

13. 购进商品发生溢余，先入库后将溢余数转入“待处理财产损溢”账户的价格为（　　）。

A. 含税进价　　B. 不含税进价　　C. 含税售价　　D. 不含税售价

14. 以下已销商品进销差价的计算方法中最为准确的是（　　）。

A. 个别差价计算法　　B. 综合差价率计算法

C. 分类差价率计算法　　D. 实际进销差价计算法

15. 以下已销商品进销差价的计算方法，适用于经营商品品种较少的企业的是（　　）。

A. 个别差价计算法　　B. 综合差价率计算法

C. 分类差价率计算法　　D. 实际进销差价计算法

二、多项选择题

4-2

扫码看答案

1. 零售商品的经营特点包括（　　）。

A. 交易次数频繁　　B. 容易腐烂变质

C. 随时调整零售价格　　D. 数量进价金额核算法

2. 零售商品流转的环节有（　　）。

A. 商品购进　　B. 商品销售

C. 商品储存　　D. 商品结转

3. 零售企业会计核算价格的主线“一进三销”中的“三销”是指（　　）。

A. 购进时的实际价格　　B. 入库时的销售价格

C. 结转时的销售价格　　D. 销售时的销售价格

4. 零售企业计算已销商品分摊进销差价采用的方法主要有（　　）。

A. 综合差价率计算法　　B. 分类差价率计算法

C. 分柜组差价率计算法　　D. 实际进销差价计算法

5. 图书发行企业结转成本采用的会计核算方法一般为（　　）。

A. 固定折扣率法　　B. 账面折扣率法

C. 综合差价率计算法　　D. 个别差价计算法

6. 零售商品核算的内容包括（　　）。

A. 库存商品按含税售价记账　　B. 设置“商品进销差价”账户

C. 建立实物负责制　　D. 加强商品的实地盘点制度

7. “商品进销差价”账户的金额包括（　　）。

A. 不含税售价与不含税进价之间的差额

B. 向购买者收取的销项增值税额

C. 收取的进项增值税额

D. 含税售价与不含税进价之间的差额

8. “商品进销差价”账户的借方登记（　　）。

A. 购进商品的售价大于进价的差额

B. 购进商品的售价小于进价的差额

C. 核销已销商品应分摊的进销差价

D. 使商品售价大于进价的差额减少的数额

9. 零售企业发生进货退补价核算时（假设原售价不变），应该调整的科目有（　　）。

A. “库存商品”　　B. “在途物资”

C. “商品进销差价”　　D. “应交税费”

10. 零售商品储存的核算包括（　　）。

A. 商品的调价　　B. 商品的溢缺

C. 商品的盘点　　D. 商品的内部调拨

11. 商品调价核算时，需调整（　　）账户。

A. “库存商品”　　B. “在途物资”　　C. “商品进销差价”　　D. “应交税费”

12. 商品进销差价的作用是（　　）。

A. 调整本年利润　　B. 备抵主营业务成本

C. 计算商品销售毛利　　D. 备抵库存商品

13. 零售企业通过实体平台销售商品时，货款的结算方式有（　　）。

A. 库存现金　　B. 网银　　C. 信用卡　　D. 第三方支付

14. 零售企业通过网络平台销售商品时，货款的结算方式有（　　）。

A. 库存现金　　B. 网银　　C. 信用卡　　D. 第三方支付

15. 零售企业商品储存核算的主要内容有（　　）。

A. 商品调价　　B. 商品调拨　　C. 商品盘溢　　D. 商品销售

三、判断题

1. 零售贵重商品（金银首饰）采用进价金额核算法，鲜活商品采用售价金额核算法。（　　）

2. 零售商品会计核算价格的主线是“三进一销”。（　　）

3. 采用先收商品后付款方式结算购进商品的，若月末还未收到结算凭证（发票），则

对库存商品可按含税售价暂估入账。 (　　)

4-3

扫码看答案

4. 零售企业购进商品发生退补价时，调整库存商品的（商品）进销差价即可。 (　　)

5. 综合差价率计算法比较简单，其计算结果能反映各类商品的差别，也不影响已销商品应分摊进销差价和库存商品价值计算的精确性。 (　　)

6. 零售商品进销差价分摊的会计处理为直接冲减主营业务收入。 (　　)

7. 零售商品价税分解的增值税销项税额的会计处理为直接冲减主营业务成本。 (　　)

8. 库存商品无论调高、调低价格，其会计处理直接调整商品进销差价。 (　　)

9. 图书发行企业实行进价金额核算法，对购进图书均按图书码价核算和记账。 (　　)

10. 鲜活商品零售企业一般采用数量进价金额核算法。 (　　)

四、综合实务操作

4-4

扫码看答案

根据下列经济业务编制会计分录（单位：元）。

（一）零售图书发行的核算：

某书商从西南传媒出版股份有限公司购进图书一批，码价为 20 万元，西南传媒出版股份有限公司按码价的 75% 收取货款，该书商得到 25% 的进货折扣，实付价款 15 万元及增值税税额 1.35 万元，以网银支付，图书已交书商社科类组验收，图书的增值税税率为 9%。本月销售图书码价 32.70 万元，月末按固定折扣率 20% 计算主营业务成本。

（二）鲜活商品的核算：

惠润农副食品股份有限公司（一般纳税人）20××年 12 月发生下列经济业务（增值税税率为 13%）：

1.5 日，从美兰养殖有限公司（小规模企业，免税或已税）购进海产品，买价为 6 万元，对方开来增值税普通发票（价税合计 6 万元），海产品已由海产组验收入柜。经财务部门审核无误后，货款用网银支付。

2.8 日，从牧虹养殖有限公司（一般纳税人企业，免税）购进肉猪产品，买价为 3 万元，对方开来增值税普通发票（价税合计 3 万元），肉猪产品已由食品组验收入柜。经财务部门审核无误后，货款用第三方担保支付方支付宝支付。

3.10 日，从三星贸易有限公司（一般纳税人企业，已税）购进牛肉产品，价款为 10 万元、增值税税额 0.90 万元，对方开来增值税专用发票，牛肉产品已由食品组验收入柜。经财务部门审核无误后，货款尚未支付。

4.15 日，从专业户张某处收购自产免税水果，收购价为 5 万元，用于直接出售，水果产品已由蔬果组验收，并将“农副产品收购证明”和“商品进销存日报表”送来。经财务部门审核无误后，货款用网银支付。

5.18 日，从养宝肉类加工公司购入猪肉 2 万千克，单价 20 元；牛肉 0.60 万千克，单价 50 元；羊肉 0.50 万千克，单价 60 元。合计货款 100 万元，增值税税额 13 万元，当即签发转账支票付讫，由食品柜验收完毕。

6.28 日，零售收入肉类 9.04 万元、水产类 5.65 万元、水果类 2.26 万元，共 16.95 万元（其中，现金1.95万元、POS机刷卡12万元、第三方担保支付方3万元），现金已存入银行，“银行进账单”回单、POS单及“商品进销存日报表”已送财务部门。

7.31日，假设本月从个人或专业养殖户处（按收购价计算）累计购入免税农副产品300万元（有“农副产品收购证明”），从养殖或批发公司累计购入200万元（免税或已税，收到增值税普通发票），款尚未付。

8.31日，假设本月累计主营业务收入（零售价）为食品组339万元、海鲜组113万元、蔬果组90.40万元并进行价税分解。

9.31日，收到银联公司结算款350万元，手续费0.52万元；第三方担保支付方结算款100万元，手续费0.20万元。

10.31日，食品组对各类商品进行盘点，期初肉类20万元，本期进货总额280万元，期末盘点余额25万元；期初海产类5万元，本期进货总额60万元，期末盘点余额8万元；期初蔬果类3万元，本期进货总额50万元，期末盘点余额8万元，结转本期销售成本。

（三）惠亿百货股份有限公司是一家零售企业，是一般纳税人，增值税税率13%，20××年12月发生如下业务：

1.1日，从美宁公司购入服装500套，单价200元，价款10万元，增值税税额1.30万元，该批服装的含税售价为16.95万元，货款及税费用网银支付，收到增值税专用发票，商品验收入库。

2.2日，从恒辉股份有限公司购入饮料10 000瓶，单价5元，价款5万元，增值税税额0.65万元，恒辉公司代垫运费0.15万元，价税费共5.80万元；该批饮料的含税售价为7.91万元，收到增值税专用发票，商品验收入库，款项用黄某信用卡支付（不考虑运费的进项税额）。

3.4日，通过淘宝电商平台共销售日用品1 000件给消费者，协商单价为113元（含税），消费者通过购物网站订货后，付款至支付宝。支付宝通知该公司配发货物，该公司通过中邮物流公司将货物发出（发生物流费用0.30万元，签有费用定期结算协议）。

4.8日，所有消费者验货都合格，收到支付宝转来的价税款共计11.3万元（支付宝按货款的0.1%收取手续费）。

5.若8日有50个消费者验货不合格要求退货（100件）并取消交易。

6.10日，从苏辉公司购进家用电器一批，增值税专用发票上注明的价款为3万元，增值税税额为0.39万元，发生运费0.109万元。商品已验收入库，该批家用电器的含税售价为5.65万元，款项当日用支付宝账户支付。

7.12日，通过苏宁易购网络平台购入M公司小电器2 000个（增值税税率为13%），协商价格为每个20元，价款为4万元，增值税税额为0.52万元。该公司通过苏宁易购网站订货后，将价税费付至支付宝。M公司通过申通物流公司将货物发出并代垫运费0.08万元（可抵扣的增值税不计）。

8.14日，公司验货合格并入库，该批小电器的含税售价为6.78万元，收到增值税专用发票并通知支付宝支付价税费共计4.6万元。

9. 若 14 日公司验货不合格拒收商品且取消交易，收回预付款（扣除运费）。

10.16 日，从云海公司购进办公用品一批，增值税专用发票上注明的价款为 3 万元，增值税税额为 0.39 万元。商品已验收入库，该批办公用品的含税售价为 5.65 万元，该公司开出面值为 3.39 万元、期限为 1 个月的商业承兑汇票结算上述款项。

11.18 日，向某专业户收购 50 吨土豆，收购价 5 万元（已取得“农副产品收购证明”，准予抵扣税率 9%），运费 0.20 万元。土豆已入库，款项通过网银支付（不考虑运费的进项税额）。

12.20 日，从广州美尚公司购入手机 1 000 部，单价 500 元，价款 50 万元，增值税税额 6.50 万元，运费 0.50 万元，价税费共计 57 万元尚未支付，收到增值税专用发票，商品验收入库。该批手机的含税售价为 90.40 万元（不考虑运费的进项税额）。

13.22 日，自营从欧洲 B 国进口货物一批，到岸价（CIF）为 10 万元（人民币），关税税率为 20%，消费税税率为 20%，海关完税凭证上注明的增值税税率为 13%，当日的汇率为 1 美元=6.30 元人民币（我国与欧洲 B 国签有货币互换协议）。同时，以网银支付报关费、检验费等 0.45 万元及价税款（人民币）。该批货物的含税售价为 33.90 万元。

14.31 日，通过自营的惠亿网络平台销售商品的汇总结算如下：同路公司日用品 5.65 万元、博纳公司电器 3.39 万元、个人电器日用品 11.30 万元（各 50%），货款已预收且存入银行；月末与顺丰物流公司结算运费 0.50 万元（不计进项税额），款未付。

15.31 日，通过自营的惠亿网络平台销售商品的汇总结算如下：出现客户个人拒收电器日用品（退货）并取消交易共 1.13 万元（各 50%），以网银退回货款。

16.31 日，在 28 日从某贸易公司购入儿童用品一批，价款 5 万元，增值税税额 0.65 万元，货款尚未支付，儿童用品到达本公司，但发票凭证尚未收到，公司按暂估价 7 万元入库。该批儿童用品的含税售价为 9.04 万元。

17.31 日，从南方二化公司购入塑料制品一批，价款 20 万元，增值税税额 2.60 万元，对方垫付运费 1.09 万元（含税价），价款共计 23.69 万元，收到增值税专用发票，商品验收入库。该批塑料制品的含税售价为 33.90 万元，但款项尚未支付，运费按 9% 抵扣进项税额。

18.31 日，用网银归还黄某到期的信用卡款项 6 万元。

19.31 日，收到永龙运输公司开来的货物运输业（增值税税率 9%）增值税专用发票，运费 5 万元，增值税税额 0.45 万元，运费用第三方担保支付方支付宝支付。

20.31 日，结算当日零售收入：服装类 5.65 万元、食品类 3.39 万元、日用品类 4.52 万元、电器类 11.30 万元、坚果类 3.39 万元，共 28.25 万元（其中现金 2.25 万元、POS 机刷卡 20 万元、第三方担保支付方 6 万元），现金已存入银行，“银行进账单”回单、POS 单及“商品进销存日报表”已送财务部门。

21.31 日，收到银联公司结算款 500 万元，手续费 0.75 万元；第三方担保支付方结算款 200 万元，手续费 0.25 万元。

22.31 日，为庆祝元旦对 100 部手机进行削价处理，原零售单价为 800 元，削价为 565 元/部出售，该手机原进价为 600 元/部。估计销售费用为每部 5 元，增值税税率 13%。

23.31 日，假设本月累计主营业务收入（零售价）为服装类 113 万元、食品类 56.50 万元、日用品类 452 万元、电器类 282.50 万元、坚果类 226 万元、图书类 21.80 万元，按售价结转库存商品成本。

24.31 日，按本月累计主营业务收入（零售价）进行价税分解（其中图书的增值税税率为 9%，其余商品的增值税税率为 13%）。

25.31 日，结转应分摊已销商品的进销差价，该公司服装、食品、日用品、电器、坚果的商品综合差价率为 15%，图书的固定折扣率为 20%（提示：均按本月累计的主营业务收入分摊）。

项目五 5

网络经营商品流转的核算

任务一

网络经营商品的内容

一、网络经营商品的概念

网络经营商品（简称电商）是指企业利用互联网，将网络的特点和营销的优势巧妙地结合起来开展商品销售活动，直接实现营销目标的一系列市场行为。

二、网络经营商品的特点

网络经营基本上已实现了网上信息发布、网上订货、网上结算以及网上配送，直接促成了企业、商家与客户的虚拟见面。消费者可以直接从网上搜集到真实的第一手市场信息，同时也可以进行多方分析，哪一个企业、商家是自己所需要的。这给买卖双方都带来了直接的经济利益。由于网络经营降低了企业、商家的经营成本，企业、商家能够以较低的价格销售自己的产品，消费者也能够买到低于传统市场价格的产品。营销人员可利用网络工具，如QQ群营销软件、数据分析软件、店铺运营推广软件等，随时了解用户的愿望和需要，并据此开展各种形式的网络营销活动，提高产品的市场占有率。

三、网络经营商品的种类

对众多从事网络商品经营的企业来说，其销售的商品是五花八门的。但总的来说，可大致分为两类，即有形商品和无形商品。

所谓有形商品，就是指在电子商务网站上发布商品目录，宣传所展示的商品，客户在网上直接订购后，由现实中的企业派专人送到客户手中的实物产品。商品的交付是一种传统的商务方式。

所谓无形商品，就是信息、计算机软件和影视娱乐等数字商品。在实体店中，这些商品有可能是有一定的载体的，如光盘、磁盘等，然而在互联网上，这些数字商品无须载体作为媒介，可直接在线通过计算机网络传输给消费者。

无形商品和有形商品的销售采取的是截然不同的方法，会计上的核算也是截然不同的。

任务二

网络经营商品的模式

一、网络经营商品的业务模式

有形商品的网络经营有三大业务模式：一是有担保方的先付款后发货模式，二是无担保方的先付款后发货模式；三是先发货后付款模式。

无形商品的网络经营有四大业务模式：一是网上订阅模式；二是付费浏览模式；三是广告支持模式；四是网上赠予模式。

二、有形商品的网络经营模式

目前网络经营（有形商品）主要有五种模式：B2B、B2C、C2C、O2O、P2R。

1.B2B（Business to Business）

B2B，即企业对企业—网络批发—大宗商品，如钢材、化工产品。

2.B2C（Business to Customer）

B2C，即企业对消费者—网络零售—小商品。

3.C2C（Customer to Customer）

C2C，即消费者对消费者—网络零售—小商品。

4.O2O（Online to Offline）

O2O，即线上到线下—网络零售—实体店消费，以提供服务性消费为主，如餐饮、门票、药品等。

5.P2R（Producers to Retailers）

P2R，即生产商到零售商，属于线上订购+实体配送+零售连锁的一体化交易。

三、有形商品的网络经营内容

1.交货方式

有形商品网络经营的交货方式为送货制。

2.支付方式

有形商品网络经营的支付方式包括货到付款、支付宝支付、微信支付、银联电汇、网银和财付通、虚拟信用卡和二维码支付等多种。

3.平台方式

有形商品网络经营的平台方式包括平台网络经营、自营网络经营、生态网络经营、综合网络经营、直销网络经营。

4.代表企业

有形商品网络经营的代表企业有平台电商——阿里、自营电商——京东、生态电商——小米、综合电商——苏宁、直销电商——微商。

（1）平台电商——阿里。

阿里是我国最大的开放平台电商，有 800 多万户商家，B2C 业务集中于天猫，C2C 业务集中于淘宝。

【产品模式】在产品方面，涵盖从服装、家电、3C 产品、到装修材料甚至汽车，但阿里并不“染指”产品，C2C 平台（淘宝）所有的 SKU（库存量单位）都由平台上的卖家自发提供。卖家自然会以市场需求为导向，所以最终形成了一个品类繁多的大集市。相对而言，B2C 平台（天猫）对商品的质量和品牌提出了更高的要求，门槛较高，品类相对较少。

【支付模式】多采用支付宝付款。

【物流模式】物流服务由“四通一达”等社会化物流企业来提供。

【业务模式】平台运营+电子商务。

【盈利模式】不管商品、不管物流，只需负责经营好流量，就可坐收租金和广告费。

【生态模式】从零售到供应链的所有环节都需要由卖家自己来做。

（2）自营电商——京东。

京东是我国最大的以自营为主的 B2C 电商，有 5 万多户商家。

【产品模式】在产品的品质方面，以“正品行货”为主，主要经营 3C 产品、家电等标准品。

【支付模式】多采用微信支付货款。

【物流模式】通过自建物流、仓储和配送，为商品及时送达提供一定保障。

【业务模式】零售业+物流业。

【盈利模式】自营电商，自买自卖，京东赚的是差价。

【生态模式】产品从创意、设计、研发、制造到定价这五个环节由品牌商来做，从营销、交易、仓储、配送到售后这五个环节由零售商来做。

（3）生态电商——小米。

小米是我国最大的生态平台电商，是产供销一体化、以自营为主的 B2C 电商。

【产品模式】在产品方面，倡导价廉物美，主要经营手机、家电等标准品。

【支付模式】多采用支付宝、微信等支付货款。

【物流模式】物流服务由“四通一达”等社会化物流企业来提供。

【业务模式】生产+零售业。

【盈利模式】自营电商，自产自卖，小米赚的是总价。

【生态模式】上下游产业链一条龙、集中向生产企业采购配件、自行生产、网上销售、社会物流配送。

（4）综合电商——苏宁。

苏宁兼有阿里和京东的特点。

【产品模式】在产品的品质方面，以“正品行货”为主，主要经营 3C 产品、家电等标准品。

【支付模式】采用网银、支付宝、微信支付等付款。

【物流模式】通过自建物流、仓储和配送，可以保证商品及时送达。

【业务模式】实体店+零售业+物流业。

【盈利模式】自营电商，自买自卖，苏宁赚的是差价。

【生态模式】统一采购、实体店体验、线上线下销售、实体店配送。

（5）直销电商——微商。

微商，即微信平台电商，是产供销一体化、以自营为主的 B2C 电商。

【产品模式】在产品方面与阿里相似。

【支付模式】采用微信支付付款。

【物流模式】物流服务由“四通一达”等社会化物流企业提供。

【业务模式】生产+零售业。

【盈利模式】自营电商，自产直销，微商赚的是总价。

【生态模式】生产企业、网上销售、社会物流配送。

四、无形商品的网络经营内容

目前，无形商品的网络经营内容包括在线出版、在线服务、在线娱乐、在线广告等。代表性企业有在线出版——中文在线、在线服务——全通教育、在线娱乐——乐视网络、在线广告——百度网络。

在线出版——中文在线：向消费者提供除传统印刷出版物之外的电子刊物。

在线服务——全通教育：通过每月收取固定的费用向消费者提供各种形式的在线教育服务。

在线娱乐——乐视网络：通过网站向消费者提供在线电视、电影、游戏等并收取一定的订阅费。

在线广告——百度网络：在线服务商免费向消费者提供在线信息服务，其营业收入完全靠网站上的广告来获得。

任务三

网络经营商品的核算

网络经营商品销售收入的确认主要依据《企业会计准则第 14 号——收入》的相关规定。对于在某一时点履行的履约义务，企业应当在客户取得相关商品控制权时点确认收入。在判断客户是否已取得商品控制权时，企业应当考虑下列迹象：①企业就该商品享有现时收款权利，即客户就该商品负有现时付款义务；②企业已将该商品的法定所有权转移给客户，即客户已拥有该商品的法定所有权；③企业已将该商品实物转移给客户，即客户已实物占有该商品；④企业已将该商品所有权上的主要风险和报酬转移给客户，即客户已取得该商品所有权上的主要风险和报酬；⑤客户已接受该商品；⑥其他表明客户已取得商品控制权的迹象。上述收入确认条件是基于传统企业而言的，对于虚拟经济中的网络经营商品业务，则难以同时满足准则中所规定的条件，也不能按实体交易模式中收入确认的方式加以认定。

从网络经营商品业务的特点来看，网络经营商品业务收入的确认显然不能完全按传统交易模式以收款或发货作为收入实现的时点，而应以客户确认收货作为收入确认的时点。

网络经营商品的高退货率是一个极其普遍的现象，而卖家为了信誉，也常常在商品卖出时附有退货权。附有销售退回条件的商品销售业务一般有三种会计处理方法：一是直接法，即在商品发货时确认销售收入和成本，在实际发生退货时，冲减已确认的销售收入和成本。这种方法比较简单，但不符合谨慎性和实质重于形式等会计信息质量要求，只反映经济业务的形式而没有体现经济业务的本质，可能会高估收入和营业利润。二是递延法，即等到退货期满，购买方的退货权利随着时间的推移而消失时，才正式确认收入的实现。三是经验法，即根据以往的经验能够合理估计退货的可能性，通常在发出商品时将估计不会发生退货的部分确认收入，估计可能发生退货的部分不确认收入。实际上，由于递延法和经验法较为稳健和合理，实务中大多采用这两种方法。商家应根据以往的销售情况、商品的市场占有率和市场成熟程度以及目前市场销售情况的稳定性合理预计退货率或退货数量。无法合理预计退货率或退货数量的，采用递延法；可以合理预计退货率的则采用经验法。

网络经营商品业务会计核算价格的主线是“三进一销”。“三进”是指购入商品时用购进的实际价格核算，验收入库时用购进的实际价格核算，结转成本时用购进的实际价格核算；“一销”是指销售商品时用销售价核算。

一、网络经营商品购进的核算

（一）网络经营商品购进的业务程序

按购进平台不同，网络经营商品购进可分网上购进与网下购进。

（1）网上购进商品主要是指通过电商平台购进商品；其交接方式一般采用送货制，货款一般采用网银或第三方支付等方式结算。

（2）网下购进商品主要是指通过商品生产企业或批发企业购进商品；其交接方式一般采用送货制或发货制，货款一般采用支票、信用卡、商业汇票、网银或第三方支付等方式结算。

（二）网络经营商品购进的科目设置

1.“在途物资”用来核算企业购进商品的采购成本。

2.“库存商品”用来核算企业全部自有的库存商品。

3.“应交税费——应交增值税（进项税额）”用来核算企业购进商品时支付待抵扣的进项税额。

4.“销售费用”用来核算企业购进商品时的运杂、整理、挑选等零星费用。

5.“预付账款”用来核算企业购进商品时暂时支付给第三方担保支付方的款项。

（三）网上购进商品的业务核算

1.有担保方

（1）搜索商品。此步不需要进行会计处理。

（2）订购商品。买家在网上完成了购买意向的表达，也无须进行会计处理。

（3）付款给第三方担保支付方（如支付宝）。所付款项中一般应包含货款和运费两项，会计处理如下：

借：预付账款——××担保支付方

　　贷：银行存款

（4）收到商品及增值税专用发票，会计处理如下：

借：在途物资——××公司

　　应交税费——应交增值税（进项税额）

　　销售费用——运费

贷：应付账款——××公司（客户）

验收入库：

借：库存商品——××商品

贷：在途物资——××公司

（5）通知第三方担保支付方付款，会计处理如下：

借：应付账款 ——××公司（客户）

贷：预付账款——××担保支付方

（6）拒收商品但未取消交易，无须进行会计处理。

（7）拒收商品且取消交易，收回预付款（扣除运费），会计处理如下：

借：银行存款

销售费用——运费（运杂费扣除进项税额）

贷：预付账款——××担保支付方

【例 5-1】紫金亿通电子商务有限公司（以下简称紫金亿通公司）20××年 8 月 10 日通过天猫电商平台购入中光公司 A 商品 100 件（增值税税率为 13%），协商价格为每件 200 元，价款为 20 000 元，增值税税额为 2 600 元。该公司通过购物网站订货后，付款至支付宝。支付宝通知中光公司配发货物，中光公司通过顺丰物流公司将货物发出。紫金亿通公司验货合格并入库，同时通知支付宝支付价税款共计 22 600 元。则该公司应进行如下会计处理：

（1）搜索商品。不进行会计处理。

（2）订购商品。不进行会计处理。

（3）付款给支付宝，会计处理如下：

借：预付账款——支付宝	22 600	
贷：银行存款		22 600

（4）收到商品及增值税专用发票，会计处理如下：

借：在途物资——中光公司	20 000	
应交税费——应交增值税（进项税额）	2 600	
贷：应付账款——中光公司		22 600

验收入库：

借：库存商品——A 商品	20 000	
贷：在途物资——中光公司		20 000

（5）通知支付宝付款，会计处理如下：

借：应付账款——中光公司	22 600	
贷：预付账款——支付宝		22 600

【例 5-2】紫金亿通公司 20××年 8 月 10 日通过天猫电商平台购入中光公司 A 商品 100 件（增值税税率为 13%），协商价格为每件 200 元，价款为 20 000 元，增值税税额为 2 600 元。该公司通过购物网站订货后，付款至支付宝。支付宝通知中光公司配发货物，中光公司通过顺丰物流公司将货物发出并代垫物流费用 400 元。13 日紫金亿通

公司验货不合格退回 A 商品，并要求对方重新发货，18 日货物验收合格并入库，同时通知支付宝支付价税费共计 23 000 元。若 13 日紫金亿通公司验货不合格，拒收 A 商品，同时要求取消交易，收回预付款（扣除运费）。则该公司应进行如下会计处理：

（1）搜索商品。不进行会计处理。

（2）订购商品。不进行会计处理。

（3）付款给支付宝，会计处理如下：

借：预付账款——支付宝	23 000	
贷：银行存款		23 000

（4）拒收商品要求重新发货，无须进行会计处理。

（5）收到商品及增值税专用发票，会计处理如下：

借：在途物资——中光公司	20 000	
应交税费——应交增值税（进项税额）	2 600	
销售费用——运费	400	
贷：应付账款——中光公司		23 000

验收入库：

借：库存商品——A 商品	20 000	
贷：在途物资——中光公司		20 000

（6）通知支付宝付款，会计处理如下：

借：应付账款——中光公司	23 000	
贷：预付账款——支付宝		23 000

（7）拒收商品且取消交易，收回预付款（扣除运费），会计处理如下：

借：银行存款	22 600	
销售费用——运费	400	
贷：预付账款——支付宝		23 000

2.无担保方

（1）搜索商品。此步不需要进行会计处理。

（2）订购商品。买家在网上完成了购买意向的表达，也无须进行会计处理。

（3）收到商品及增值税专用发票，会计处理如下：

借：在途物资——××公司

　　应交税费——应交增值税（进项税额）

　　销售费用——运费（运杂费扣除进项税额）

　贷：银行存款

验收入库：

借：库存商品——××商品

　贷：在途物资——××公司

（4）拒收商品退货，支付由己方负担的运费。

借：销售费用——运费（运杂费扣除进项税额）

贷：库存现金

银行存款

应付账款——××物流公司

【例 5-3】紫金亿通公司 20××年 8 月 15 日通过天猫电商平台购入红光公司 B 商品 200 件（增值税税率为 13%），协商价格为每件 250 元，价款为 50 000 元，增值税税额为 6 500 元。红光公司通过顺丰物流公司将货物发出，同时代垫物流费用 500 元。18 日紫金亿通公司验货合格并入库，同时用网银支付价税费共计 57 000 元。若 18 日紫金亿通公司验货不合格，拒收 B 商品，同时要求取消交易，支付运费。则该公司进行如下会计处理：

（1）搜索商品。不进行会计处理。

（2）订购商品。不进行会计处理。

（3）收到商品及增值税专用发票，会计处理如下：

借：在途物资——红光公司	50 000	
应交税费——应交增值税（进项税额）	6 500	
销售费用——运费	500	
贷：银行存款		57 000

验收入库：

借：库存商品——B 商品	50 000	
贷：在途物资——红光公司		50 000

（4）拒收商品且取消交易，支付运费，会计处理如下：

借：销售费用——运费	500	
贷：银行存款		500

（四）网下购进商品的业务核算

这部分内容见项目三中的“任务一　批发商品购进的核算”。

二、网络经营商品销售的核算

网络经营商品销售是一种新兴的销售模式，主要分为三种：一是有担保方的先付款后发货模式，二是无担保方的先付款后发货模式，三是先发货后付款模式。

（一）有担保方的先付款后发货模式会计处理

有担保方的先付款后发货模式是客户先付款至担保方，担保方收款后通知商家发货，客户确认收货后通知担保方付款。其交易流程及会计处理如下：

1. 接收客户订单。此为交易协商阶段，买卖双方交流沟通，协商确定交易价格，此时不作会计处理。

2. 客户付款至担保方。由于网络经营商品的不确定性，款项最终能否流入企业不能确定，此时不作会计处理。

3. 组织发货。货物发出后，由于网络经营商品的不确定性，不能确认收入和成本。

（1）发货时

借：发出商品——××商品

　贷：库存商品——××商品

（2）货物由物流公司配送，支付物流费用

借：销售费用——运费（运杂费扣除销项税额）

　贷：库存现金

　　　银行存款

　　　应付账款——××物流公司

4. 客户确认收货。这标志着网络经营商品销售的成功，此时可以进行收入和成本确认。处理方法有两种：

方法一：每笔直接进行价税分离、结转成本。

（1）每笔收入确认时

借：应收账款——××担保支付方

　贷：主营业务收入

　　　应交税费——应交增值税（销项税额）

（2）结转销售成本时

借：主营业务成本

　贷：发出商品——××商品

方法二：月末统一进行价税分解、结转成本。

（1）平时收入确认时

借：应收账款——××担保支付方

　贷：主营业务收入

（2）月末统一进行价税分解

借：主营业务收入

　贷：应交税费——应交增值税（销项税额）

（3）月末按加权平均法结转销售成本时

借：主营业务成本

　贷：发出商品——××商品

5. 担保方清算货款。客户确认付款，商家收到经担保方扣除手续费后的货款。

借：银行存款

　　财务费用

　贷：应收账款——××担保支付方

6. 在交易过程中，若客户拒收并退回商品，作退货处理。

借：库存商品——××商品

　贷：发出商品——××商品

7. 重新发货。再次发货仍不能确定能否成交，不能确认收入和成本。发货时，会计处理同 3。

8. 确认收货。会计处理同 4。

9. 担保方清算货款。会计处理同 5。

【例 5-4】紫金亿通公司 20××年 8 月 20 日通过某电商平台销售 M 商品 100 件给甲公司，协商价格为每件 226 元（含税），甲公司通过购物网站订货后，付款至支付宝。支付宝通知紫金亿通公司配发货物，紫金亿通公司通过顺丰物流公司将货物发出（发生物流费用 200 元，双方签有费用定期结算协议）。23 日甲公司验货合格，紫金亿通公司收到支付宝转来的价税款共计 22 600 元（支付宝按货款的 0.5% 收取手续费）。若 23 日甲公司验货不合格退回 M 商品并要求紫金亿通公司重新发货；28 日甲公司验货合格，紫金亿通公司收到支付宝转来的价税款共计 22 600 元（支付宝按货款的 0.5% 收取手续费）。M 商品每件加权平均成本为 150 元，增值税税率为 13%。则该公司应进行如下会计处理：

1. 接收甲公司订单。不作会计处理。

2. 甲公司付款至担保方。不作会计处理。

3. 组织发货。

（1）发货时

借：发出商品——M 商品	15 000	
贷：库存商品——M 商品		15 000

（2）货物由物流公司配送，支付物流费用

借：销售费用——运费	200	
贷：应付账款——顺丰物流公司		200

4. 甲公司确认收货，会计处理方法有以下两种：

方法一：每笔直接进行价税分离、结转成本。

（1）每笔收入确认时

借：应收账款——支付宝	22 600	
贷：主营业务收入		20 000
应交税费——应交增值税（销项税额）		2 600

（2）结转销售成本时

借：主营业务成本	15 000	
贷：发出商品——M 商品		15 000

方法二：月末统一进行价税分解、结转成本。

（1）平时收入确认时

借：应收账款——支付宝	22 600	
贷：主营业务收入		22 600

（2）月末统一进行价税分解

借：主营业务收入	2 600	
贷：应交税费——应交增值税（销项税额）		2 600

（3）月末按加权平均法结转销售成本时

借：主营业务成本	15 000	

贷：发出商品——M 商品　　15 000

5. 担保方清算货款。紫金亿通公司收到经担保方扣除手续费后的货款时：

借：银行存款　　22 487

财务费用　　113

贷：应收账款——支付宝　　22 600

6. 甲公司拒收，退回商品，作退货处理：

借：库存商品——M 商品　　15 000

贷：发出商品——M 商品　　15 000

7. 重新发货。会计处理同 3。

8. 确认收货。会计处理同 4。

9. 担保方清算货款。会计处理同 5。

（二）无担保方的先付款后发货模式会计处理

无担保方的先付款后发货模式是客户通过相关支付方式付款至商家，商家收款后发货。其交易流程及会计处理如下：

1. 接收客户订单。此时不作会计处理。

2. 客户付款到账。款项流入企业，作为预收账款处理，有结算手续费时作费用处理。

借：银行存款

财务费用

贷：预收账款——××公司（客户）

3. 组织发货。发货后仍不确定能否成交，因此不能确认收入和成本。

（1）发货时

借：发出商品——××商品

贷：库存商品——××商品

（2）货物由物流公司配送，支付物流费用

借：销售费用——运费（运杂费扣除销项税额）

贷：库存现金

银行存款

应付账款——××物流公司

4. 客户确认收货。这标志着交易成功，此时可以进行收入和成本确认。处理方法有两种：

方法一：每笔直接进行价税分离、结转成本。

（1）每笔收入确认时

借：预收账款——××公司（客户）

贷：主营业务收入

应交税费——应交增值税（销项税额）

（2）结转销售成本时

借：主营业务成本

贷：发出商品——××商品

方法二：月末统一进行价税分解、结转成本。

（1）平时收入确认时

借：预收账款——××公司（客户）

贷：主营业务收入

（2）月末统一进行价税分解

借：主营业务收入

贷：应交税费——应交增值税（销项税额）

（3）月末按加权平均法结转销售成本时

借：主营业务成本

贷：发出商品——××商品

5. 拒收退回。若客户拒收但未取消交易，则作退货处理。

退货时：

借：库存商品——××商品

贷：发出商品——××商品

6. 重新发货。再次发货仍不确定能否成交，因此不能确认收入和成本。发货时，会计处理同 3。

7. 确认收货。会计处理同 4。

8. 拒收退回。若客户拒收并取消交易，则作退货、退款处理。

（1）退货时

借：库存商品——××商品

贷：发出商品——××商品

（2）退款时

借：预收账款——××公司（客户）

贷：银行存款

【例 5-5】紫金亿通公司 20××年 8 月 22 日通过某电商平台销售 N 商品 300 件给丙公司，协商价格为每件 113 元（含税）；丙公司通过购物网站订货后，直接付款共计 33 900 元给紫金亿通公司；紫金亿通公司通过中通物流公司将货物发出，并以网银支付物流费用 200 元。25 日丙公司验货发现商品有问题，只收取 290 件，另 10 件退货并取消交易。N 商品每件加权平均成本为 80 元，增值税税率为 13%。

1. 接收丙公司订单。不作会计处理。

2. 收到丙公司的货款：

借：银行存款	33 900	
贷：预收账款——丙公司		33 900

3. 组织发货：

（1）发货时

借：发出商品——N 商品	24 000	

贷：库存商品——N 商品　　24 000

（2）支付物流费用

借：销售费用——运费　　200

贷：银行存款　　200

4. 丙公司确认收货。处理方法有两种：

方法一：每笔直接进行价税分离、结转成本。

（1）每笔收入确认时

借：预收账款——丙公司　　33 900

贷：主营业务收入　　30 000

应交税费——应交增值税（销项税额）　　3 900

（2）结转销售成本时

借：主营业务成本　　24 000

贷：发出商品——N 商品　　24 000

方法二：月终统一进行价税分解、结转成本。

（1）平时收入确认时

借：预收账款——丙公司　　33 900

贷：主营业务收入　　33 900

（2）月末统一进行价税分解

借：主营业务收入　　3 900

贷：应交税费——应交增值税（销项税额）　　3 900

（3）月末按加权平均法结转销售成本时

借：主营业务成本　　24 000

贷：发出商品——N 商品　　24 000

5. 拒收退回 N 商品 10 件。

（1）退货时

借：库存商品——N 商品　　800

贷：发出商品——N 商品　　800

（2）退款时

借：预收账款——丙公司　　1 130

贷：银行存款　　1 130

（三）先发货后付款模式会计处理

先发货后付款模式是商家根据订单先发货，客户收货后同时付款。其交易流程及会计处理如下：

1. 接收客户订单。此时不作会计处理。

2. 组织发货。由于是先发货，不能确认交易是否成功。

（1）发货时

借：发出商品——××商品

贷：库存商品——××商品

（2）货物由物流公司配送，支付物流费用，并委托物流公司代收价税款

借：销售费用——运费（扣除销项税额）

贷：库存现金

（银行存款）

（应付账款——××物流公司）

3. 客户确认收货并付款。这标志交易成功，此时可以进行收入和成本确认。处理方法有两种：

方法一：每笔直接进行价税分离、结转成本。

（1）每笔收入确认时

借：库存现金

（银行存款）

（应收账款——××物流公司）

贷：主营业务收入

应交税费——应交增值税（销项税额）

（2）结转销售成本时

借：主营业务成本

贷：发出商品——××商品

方法二：月终统一进行价税分解、结转成本。

（1）平时收入确认时

借：库存现金

（银行存款）

（应收账款——××物流公司）

贷：主营业务收入

（2）月终统一进行价税分解

借：主营业务收入

贷：应交税费——应交增值税（销项税额）

（3）月终按加权平均法结转销售成本时

借：主营业务成本

贷：发出商品——××商品

4. 拒收退回。若客户拒收但未取消交易，则作退货处理。

退货时：

借：库存商品——××商品

贷：发出商品——××商品

5. 重新发货（相同货物）。再次发货仍不能确定能否成交，因此不能确认收入和成本，会计处理同 2。

6. 确认收货。会计处理同 3。

7. 拒收退回。若客户拒收并取消交易，则作退货处理。

退货入库时：

借：库存商品——××商品

　贷：发出商品——××商品

8. 已成交后退回商品，要求更换不同的货物，收到退货。

（1）收到退回的原货物时

借：库存商品——××商品

　贷：发出商品——××商品

（2）冲减收入时

借：主营业务收入

　　应交税费——应交增值税（销项税额）

　贷：应付账款——××公司（客户）

（3）冲减销售成本时

借：发出商品——××商品

　贷：主营业务成本

9. 换货发货（换不同的货物），按原退货金额确认换不同货物的收入。

（1）确认收入时

借：应付账款——××公司（客户）

　贷：主营业务收入

　　　应交税费——应交增值税（销项税额）

（2）支付物流费用

借：销售费用——运费（扣除销项税额）

　贷：库存现金

　　　（银行存款）

　　　（应付账款——××物流公司）

（3）结转销售成本时（注意：直接发货用“库存商品”科目）

借：主营业务成本

　贷：库存商品——××商品

10. 已成交后要求退货并退款。

（1）收到退回的原货物时

借：库存商品——××商品

　贷：发出商品——××商品

（2）冲减收入时

借：主营业务收入

　　应交税费——应交增值税（销项税额）

　贷：应付账款——××公司（客户）

（3）冲减销售成本时

借：发出商品——××商品

　贷：主营业务成本

（4）退款时

借：应付账款——××公司（客户）

　贷：银行存款

【例 5-6】紫金亿通公司 20××年 8 月 20 日通过某电商平台销售 Q 商品 100 件给闽光公司，协商价格为每件 226 元（含税）；闽光公司通过购物网站订货后，紫金亿通公司通过顺丰物流公司将货物发出并委托其收取价税款，同时现金支付物流费用 200 元。23 日闽光公司验货不合格退回 Q 商品，并要求换 P 商品（等价），紫金亿通公司重新发货并现金支付物流费用 200 元；25 日闽光公司验货合格，紫金亿通公司确认顺丰物流公司已收到代收的闽光公司转来的价税款 22 600 元；28 日闽光公司在使用 P 商品时发现其规格不符合要求退回 10 件并取消交易，收回货款。Q 商品每件加权平均成本为 150 元，P 商品每件加权平均成本为 140 元，增值税税率为 13%。

1. 接收闽光公司订单。不作会计处理。

2. 组织发货。

（1）发货时

借：发出商品——Q 商品	15 000	
贷：库存商品——Q 商品		15 000

（2）发生物流费用

借：销售费用——运费	200	
贷：库存现金		200

3. 拒收退回 Q 商品，要求更换 P 商品（等价）。

退货时：

借：库存商品——Q 商品	15 000	
贷：发出商品——Q 商品		15 000

4. 重新发货（P 商品）。

（1）发货时

借：发出商品——P 商品	14 000	
贷：库存商品——P 商品		14 000

（2）发生物流费用

借：销售费用——运费	200	
贷：库存现金		200

5. 闽光公司确认收货（P 商品）并付款。处理方法有两种：

方法一：每笔直接进行价税分离、结转成本。

（1）每笔收入确认时

借：应收账款——顺丰物流公司	22 600	

贷：主营业务收入　　20 000

应交税费——应交增值税（销项税额）　　2 600

（2）结转销售成本时

借：主营业务成本　　14 000

贷：发出商品——P 商品　　14 000

方法二：月终统一进行价税分解、结转成本。

（1）平时收入确认时

借：应收账款——顺丰物流公司　　22 600

贷：主营业务收入　　22 600

（2）月终统一进行价税分解

借：主营业务收入　　2 600

贷：应交税费——应交增值税（销项税额）　　2 600

（3）月终按加权平均法结转销售成本时

借：主营业务成本　　14 000

贷：发出商品——P 商品　　14 000

6. 收到顺丰物流公司转来的货款。

借：银行存款　　22 600

贷：应收账款——顺丰物流公司　　22 600

7. 已成交后要求退货并退款。

（1）收到退回的 P 商品时

借：库存商品——P 商品　　1 400

贷：发出商品——P 商品　　1 400

（2）冲减收入时

借：主营业务收入　　2 000

应交税费——应交增值税（销项税额）　　260

贷：应付账款——闽光公司　　2 260

（3）冲减销售成本时

借：发出商品——P 商品　　1 400

贷：主营业务成本　　1 400

（4）退款时

借：应付账款——闽光公司　　2 260

贷：银行存款　　2 260

三、网络经营商品销售成本的核算

网络经营商品销售成本的结转有按日和定期两种，一般为按月定期结转。网络经营商品销售成本的结转方法有单笔结转和集中月末结转两种。

（一）单笔直接进行价税分离、结转成本

（1）每笔收入确认时

借：库存现金

（银行存款）

（应收账款——××物流公司）

贷：主营业务收入

应交税费——应交增值税（销项税额）

（2）结转销售成本时

借：主营业务成本

贷：发出商品——××商品

【例 5-7】资料承【例 5-6】，单笔直接进行价税分离、结转成本。

（1）每笔收入确认时

借：应收账款——顺丰物流公司	22 600	
贷：主营业务收入		20 000
应交税费——应交增值税（销项税额）		2 600

（2）结转销售成本时

借：主营业务成本	14 000	
贷：发出商品——P 商品		14 000

（二）月终统一进行价税分解、结转成本

（1）平时收入确认时

借：库存现金

（银行存款）

（应收账款——××物流公司）

贷：主营业务收入

（2）月终统一进行价税分解

借：主营业务收入

贷：应交税费——应交增值税（销项税额）

（3）月终按加权平均法结转销售成本时

借：主营业务成本

贷：发出商品——××商品

【例 5-8】资料承【例 5-6】，月终统一进行价税分解、结转成本。

（1）平时收入确认时

借：应收账款——顺丰物流公司	22 600	
贷：主营业务收入		22 600

（2）月终统一进行价税分解

借：主营业务收入	2 600	
贷：应交税费——应交增值税（销项税额）		2 600

（3）月终按加权平均法结转销售成本时

借：主营业务成本　　14 000

　贷：发出商品——P商品　　14 000

四、网络经营商品存储的核算

其内容详见项目四中的“任务四　零售商品存储的核算”。

任务四

数字商品销售的核算

数字商品（也称无形商品），即信息、计算机软件和影视娱乐数字商品等。在实体店中，这些商品可能是有一定的载体的，如光盘、磁盘等，然而在互联网上，这些商品无须载体来作为媒介了，可直接在线通过计算机网络传输给消费者。

数字商品的网络经营有四大业务模式：付费浏览、网上订阅、广告支持和网上赠予。这四种模式的会计处理是不同的，各有其核算的侧重点。

一、付费浏览模式下的会计核算

在付费浏览模式下，数字商品只是放在网站上供顾客下载从而成为顾客的东西，顾客只需交纳一小部分的注册费或很小额的一点费用。这一模式下的数字商品以企业自主开发的软件为主，也有一部分是已获得某一企业许可证的数字商品。在这种模式下的企业，其数字商品是没有存货的，即存货数为零。同时，企业为客户提供的这种下载，可以视为企业提供劳务的一种方式。客户在线上看到一个好的数字商品时，只需要支付一小部分的费用或流量，就可直接下载来获得它，企业可将这些费用视为劳务所得。

数字商品的存续期间很短，在进行会计处理时，可以像低值易耗品在会计上的处理一样，专门设置“数字商品”科目，并在其科目下设置“在库数字商品”、“在用数字商品”和“数字商品摊销”等二级明细科目。当企业购买或自主研究开发了一种数字商品时，将该商品记入“数字商品——在库数字商品”科目，一旦在互联网上有人点击下载，即把它从“数字商品——在库数字商品”中调出，记入“数字商品——在用数字商品”科目，同时对数字商品的成本进行摊销。摊销的方法有很多，如一次摊销法、分次摊销法等，可选其中的一种进行摊销。如采用“分次摊销法”分两次摊销，在数字商品出库时，先摊销一半的成本。当数字商品过时时，将其从“在用数字商品”科目中转出，转入“数字商品摊销”科目。当数字商品遇到了被淘汰的情形时，如出现了新版本，则直接冲销“在用数字商品”科目的数额。具体的处理方法如下：

（1）取得时

借：数字商品——在库数字商品

　　应交税费——应交增值税（进项税额）

贷：库存现金

（银行存款）

（电子货币）

（2）用户下载时

借：数字商品——在用数字商品

贷：数字商品——在库数字商品

（3）同时摊销一半的成本

借：数字商品——数字商品摊销

贷：数字商品——在用数字商品

（4）当该数字商品出现新版本而被淘汰（报废）时

借：数字商品——数字商品摊销

贷：数字商品——在用数字商品

（5）当客户下载一种数字商品时，企业就能收到一点资金（或流量），可看作企业因提供了这样一种下载服务所收到的劳务费

借：库存现金

（银行存款）

（电子货币）

（应收账款——××担保支付方

——××担保流量方（流入））

贷：主营业务收入

（6）价税分解（6%）

借：主营业务收入

贷：应交税费——应交增值税（销项税额）

（7）结转摊销成本（按使用期限摊销）

借：主营业务成本

贷：数字商品——数字商品摊销

（8）支付结算第三方流量费（流出）

借：主营业务成本

贷：银行存款

（应收账款——××担保流量方（流出））

（9）结算电子货币及第三方担保款项

借：银行存款

贷：电子货币

应收账款——××担保支付方

——××担保流量方（流入-流出）

【例 5-9】紫金互动娱乐传媒有限公司 20××年 10 月 25 日从三七娱乐股份有限公司购入一款游戏软件，价款 24 万元，税款 1.44 万元（使用期 24 个月），款项用网银支付。12

月 1 日该款游戏正式上线，月末结算本月共收到流量费（流入）10 万元（其中现金 1 万元、银行存款 2 万元、支付宝 5 万元（按 0.1% 收取手续费）、某网吧代收 2 万元），同时用网银结算第三方流量费（流出）4 万元、某网吧流量费（流出）1 万元，则该公司会计处理如下：

（1）取得时

借：数字商品——在库数字商品　　240 000

　　应交税费——应交增值税（进项税额）　　14 400

　贷：银行存款　　254 400

（2）用户下载时

借：数字商品——在用数字商品　　240 000

　贷：数字商品——在库数字商品　　240 000

（3）同时摊销一半的成本

借：数字商品——数字商品摊销　　120 000

　贷：数字商品——在用数字商品　　120 000

（4）当该数字商品出现新版本而被淘汰（报废）时

借：数字商品——数字商品摊销　　120 000

　贷：数字商品——在用数字商品　　120 000

（5）收到流量费

借：库存现金　　10 000

　　银行存款　　20 000

　　应收账款——支付宝担保支付方　　50 000

　　　　　　——某网吧担保流量方（流入）　　20 000

　贷：主营业务收入　　100 000

（6）价税分解（6%）

销项税额=含税收入÷（1+6%）×6%=100 000÷（1+6%）×6%=5 660（元）

借：主营业务收入　　5 660

　贷：应交税费——应交增值税（销项税额）　　5 660

（7）结转摊销成本（按 24 个月摊销）

借：主营业务成本　　10 000

　贷：数字商品——数字商品摊销　　10 000

（8）支付结算第三方流量费（流出）

借：主营业务成本　　50 000

　贷：银行存款　　40 000

　　　应收账款——某网吧担保流量方（流出）　　10 000

（9）结算第三方担保款项

借：银行存款　　59 950

　　财务费用——手续费　　50

贷：应收账款——支付宝担保支付方　　50 000

——某网吧担保流量方　　10 000

二、网上订阅模式下的会计核算

网上订阅是从事电子商务的企业线上提供影视娱乐节目、报纸、杂志等并要求顾客付费的电子商务模式。这一模式同付费浏览模式的相同点在于它们都没有存货，不同点在于它们所要求的支付费用不同。网上订阅模式所要求的价格要比网上浏览模式贵很多。在这一模式下，数字商品的价格同现实生活中有载体的商品的价格是相差无几的，有时还可能会更高一点，客户在网上购买是因为可以最先获得该商品。而对企业来说就不同了，在这一模式下，企业是作为销售方而存在的，并不是提供劳务而取得劳务费，它取得的是销售收入。由于是销售商品，就存在一个销售收入和销售成本的配比问题。因为在收入实现并结转时，根据配比原则，商品的成本也要做相应的结转，以保持收入与成本之间的对应关系。然而，企业的存货数量为零，仅有的是企业放在网站上的一个版本，因而每一次销售成立时，存货成本是根本无法获得的，结转成本就成为一个很大的问题。因此，在销售发生时，不立即确认为销售收入，而是将这笔钱先放入一个“待处理数字商品”科目，于月末一次性进行处理。对于存货成本，可像“无形资产”核算一样，在获得数字商品时，将其记入“数字商品”科目下的二级明细科目“某一数字商品”，于月末摊销销售成本。具体会计处理如下：

（1）购入（获得）某一数字商品时

借：数字商品——某一数字商品

应交税费——应交增值税（进项税额）

贷：库存现金

（银行存款）

（电子货币）

（2）销售时

借：库存现金

（银行存款）

（电子货币）

（应收账款——××担保支付方

——××担保流量方（流入））

贷：待处理数字商品

（3）确定数字商品摊销期，并于月末结转收入时

借：待处理数字商品

贷：主营业务收入（含税）

（4）价税分解（6%）

借：主营业务收入

贷：应交税费——应交增值税（销项税额）

（5）结转成本时（按使用期限摊销）

借：主营业务成本

　贷：数字商品——某一数字商品

（6）支付结算流量费（流出）时

借：主营业务成本

　贷：银行存款

　　　应收账款——××担保流量方（流出）

（7）结算电子货币及第三方担保款项

借：银行存款

　　财务费用

　贷：电子货币

　　　应收账款——××担保支付方

　　　　　　　——××担保流量方（流入-流出）

【例 5-10】紫金互动娱乐传媒有限公司（一般纳税人，增值税税率 6%）20××年 10 月 25 日从读者传媒股份有限公司购入一批电子书，价款 24 万元，税款 2.16 万元（预计使用期 24 个月），款项用网银支付。该批电子书 12 月 1 日正式上线，12 月共销售 10 万元（其中，电子货币 1 万元、银行存款 2 万元、支付宝 5 万元（按 0.1% 收取手续费）、某网站代销 2 万元）；同时，用网银结算第三方流量（流出）4 万元、某网站流量（流出）1 万元，则该公司会计处理如下：

（1）购入电子书时

借：数字商品——电子书	240 000	
应交税费——应交增值税（进项税额）	21 600	
贷：银行存款		261 600

（2）销售电子书时

借：银行存款	20 000	
电子货币	10 000	
应收账款——支付宝担保交付方	50 000	
——某网站担保流量方（流入）	20 000	
贷：待处理数字商品		100 000

（3）确定数字商品摊销期，并于月末结转收入时

借：待处理数字商品	100 000	
贷：主营业务收入		100 000

（4）价税分解（6%）

借：主营业务收入	5 660	
贷：应交税费——应交增值税（销项税额）		5 660

（5）结转成本时（按 24 个月摊销）

借：主营业务成本	10 000	

贷：数字商品——电子书		10 000
(6) 支付结算流量费（流出）时		
借：主营业务成本	50 000	
贷：银行存款		40 000
应收账款——某网站担保流量方（流出）		10 000
(7) 结算电子货币及第三方担保款项		
借：银行存款	69 950	
财务费用——手续费	50	
贷：电子货币		10 000
应收账款——支付宝担保支付方		50 000
——某网站担保流量方		10 000

三、广告支持模式下的会计核算

在广告支持模式下，企业的主要业务就是将消费者吸引到自己的网站上来，以获取消费者的点击。这类企业主要是赚广告商的钱，它们吸引广告商将他们的广告放在其网站上并收取一定的费用，广告商则是看重消费者的点击量。只要从事电子商务的企业能吸引消费者点击电子商务网站上的广告，就能吸引广告商将他们的广告放在网站上，就能因此获得利润。这类网站数量很多，也是成本很少的一种。广告支持模式在会计上的处理如下：

(1) 收到广告商的付款时

借：库存现金

（银行存款）

（电子货币）

（应收账款——××担保支付方）

贷：其他业务收入

(2) 价税分解（6%）

借：其他业务收入

贷：应交税费——应交增值税（销项税额）

(3) 支付结算流量费（流出）时

借：其他业务支出

贷：银行存款

应付账款——××担保流量方（流出）

(4) 结算电子货币及第三方担保款项

借：银行存款

贷：电子货币

应收账款——××担保支付方

【例 5-11】紫金互动娱乐传媒有限公司（一般纳税人，增值税税率 6%）利用自身的网络平台为龙韵广告传媒股份有限公司进行宣传（预计使用期 6 个月），收到广告费 6.36

万元，存入银行。该广告7月1日正式上线，到12月月末共用网银结算第三方流量费（流出）3万元，则该公司会计处理如下：

（1）收到广告商的付款时

借：银行存款　　63 600

　贷：其他业务收入　　63 600

（2）价税分解（6%）

借：其他业务收入　　3 600

　贷：应交税费——应交增值税（销项税额）　　3 600

（3）支付结算流量费（流出）时

借：其他业务支出　　30 000

　贷：银行存款　　30 000

四、网上赠予模式下的会计核算

在网上赠予模式下，企业主要是在销售商品的同时或在销售以前赠送一点商品给顾客，以激发顾客长久的购买欲。这部分商品应该作为促销手段的一种，计入企业的广告费用支出，不作为企业的销售收入。其会计分录如下：

借：销售费用——广告费

　贷：银行存款

　　　应付账款——××担保流量方（流出）

【例5-12】紫金互动娱乐传媒有限公司（一般纳税人，增值税税率6%）利用自身的网络平台为龙韵广告传媒股份有限公司进行宣传（预计使用期6个月）。该广告7月1日正式上线，到12月月末共结算第三方流量费（流出）3万元，款项尚未支付，则会计处理如下：

借：销售费用——广告费　　30 000

　贷：应付账款——××担保流量方（流出）　　30 000

项目总结

在本项目中，我们按照网络经营商品流转的主要业务程序，系统学习了网络经营商品的内容、模式，网络经营商品企业从网上（线上）、网下（线下）购进、销售、存储有形商品各阶段的会计核算业务；同时，结合现代新兴支付方式——网银、第三方支付等的应用，并以有担保、无担保结算为主线，对有形商品的购进、销售业务进行了分类会计核算；针对网络经营商品企业在购进、销售有形商品时发生退货、换货业务的不同情况，分别进行会计处理。在数字商品（也称无形商品）的网络经营上，系统阐述了四大业务模式的会计处理。通过各项工作任务的实施可以了解到，要做好网络经营企业（电商）的会计核算工作，应当结合企业的实际情况，恰当选择、灵活运用有形商品、无形商品各阶段的业务程序，只有这样才能完全掌握各类网络经营企业（电商）会计核算的全过程。这也是本教材的重点、难点和创新所在。

项目测试

一、单项选择题

5-1
扫码看答案

1. 目前网络经营（有形商品）的交货方式是（　　）。

A. 交货制　　B. 送货制

C. 提货制　　D. 发货制

2. 目前网络经营（有形商品）的支付方式一般是（　　）。

A. 支票　　B. 汇票

C. 第三方支付　　D. 托收承付

3. 网络经营商品主营业务收入会计确认的时间是（　　）。

A. 商品发出时　　B. 收到货款时

C. 客户确认收货时　　D. 商品到达时

4. 网络经营商品会计核算价格的主线是（　　）。

A. 一进一销　　B. 二进二销　　C. 一进三销　　D. 三进一销

5. 当企业购买或自主研发了一种数字商品时，应将该商品记入（　　）科目。

A. “在库数字商品”　　B. “在用数字商品”

C. “数字商品摊销”　　D. “数字商品结转”

二、多项选择题

5-2
扫码看答案

1. 对于从事网络经营的企业，其销售的产品大致分为（　　）。

A. 工业产品　　B. 金融产品

C. 有形商品　　D. 无形商品

2. 网络经营有形商品销售业务的模式有（　　）。

A. 有担保方发货模式　　B. 无担保方发货模式

C. 先发货后付款模式　　D. 发货托收承付模式

3. 无形商品的网络经营模式有（　　）。

A. 网上订阅模式　　B. 广告支持模式　　C. 付费浏览模式　　D. 网上赠予模式

4. 网络经营商品退货会计处理的方法有（　　）。

A. 直接法　　B. 递延法　　C. 经验法　　D. 间接法

5. 网络经营商品购进的业务程序按购进平台不同可分为（　　）。

A. 直接购进　　B. 间接购进　　C. 网上购进　　D. 网下购进

三、判断题

1. 所谓无形商品，就是信息、计算机软件和影视娱乐数字商品等。（　　）

2. 网络经营商品业务以收款或发货作为收入实现的时点。（　　）

3. 网络经营商品的会计处理方法一般有直接法、递延法、经验法。（　　）

4. 网上购进商品其交接方式一般采用送货制，货款一般采用网银或支票等方式

5-3

扫码看答案

结算。（　）

5. 数字商品的存续期间很短，在进行会计处理时，可以与低值易耗品在会计上的处理一样。（　）

四、综合实务操作

5-4

扫码看答案

根据下列经济业务编制会计分录（单位：元）。

（一）三只小熊电子商务有限公司（以下简称三只小熊公司）是一家以坚果、干果、茶叶等森林食品为主，利用 B2C 平台进行网络销售的现代化新型企业，是增值税一般纳税人，增值税税率为 13%（该公司月末采用统一价税分解、结转成本），20××年 12 月发生如下业务：

1.1 日，从梦菲电子商务有限公司购入核桃 10 000 千克，单价 10 元，价款 10 万元，增值税税额 1.30 万元，货款及税金用网银支付，收到增值税专用发票，商品验收入库。

2.5 日，从聚果公司（一般纳税人，已税）购入红枣 5 000 千克，单价 10 元，价款 5 万元，增值税税额 0.65 万元，聚果公司代垫运费 0.15 万元，价税费共 5.80 万元。该公司收到增值税专用发票，商品验收入库，并开出面值为 5.80 万元、期限为 1 个月的商业承兑汇票结算上述款项（不考虑运费的进项税额）。

3.8 日，向某专业户收购芒果 10 000 千克，单价 6 元，收购价 6 万元，运费 0.1 万元（已取得“农副产品收购证明”，准予抵扣税率 9%），芒果已入库，款项通过网银支付（不考虑运费的进项税额）。

4.10 日，从蓝果公司（小规模纳税人）购入猕猴桃 2 500 千克，单价 20 元，价款 5 万元，收到增值税普通发票，商品验收入库，款项用郭某的信用卡支付。

5.13 日，通过京东三只小熊旗舰店销售规格 200 克的核桃仁 5 000 包给华润超市，协商价格为每包 11.30 元（含税），华润超市通过购物网站订货后，付款至支付宝。支付宝通知该公司配发货物，该公司通过顺丰物流公司将货物发出（发生物流费用 500 元，双方签有费用定期结算协议），核桃仁每包加权平均成本为 4 元。

6.16 日，华润超市验货合格，该公司收到支付宝转来的价税款共计 5.65 万元（支付宝按货款的 0.1% 收取手续费），同时开出增值税专用发票。

7. 若 16 日华润超市验货不合格，退回商品并要求该公司重新发货（核桃仁换成等价的芒果干）；20 日华润超市验货合格，该公司收到支付宝转来的价税款共计 5.65 万元（支付宝按货款的 0.1% 收取手续费）；增值税税率为 13%。

8.22 日，通过天猫三只小熊旗舰店销售规格 180 克的芒果干 2 000 包给刘某，协商价格为每包 5.65 元（含税）；刘某通过购物网站订货后，直接付款 1.13 万元给三只小熊公司；三只小熊公司通过圆通物流公司将货物发出，并用网银支付物流费用 200 元。25 日，刘某验货发现商品有问题，只收取 1 900 包，另 100 包退货并取消交易。芒果干每包加权平均成本为 3 元，增值税税率为 13%。

9.26 日，通过天猫三只小熊旗舰店销售规格 300 克的红枣 5 000 包给宝丰公司，协商价格为每包 6.78 元（含税）；宝丰公司通过购物网站订货后，三只小熊公司通过顺丰物流公司将货物发出，并委托其收取价税；同时，现金支付物流费用 400 元。28 日，宝丰公司验货合格，确认顺丰公司已收到代收的宝丰公司转来的价税款共计 3.39 万元。红枣每包加权平均成本为 3 元。

10.28 日，通过某电商 B2B 平台购入虹果公司规格 205 克的兰花豆 10 000 包（增值税税率为 13%），协商价格为每包 3 元，价款为 3 万元，增值税税额为 0.39 万元。该公司通过购物网站订货后，将价税款付至支付宝。虹果公司通过顺丰物流公司将货物发出并代垫运费 0.04 万元（可抵扣的增值税不计）。

11.28 日，商品兰花豆经公司验收合格并入库，收到增值税专用发票，并通知支付宝支付价税款共计 3.43 万元。

12. 若 28 日商品经公司验收不合格，拒收且取消交易，收回预付款（扣除运费）。

13.30 日，结算当日旗舰店零售收入：坚果类 4.52 万元、果干类 3.39 万元、休闲类 2.26 万元、礼盒类 5.65 万元、花茶类 1.13 万元，共 16.95 万元（其中，第三方：支付宝支付 6 万元、微信支付 5 万元、京东支付 5.95 万元），已按 0.1% 收取手续费，结算并存入银行，银行回单及“商品进销存日报表”已送财务部门。

14.31 日，收到安通运输公司开来的本月货物运输业（增值税税率 9%）增值税专用发票，运费 2 万元，增值税税额 0.18 万元，运费由第三方担保支付方支付宝支付。

15.31 日，第三方担保支付方结算货款 500 万元，手续费 0.50 万元。

16.31 日，为庆祝元旦，对规格 106 克的 10 000 包猕猴桃干进行削价处理，原零售单价为 8 元，削价为 5.65 元出售，该猕猴桃干原进价为 6 元。估计销售费用为每包 0.05 元，增值税税率 13%。

17.31 日，对本月累计主营业务收入（其中，坚果类 67.80 万元、果干类 56.50 万元、休闲类 22.60 万元、礼盒类 113 万元、花茶类 22.60 万元）进行价税分解（增值税税率 13%）。

18.31 日，按加权平均法结转库存商品成本：其中，坚果类 42 万元、果干类 30 万元、休闲类 10 万元、礼盒类 65 万元、花茶类 8 万元。

19.31 日，利用自身的网络平台为 P 公司进行广告宣传（预计使用期 6 个月），收到广告费 3 万元，存入银行。

20.31 日，用网银结算本月第三方流量费（流出）5 万元。

（二）梦影在线娱乐有限公司是一家开发运营在线电视、电影、游戏的新型互联网公司，是增值税一般纳税人，增值税税率 6%，20××年 12 月发生如下业务：

1.11 月 28 日从宏大娱乐股份有限公司购入一款游戏软件，价款 24 万元，税款 1.44 万元（使用期 24 个月），款项用网银支付。12 月 1 日该款游戏正式上线，月末共收到流量费（流入）10 万元（其中，现金 1 万元、银行存款 2 万元、支付宝 5 万元（按 0.1% 收取手续费）、某网吧代收 2 万元），同时用网银结算第三方流量费（流出）4 万元、某网吧流量费（流出）1 万元。

2.11 月 20 日从南方传媒股份有限公司购入一批电子书，价款 24 万元，税款 2.16 万元（预计使用期 24 个月），款项用网银支付。12 月 1 日该批电子书正式上线，12 月共销售 10 万元（其中，电子货币 1 万元、银行存款 2 万元、支付宝 5 万元（按 0.1% 收取手续费）、某网站代销 2 万元），同时用网银结算第三方流量费（流出）4 万元、某网站流量费（流出）1 万元。

3.6 月 30 日利用自身网络平台为旭日广告传媒股份有限公司进行广告宣传（预计使用期 6 个月），收到广告费 6.36 万元，存入银行。7 月 1 日该广告正式上线，到 12 月末共用网银结算第三方流量费（流出）3 万元。

4.12 月 31 日利用自身网络平台为旭日广告传媒股份有限公司进行免费广告宣传，到月末共用网银结算第三方流量费（流出）0.30 万元。

项目六 6

商品流转特殊业务的核算

任务一

库存商品加工的核算

商品流通企业加工商品有委托加工和自行加工两种形式。委托加工是商品流通企业将库存商品作为原材料，委托其他企业加工，并按一定标准付给加工费，到期收回成品的业务。自行加工是商品流通企业所属的有关部门组织人力和设备自行加工商品的业务。

一、委托加工商品的核算

商品流通企业在商品进行委托加工前，必须与加工企业签订合同，明确加工商品的品种、规格、数量、原材料耗用定额、交货期限、加工费标准及结算方式等，作为双方执行的依据。商品流通企业根据合同规定将商品作为原材料拨付加工时，应由业务部门填制“委托加工商品发料单”一式数联，通知仓库发货。委托加工业务在会计处理上主要包括拨付加工商品、支付加工费用和税金、收回加工商品和剩余物资等几个环节。

商品流通企业应设置“委托加工物资”科目核算。该科目借方登记企业为发给外单位用于加工的物资或商品而支付的加工费及受托方代收代缴的消费税，贷方登记加工完成后验收入库的商品和剩余物资的实际成本。期末借方余额，反映企业委托外单位加工但尚未加工完成物资的实际成本和发出加工物资的运杂费等。其明细科目应按加工合同和受托加工单位设置。

（一）发出委托加工商品的核算

发给外单位加工的商品时：

借：委托加工物资——××公司

　贷：库存商品——××商品

（二）支付加工费、运杂费及其增值税的核算

支付加工费、运杂费及其增值税时：

借：委托加工物资——××公司

　　应交税费——应交增值税（进项税额）

　贷：银行存款

（三）交纳消费税的核算

根据消费税的有关规定，需要交纳消费税的委托加工商品，由受托方代收代缴消费税。委托加工的物资收回后直接用于销售的，委托方应将受托方代收代缴的消费税计入委托加工商品的成本：

借：委托加工物资——××公司

　贷：应付账款——××加工公司

　　　银行存款

（四）加工完成后收回加工商品的核算

1.采用售价金额核算法的商品流通企业

借：库存商品——××商品（售价）

　　贷：商品进销差价（售价-实际成本）

　　　　委托加工物资（收回的实际成本）

2.采用进价金额核算法的商品流通企业

借：库存商品——××商品（收回的实际成本）

　　贷：委托加工物资（收回的实际成本）

【例 6-1】通润零售商场采用售价金额法核算库存商品。该商场与永龙鞋业有限公司签订了加工合同，委托永龙鞋业有限公司加工皮鞋 2 000 双，每双牛皮鞋用料进价 100 元，每双加工费 40 元，加工收回后零售价为每双 175 元。该企业应编制如下会计分录：

①发出委托加工物资

借：委托加工物资——永龙公司	200 000	
商品进销差价——皮鞋组	120 000	
贷：库存商品——皮鞋组		320 000

②按合同规定用网银支付加工费 80 000 元

借：委托加工物资——永龙公司	80 000	
贷：银行存款		80 000

③收回加工皮鞋 2 000 双，应交纳加工费增值税税额 10 400 元

借：委托加工物资——永龙公司	10 400	
贷：应交税费——应交增值税（进项税额）		10 400

④计算收回皮鞋成品的加工成本

总成本=200 000+80 000+10 400=290 400（元）

单位成本=290 400÷2 000=145.2（元）

⑤收回 2 000 双皮鞋交皮鞋组验收，总零售价为 350 000 元

借：库存商品——皮鞋组	350 000	
贷：商品进销差价——皮鞋组		59 600
委托加工物资——永龙公司		290 400

二、自行加工商品的核算

零售企业自行加工商品业务，一般是由企业所属的不独立核算的单位进行的。自行加工商品业务所发生的支出，可通过“库存商品——自行加工商品”科目核算，也可单独设置“委托加工物资”科目核算。发生的委托加工商品支出，如工资及其他加工费用等，能够确认由哪批委托加工商品负担的，可直接记入该批委托加工商品的加工成本，借记“库存商品——加工商品”科目，贷记“应付职工薪酬”“银行存款”等科目；不能直接确认由哪些委托加工商品负担的混合费用，先记入“其他业务成本”科目，借记“其他业务成本”科目，

贷记“应付职工薪酬”“材料物资”“银行存款”等科目。期末，按一定的标准分配转账，属于某批委托加工商品应负担的部分，记入该批委托加工商品的成本，借记“委托加工商品”科目，贷记“其他业务成本”科目。“其他业务成本”科目是损益类科目，核算企业除商品销售以外的其他销售或提供其他劳务所发生的支出，包括相关的成本、费用等。企业发生的其他业务成本，借记“其他业务成本”科目；期末，“其他业务成本”科目核算的各项费用支出按一定的标准分配转账时，贷记“其他业务成本”科目；“其他业务成本”科目的期末余额，反映尚未完工的加工、运输等业务的实际成本。其明细账应按照其他业务的种类设置。

①领出加工商品

借：库存商品——自行加工商品

　贷：库存商品——××商品

②支付加工费及其他费用

借：库存商品——自行加工商品

　贷：应付职工薪酬

　　　银行存款

③完工入库

借：库存商品——××商品

　贷：库存商品——自行加工商品

任务二

出租商品的核算

出租商品业务是将商品出租后收取租金以取得租赁收入的业务，一般是零售业的附带经营业务。商品流通企业出租商品时，应与承租企业或个人签订协议，或由承租人签字确认。若有必要，还应签订合同，同时收取押金。收回出租商品时，商品流通企业要记收租金收入，同时退还押金。对收回的出租商品，业务人员应进行验收，若发现损坏，应由承租人赔偿。

一、出租商品的科目设置

商品流通企业出租商品，其所有权并未转移。为正确反映出租商品的情况，应设置“出租商品”科目，核算出租商品的进货原价。出租商品业务不多的企业，出租商品时可在“库存商品”科目核算，不设置“出租商品”科目。具体会计分录如下：

转作出租商品：

借：出租商品（进价）

　　商品进销差价（售价-进价）

　贷：库存商品（售价）

【例 6-2】通润百货商场自行车组兼营儿童玩具车出租业务，本月由仓库拨出玩具车

200 辆作为出租使用。该车每辆进价 300 元，零售价为 400 元。财务部门根据“商品内部调拨单”等凭证编制如下会计分录：

借：出租商品	60 000	
商品进销差价——自行车组	20 000	
贷：库存商品——自行车组		80 000

二、出租商品押金的核算

商品流通企业出租商品收取押金时，借记“银行存款”科目，贷记“其他应付款”科目。

【例 6-3】资料承【例 6-2】，根据租赁协议的规定，每辆儿童玩具车收取押金 300 元，押金总额 60 000 元，收款并存入银行。会计部门应编制如下会计分录：

借：银行存款	60 000	
贷：其他应付款——自行车组		60 000

三、出租商品租金的核算

商品流通企业计收出租商品的租金收入时，借记“银行存款”或“应收账款”科目，贷记“其他业务收入”科目。

“其他业务收入”科目核算商品流通企业除商品销售以外的其他销售或业务收入，如材料物资及包装物销售、无形资产转让、固定资产出租、商品出租、包装物出租、运输和废旧物资出售等收入。该科目的贷方登记收入的增加，借方登记收入的减少；将收入结转“本年利润”科目后，本科目无余额。其明细账应按其他业务种类设置。

①收到租金

借：银行存款

　贷：其他业务收入

②月末结转

借：其他业务收入

　贷：本年利润

四、出租商品摊销的核算

商品流通企业将出租商品磨损的价值计入有关成本、费用的过程，称为出租商品摊销。出租商品在使用过程中，因磨损价值会不断减少。出租商品的摊销价值将从当期收入中得到补偿。出租商品摊销时，借记“其他业务成本”科目，贷记“出租商品”科目。出租商品摊销额的计算可采用分期（次）摊销法，即按出租商品的类别或品种，分别估计其使用期限（或次数）和预计残值，将其原进价与预计残值间的差额分期（次）平均摊销。

【例 6-4】资料承【例 6-3】，该企业出租的儿童玩具车按 5 个月进行摊销，每月的摊销额为 12 000（60 000÷5）元。该企业应编制如下会计分录：

借：其他业务成本	12 000	
贷：出租商品		12 000

任务三

包装物的核算

一、包装物的概念

包装物是指为了包装本企业的商品而储备的各种包装用品，包括专为储备商品但不随商品流转而转移的酒坛、油罐、糖缸等，专供包扎商品而一次耗用的纸绳、纸袋、纸盒等，还有随商品购销多次反复周转使用的麻袋、油桶、木箱等。

商品流通企业的包装物按其具体用途的不同可分为以下几种：

①商品流转过程中用于包装商品并作为商品组成部分的包装物；

②随商品出售而不单独计价的包装物；

③随商品出售而单独计价的包装物；

④出租或出借给购买单位使用的包装物。

下列各项不属于包装物核算的范围：

①对于各种一次性消耗的包装材料，如纸绳、铁丝、铁皮等，应作为材料物资核算；

②用于储存和保管商品而不对外出售的包装物，应按价值大小和使用年限长短，分别在“固定资产”和“周转材料”科目核算。

③单独列作企业商品的自制包装物，应作为库存商品处理。

二、包装物的核算

商品流通企业应设置“周转材料”总科目，明细科目“包装物”，用于核算企业库存的各种包装物的实际成本或计划成本。该科目的借方登记购进、自制、委托外加工收回入库、盘盈的包装物成本；贷方登记领用、出售、摊销、报废、盘亏的包装物成本；期末借方余额，反映企业库存未用的包装物的实际成本，并对其数量进行核算。其明细账应按包装物的种类设置。

（一）包装物购进的核算

商品流通企业购进包装物，分为单独购进和随货购进两种方式。随货购进又有单独计价和不单独计价之分。现分别说明其核算方法。

1. 单独购进包装物的核算。商品流通企业单独购进的包装物，应按实际成本计价入账。其实际成本包括进价和运杂费等。如果运杂费数额较小，或难按品种划分，可在“销售费用”科目列支。

【例 6-5】通润商场购进包装用铁桶 100 个，共计 10 000 元，支付进项税额 1 300 元，发生运杂费 300 元。铁桶已由仓库验收，其价税款及运杂费以银行存款支付。该商场应编制如下会计分录：

借：周转材料——包装物（铁桶）　　10 300
　　应交税费——应交增值税（进项税额）　　1 300
　贷：银行存款　　11 600

2. 随货购进包装物的核算。其分为单独计价和不单独计价两种情况。

商品流通企业随货购进单独计价包装物的，应根据销货单位发票所列的商品价格、包装物成本分别入账。对购进商品和包装物所发生的运杂费，若不易划分归属，可将其作为销售费用列账。

【例 6-6】通润商场购进一批商品，计 50 000 元，随货购进木箱 20 个，计 2 000 元，应支付进项税额 6 760 元，发生运杂费 2 000 元，其中准予扣除的进项税额为 180 元。商品及包装物一并验收入库，价税及运费以支票付清。该商场应编制如下会计分录：

借：在途物资——××单位　　50 000
　　周转材料——包装物（木箱）　　2 000
　　应交税费——应交增值税（进项税额）　　6 940
　　销售费用——进货运杂费　　1 820
　贷：银行存款　　60 760

同时，作转账的会计分录如下：

借：库存商品——××商品　　50 000
　贷：在途物资——××单位　　50 000

随货购进不单独计价的包装物，其价款已包含在商品进价中，包装物不单独核算，而在“库存商品”科目中反映。如果这些包装物在销售商品时不随货出售，待腾空后应分别按不同情况处理：凡仍可继续作为包装物使用的，按估价入账，借记“周转材料”科目，贷记“其他业务收入”科目。

（二）包装物回收的核算

包装物的回收有两种情况：一是商品流通企业自行回收复用，其核算方法与包装物单独购进相同，此处不再举例说明；二是商品流通企业代其他单位回收包装物，不作包装物购进处理。回收时所垫付的价款，以“其他应收款”科目反映，收取的回收手续费作“其他业务收入”处理。

【例 6-7】通润商场代制糖厂回收糖袋 2 000 条，每条回收价 5 元，共计 10 000 元，价款以现金付讫。该商场应编制如下会计分录：

借：其他应收款——某制糖厂　　10 000
　贷：库存现金　　10 000

代其他单位回收的包装物，虽不属于本企业所有，也不作为包装物购进核算，但为了保护包装物的安全，应将其记入备查簿。所以，在回收糖袋时，应按其价值记：

借：代管商品物资——糖袋　　10 000

将回收的糖袋送交制糖厂，收到糖袋回收款及手续费（假定按回收款的 10% 计算）时，编制如下会计分录：

借：银行存款　　11 000

贷：其他业务收入——手续费收入		1 000
其他应收款——某制糖厂		10 000

同时，将代管商品物资表外科目核销记：

贷：代管商品物资——糖袋		10 000

（三）包装物发出的核算

商品流通企业包装物的发出，有领用、出售等方式。

1.包装物领用的核算

对于领用的包装物，应区别下列情况分别处理：

①随商品出售不单独计价的包装物领用时：

借：销售费用——包装费

贷：周转材料——包装物

②随商品出售单独计价的包装物领用时：

借：其他业务成本

贷：周转材料——包装物

③周转用包装物领用时：

借：周转材料——包装物（在用包装物）

贷：周转材料——包装物（在库包装物）

④一经领用即消耗掉的包装物领用时：

借：销售费用——包装费

贷：周转材料

2.包装物出售的核算

商品流通企业包装物出售有单独出售和随货出售两种。

①单独出售。为了避免资金积压，经批准，商品流通企业经营过程中闲置或多余的包装物，可以单独出售。出售包装物，属于企业的附营业务，其收入通过“其他业务收入”科目核算；而其销售成本则记入“其他业务成本”科目。

【例 6-8】通润商场经批准出售一批多余包装物，账面净值为 5 000 元，取得包装物收入 8 000 元，应收增值税 1 040 元，所收价税款当即存入银行。根据有关凭证，该商场应编制如下会计分录：

借：银行存款	9 040	
贷：其他业务收入——出售包装物		8 000
应交税费——应交增值税（销项税额）		1 040

同时，结转包装物的成本：

借：其他业务成本——出售包装物	5 000	
贷：周转材料——包装物（库存包装物）		5 000

②随货出售。包装物随货出售有单独计价和不单独计价两种情况。单独计价随货出售的包装物应在发票上分别列示商品、包装物的价格以及应收取的增值税，一并向购货单位进行结算。

【例 6-9】通润商场出售商品一批，售价为 20 000 元，随货出售包装物的账面净值为 500 元，售价为 1 000 元，应收取的增值税为 2 730 元，价税款已向银行办妥托收手续。根据有关凭证，该商场应编制如下会计分录：

借：应收账款——某购货单位	23 730	
贷：主营业务收入——××商品		20 000
其他业务收入——出售包装物收入		1 000
应交税费——应交增值税（销项税额）		2 730

结转包装物成本时，编制如下会计分录：

借：其他业务成本——出售包装物	500	
贷：周转材料——包装物（库存包装物）		500

随货出售的包装物不单独计价的，因其价值已含在商品价值中，故其在出售时，不作账务处理；若随货出售不单独计价的包装物，是从企业库存包装物中发出的，则应在出库时，按其成本，借记“销售费用”科目，贷记“周转材料”科目。

（四）包装物摊销的核算

包装物在不断周转使用的过程中，因磨损价值逐渐减少，将这部分减少的价值采用一定的方法摊入销售费用中，即包装物摊销。包装物摊销的方法一般有一次摊销法、分次（分期）摊销法、降等摊销法及按使用程度估价摊销法等。

1.一次摊销法

一次摊销法，是指低值易耗品或包装物在领用时就将其全部账面价值计入相关资产成本或当期损益的方法。其通常适用于价值较低或极易损坏的管理用具等。

领用时：

借：销售费用

管理费用

贷：周转材料——包装物摊销

2.分次（分期）摊销法

分次（分期）摊销法，是指包装物的成本按照使用次数，分次摊入相关资产成本或当期损益的方法。其计算公式如下：

某种包装物月（次）摊销额=（该包装物原价-残值）÷估计使用月（或次）数

【例 6-10】通润商场有铁桶 100 个，单价 80 元，计 8 000 元，预计可使用 4 年，估计每个残值 2 元，包装物按月摊销，则：

铁桶每月摊销额=（8 000-200）÷（4×12）=162.50（元）

根据计算结果，编制如下会计分录：

借：销售费用——包装费	162.50	
贷：周转材料——包装物摊销		162.50

3.降等摊销法

降等摊销法，是以包装物原账面等级金额与新鉴定等级金额之间的差额作为包装物摊销额的一种方法。采用此法的企业，应合理规定包装物的等级标准，并严格执行清查盘点制度，以使计算出的摊销额比较符合实际。

【例 6-11】通润商场期初有一级铁桶 200 只，每只 60 元，共计 12 000 元。月底经实地盘点鉴定，其中 80 只降为 2 级，每只 40 元，降等差额 1 600 元（（60-40）×80），作为包装物摊销。该商场应编制如下会计分录：

借：销售费用——包装费	1 600	
周转材料——在用包装物（二级铁桶）	3 200	
贷：周转材料——在用包装物（一级铁桶）		4 800

由于降等摊销法事前统一规定包装物的等级，因此确定包装物的现值比较方便。但若企业包装物种类很多，要逐个鉴定新等级，工作量较繁重。所以，这种方法一般只适用于品种不多、数量较大、使用时间较长、等级容易划分的包装物。

4.按使用程度估价摊销法

按使用程度估价摊销法，是根据包装物的使用程度重新估价，将估价金额与账面金额之间的差额作为本期包装物摊销额的一种方法。此方法一般结合定期盘点工作进行。

按使用程度估价摊销法可与分次（分期）摊销法结合使用，即在年度内各月份使用分次（分期）摊销法计算摊销额，年末通过实地盘点对包装物重新估价，并据以调整账面价值，使账面价值与实际价值大体一致。

【例 6-12】资料承【例 6-11】，通润商场年内采用分期摊销法计算摊销额，年末，该批铁桶的账面净值为 3 600 元。平时摊销时铁桶少记摊销额 150 元，应予以补摊。该商场应编制如下会计分录：

借：销售费用——包装费	150	
贷：周转材料——包装物摊销		150

若企业年末冲销多摊的数额，应作与补摊相反的会计分录。

由于按使用程度估价摊销法能使包装物的账面价值与实际价值基本一致，因此，计算的摊销额较为正确。但这种方法不能反映包装物的日常磨损情况，同时，包装物的盘点数量和估价标准必须准确、可靠，否则就会影响摊销额的正确性，故它适用于包装物数量较少或品种单一的企业。

（五）包装物租借的核算

1.包装物租入、借入的核算

商品流通企业向其他单位租入、借入包装物，因包装物所有权不属于本企业，故不在“周转材料”科目核算，而采用代管财产的办法记入备查簿。记载时，应按租入、借入单位分户登记租、借包装物的品名和数量，归还后进行注销。

为了保证及时返还和承担妥善保管的经济责任，租入包装物时，一般要交付一定的押金，其押金具有存出保证金的性质，归还包装物即可收回，应以“其他应收款——存出保证金”科目核算。支付租金或折损费，以“销售费用——包装费”列支。

【例 6-13】通润商场购进商品一批，同时租入包装箱 30 只，支付押金 800 元，支付租金 226 元，其中增值税税额为 26 元，以转账支票支付。该商场应编制如下会计分录：

（1）支付押金：

借：其他应收款——存出保证金　　800

　贷：银行存款　　800

同时，将包装物记入“代管商品物资”备查簿。

（2）支付租金：

借：销售费用——包装费　　200

　　应交税费——应交增值税（进项税额）　　26

　贷：银行存款　　226

（3）租赁期满归还包装物，并收回押金存入银行：

借：银行存款　　800

　贷：其他应收款——存出保证金　　800

同时，将“代管商品物资”备查簿中此笔包装物予以注销。

2.包装物出租、出借的核算

商品流通企业出租、出借包装物时，应根据包装物的出库凭证，借记“周转材料——出租包装物（或出借包装物）”科目，贷记“周转材料——库存包装物”科目。收取出租、出借包装物押金时，借记“银行存款”等科目，贷记“其他应付款——存入保证金”科目。

出租包装物是商品流通企业的一项非基本经营业务，在包装物出租期间，企业应按规定收取租金，作为企业的一项业务收入，记入“其他业务收入”科目。收取出租包装物的租金时，借记“银行存款”或“库存现金”科目，贷记“其他业务收入”科目。

对因出租包装物而损耗的价值以及由企业负担的修理费用等支出，作为其他业务成本处理。支付修理费时，借记“其他业务成本”科目，贷记“银行存款”“库存现金”等科目。计提出租包装物摊销额时，借记“其他业务成本”科目，贷记“周转材料——包装物摊销”科目。因出借包装物而发生的包装物价值损耗（即出借包装物摊销额）以及由企业负担的出借包装物修理费，由销售费用列支。计提出借包装物摊销额时，借记“销售费用——包装费”科目，贷记“周转材料——包装物摊销”科目。支付出借包装物修理费时，借记“销售费用——包装费”科目，贷记“银行存款”等科目。

租赁期满，企业应及时回收包装物，并加强回收包装物的检查与清点工作，重新办理入库手续，收回出租或出借包装物的会计分录与出租或出借包装物的会计分录相反。退还押金时，应冲销“其他应付款——存入保证金”科目。

【例 6-14】通润商场出租包装物 25 件，出借包装物 30 件，每件 50 元，每件收取押金 60 元，共计 3 300 元。收取租金 904 元，其中含增值税 104 元。以现金支付出租包装物修理费 80 元、出借包装物修理费 50 元。按分期摊销法计算出租包装物摊销额 125 元、出借包装物摊销额 150 元。该企业应编制如下会计分录：

①出租（借）包装物：

借：周转材料——出租包装物　　1 250

　　　　　　——出借包装物　　1 500

贷：周转材料——包装物（在库包装物）　　2 750

②收到出租（出借）包装物押金：

借：银行存款　　3 300

贷：其他应付款——存入保证金　　3 300

③支付出租、出售包装物修理费：

借：其他业务成本——出租包装物修理费　　80

销售费用——包装费　　50

贷：库存现金　　130

④计提出租、出借包装物摊销额：

借：其他业务成本——出租包装物摊销额　　125

销售费用——包装物摊销　　150

贷：周转材料——包装物摊销　　275

⑤收到出租包装物租金：

借：银行存款　　904

贷：其他业务收入——出租包装物租金收入　　800

应交税费——应交增值税（销项税额）　　104

⑥出租（出借）包装物到期归还，退还押金：

借：其他应付款——存入保证金　　3 300

贷：银行存款　　3 300

同时：

借：周转材料——包装物（在库包装物）　　2 750

贷：周转材料——出租包装物　　1 250

——出借包装物　　1 500

（六）包装物报废的核算

商品流通企业对不能继续使用的包装物，应按规定手续申请报废。报废时，由保管部门填制“包装物报废单”，填列报废包装物的品名、规格、数量、报废原因、日期以及估计残值等。经批准后，会计部门据以进行注销包装物的账务处理。

1.周转用包装物报废的核算

周转用包装物报废时，将包装物摊余价值扣除残值后的差额作为摊销额，记入“销售费用——包装费”科目。

【例 6-15】通润商场有在用铁桶一批，账面价值为 1 000 元，因不能继续使用，经批准报废。该批铁桶已摊销价值为 800 元，变卖残值收到现金 100 元。该商场应编制如下会计分录：

借：销售费用——包装费　　100

库存现金　　100

贷：周转材料——包装物（在用包装物）　　200

2.出租或出借包装物报废的核算

出租、出借包装物报废时，应将包装物的摊余价值扣除残值后的差额摊销额，前者借记“其他业务成本”科目，后者借记“销售费用”科目；同时，将报废包装物的残值，借记“材料物资”科目；将报废包装物的实际成本减去残料价值后的差额与已计提摊销对冲，借记“周转材料——包装物摊销”科目，贷记“周转材料——出租或出借包装物”科目。

【例 6-16】通润商场出租木箱 100 个，每个木箱账面价值为 100 元，计 10 000 元，累计摊销 8 000 元，因不能修复使用，经批准报废，变卖残料收回现金 500 元。该商场应编制如下会计分录：

借：库存现金	500	
其他业务成本——出租包装物摊销	1 500	
周转材料——包装物摊销	8 000	
贷：周转材料——出租包装物		10 000

任务四

低值易耗品的核算

一、低值易耗品的概念

低值易耗品，是指单位价值在规定的标准范围内，使用年限较短的用具和设备，如柜台、货架、办公桌、仪表、简易设备和玻璃器皿等。为了便于管理，有些物品虽然单位价值较高、使用年限较长，但也作为低值易耗品，如苫布、磅秤、各种非机动车辆等。这些物品在有些管理制度中被列表指名作为低值易耗品管理。此外，用于储存和保管商品的包装物，凡符合低值易耗品标准的，也作为低值易耗品管理与核算。

二、低值易耗品的核算

商品流通企业应设置“周转材料”科目，用于核算企业库存的各种低值易耗品的实际成本或计划成本。该科目的借方登记购进、自制、委托外单位加工收回入库、盘盈的低值易耗品成本；贷方登记领用、出售、摊销、报废、盘亏的低值易耗品成本；期末借方余额，反映企业库存未用的低值易耗品的实际成本，并对其数量进行核算；同时还应设置“在库低值易耗品”、“在用低值易耗品”和“低值易耗品摊销”三个二级明细科目。

（一）低值易耗品购进的核算

商品流通企业购进低值易耗品应按购进的实际成本入账，即以购进原价、运杂费和包装费作为低值易耗品的入账价格。

【例 6-17】通润商场购进低值易耗品一批，计 5 000 元、运杂费 100 元，以现金支付，该商场应编制如下会计分录：

借：周转材料——在库低值易耗品　　5 100

　贷：库存现金　　5 100

【例 6-18】资料承【例 6-17】，假定低值易耗品购入后，全部交付使用。该商场应编制如下会计分录：

借：周转材料——在用低值易耗品　　5 100

　贷：周转材料——在库低值易耗品　　5 100

（二）低值易耗品摊销、报废的核算

低值易耗品在企业经营过程中，由于不断使用而发生磨损，其价值也随之逐渐减少。这部分减少的价值应摊入费用，作为商品流通费用的组成部分。企业应根据低值易耗品的使用情况，计算其摊销额，并在“管理费用”科目下设置“低值易耗品摊销”明细账进行核算。

低值易耗品的摊销方法主要有一次摊销法、使用期限分次摊销法等。

1.一次摊销法

一次摊销法是在低值易耗品领用时，将其全部价值摊入管理费用的一种方法。

【例 6-19】通润商场购进工作服 200 套，每套 100 元，价款以银行存款支付，所购工作服交付使用，按一次摊销法进行摊销。该商场应编制如下会计分录：

购入：

借：周转材料——在用低值易耗品　　20 000

　贷：银行存款　　20 000

领用：

借：管理费用——低值易耗品摊销　　20 000

　贷：周转材料——在用低值易耗品　　20 000

采用一次摊销法最简便，但不利于实物管理，一般适用于价值低、使用期限短的低值易耗品。

2.使用期限分次摊销法

使用期限分次摊销法，是指将某种低值易耗品的原价减去估计残值后的差额按预计使用期限平均计算摊销额，分次（分期）摊入管理费用中。其做法与包装物使用期限分次摊销法相同。这种摊销法能均衡各期的费用负担，也较为合理，但计算工作量较大，一般适用于单位价值较高、使用期限较长、使用情况比较稳定的低值易耗品。

（三）低值易耗品出售的核算

为了充分提高低值易耗品的使用效率、加速资金的周转，对企业闲置不用的低值易耗品可作价出售。其核算方法与出售包装物的核算方法相同。

【例 6-20】通润商场将闲置不用的 10 个柜台作价 5 000 元出售，其价款存入银行。柜台账面原值 10 000 元，已作五成摊销。该商场应编制如下会计分录：

①收到柜台售价款存入银行：

借：银行存款　　5 000

　贷：其他业务收入——低值易耗品出售　　5 000

②摊销柜台净值：

借：其他业务成本——低值易耗品出售　　5 000

　　周转材料——低值易耗品摊销　　5 000

　贷：周转材料——在用低值易耗品　　10 000

（四）低值易耗品修理与废弃的核算

为了延长低值易耗品的使用寿命，充分发挥其效能，应对低值易耗品及时进行维修保养。为修理低值易耗品而发生的开支，以“销售费用——修理费”科目列支。

低值易耗品由于磨损而失去使用价值时，应按规定办理报废手续。报废时，会计部门应区别不同的摊销方法，分别进行账务处理：

其一，采用一次摊销法摊销的企业于低值易耗品报废时，如其有残值，应以低值易耗品摊销额的减少冲减管理费用，借记“库存现金”“银行存款”等科目，贷记“管理费用——低值易耗品摊销”等科目。

其二，用使用期限分次（分期）摊销法摊销的企业于低值易耗品报废时，应将低值易耗品摊余价值扣除残料价值后的差额，作为低值易耗品的摊销额，记入“销售费用”“管理费用——低值易耗品摊销”科目。

（五）低值易耗品盘点的核算

低值易耗品应经常进行实地盘点，以保证账实相符，及时发现管理工作中存在的问题。在盘点过程中发现低值易耗品溢余或短缺，应及时进行账务处理。其账务处理方法与库存商品盘盈、盘亏的账务处理方法相同。

项目总结

在本项目中，我们系统学习了库存商品加工、出租业务及包装物、低值易耗品的摊销方法。其中，包装物、低值易耗品的主要摊销方法可分为一次摊销法、分次（分期）摊销法等。通过各项工作任务的实施，可以了解到商品流通企业特殊业务的会计核算全过程。

项目测试

一、单项选择题

6-1

扫码看答案

1. 企业加工商品业务有两种方式：委托其他单位加工和（　　）。

A. 省外其他公司加工　　B. 自行加工

C. 国外其他公司加工　　D. 同城其他生产企业加工

2. 企业自行加工商品过程中所发生的加工费用，在发生时一般应借记（　　）账户。

A. “库存商品”　B. “其他业务支出”　C. “加工商品”　D. “主营业务支出”

3. 出租商品的成本价值摊销一般通过（　　）账户计入当期损益。

A. “主营业务支出”　　B. “累计摊销”

C.“出租商品——摊销”　　D.“其他业务支出”

4. 某贸易公司的低值易耗品摊销采用一次摊销法，若本月购入 3 500 元打印纸，则其摊销时应借记（　　）。

A.“待摊费用”　　B.“财务费用”　　C.“管理费用”　　D.“预提费用”

5. 某批发公司的包装物采用一次摊销法，若 6 月 1 日领用 3 万元，于 11 月 30 日报废，则 9 月份应摊销的金额是（　　）万元。

A.0.5　　B.1　　C.3　　D.2

6. 以下包装物摊销方式中，手续相对简便但费用不均衡的是（　　）。

A. 一次摊销法　　B. 分期摊销法　　C. 分次摊销法　　D. 盘存估价摊销法

7. 包装物购进时单独计价，而随同商品出售不单独计价时，应当通过（　　）账户核算。

A.“销售费用”　　B.“其他业务支出”

C.“主营业务支出”　　D.“管理费用”

8. 以下包装材料应在“原材料”科目内核算的是（　　）。

A. 随同商品销售的包装材料　　B. 各种包装材料，如纸、铁丝等

C. 用于储存或保管商品的包装材料　　D. 出租给外单位使用的包装材料

9. 以下包装物摊销方式中，适用于价值较低、使用期限较短的包装物的是（　　）。

A. 一次摊销法　　B. 分期摊销法　　C. 分次摊销法　　D. 盘存估价摊销法

10. 以下包装物摊销方式中，适用于品种较多且各期领用、报废额较均衡的包装物的是（　　）。

A. 一次摊销法　　B. 分期摊销法　　C. 分次摊销法　　D. 盘存估价摊销法

二、多项选择题

6-2

扫码看答案

1.“委托加工商品”账户借方登记发给外单位加工的商品的实际成本，包括发出商品的（　　）。

A. 进货原价　　B. 加工费用

C. 加工税金　　D. 应负担的运杂费

2.“委托加工商品”账户贷方登记（　　）。

A. 加工完成验收入库商品的实际成本

B. 收回剩余商品的实际成本

C. 发出商品的进货原价

D. 委托加工但尚未加工完成商品的实际成本

3.“出租商品”账户的借方登记（　　）。

A. 出租商品摊销额　　B. 核销出租商品的进货原价数额

C. 出租商品的进货原价　　D. 核销出租商品的摊销额

4. 在出租商品的业务核算中，账户处理涉及（　　）科目。

A.“库存商品”　　B.“出租商品”

C.“主营业务收入”　　D.“其他业务支出”

5. 以下几种情况中，应通过“其他业务收入”账户核算的有（　　）。

A. 材料销售　　B. 代购代销　　C. 包装物出租　　D. 库存商品销售

6. 以下属于包装物核算范围的有（　　）。

A. 生产过程中用于包装产品作为产品组成部分的包装物

B. 随同产品出售而不单独计价或单独计价的包装物

C. 用于储存商品、材料的包装物

D. 出租或出借给其他单位使用的包装物

7. 以下属于包装物明细科目的有（　　）。

A. “库存未用包装物”　　B. “出租包装物”

C. “包装物摊销”　　D. “出借包装物”

8. 以下情况中，应当通过“周转材料”账户核算的有（　　）。

A. 单独购进包装物　　B. 随同商品购进包装物单独计价

C. 随同商品购进包装物但不单独计价　　D. 租入包装物

三、判断题

1. 商品流通企业委托加工商品业务在支付加工费用时应列入职工薪酬。（　　）

2. 商品流通企业自行加工商品业务在支付加工费用时应列入职工薪酬。（　　）

6-3

扫码看答案

3. 商品流通企业出租商品收取的押金直接计入其他业务收入。（　　）

4. 商品流通企业包装物随货出售时取得的收入计入主营业务收入。（　　）

四、综合实务操作

根据下列经济业务编制会计分录（单位：元）。

6-4

扫码看答案

（一）虹星公司20××年12月份发生有关加工业务如下：

1.5日，与海州市某制衣公司签订委托加工合同，委托加工运动装2 000套，每套用面料1.8米，共3 600米，每米100元，计货款36万元。业务部门已通知仓库发料。

2.10日，用网银支付海州市某制衣公司的加工费，每套50元，共10万元，增值税税额1.3万元。

3.11日，海州市某制衣公司送来加工完毕的运动装2 000套，验收入库。

4.15日，与海州市某制衣公司签订委托加工合同，发给对方全毛针织绒2 000千克，每千克250元，计货款50万元，委托其加工1 000件女式羊毛衫。

5.22日，海州市某制衣公司送来加工完毕的1 000件女式羊毛衫，加工费为10万元，增值税税额1.3万元，虹星公司当即签发转账支票付讫。女式羊毛衫全部验收入库。

6.25日，本公司加工部门领用纯棉布料2 000米加工女裙，每米50元。

7.28日，加工部门计提加工该批女裙的人员工资1万元及相应福利费0.14万元，转账支付水电费用0.46万元。

8.31日，女裙加工完成，经验收合格入库。

（二）虹星公司20××年12月份发生以下关于材料物资的经济业务：

1.3日，现金购入节能灯2 000支，每支10元，计货款20 000元，增值税税额2 600元；拖把1 000支，每支5元，共计货款5 000元，增值税税额650元；支付市内运杂费50元。已由后勤部门验收完毕并入库。

2.6日，从本市购入木料一批，计货款50 000元，增值税税额6 500元，木料运杂费1 000元，款项一并以转账支票付讫，木料已由后勤部门验收完毕并入库。

3.10日，购入三夹板50张，每张100元，计货款5 000元，增值税税额650元，款项一并以转账支票付讫，三夹板已由后勤部门验收完毕并入库。

4.13日，出售多余木料一批，账面价值2 500元，出售价格3 000元，增值税税额390元，款项已收到，存入银行。

5.30日，"材料耗用汇总表"显示，维修部门领用修理用铁线圈一批，计5 000元；销售部门领用三夹板50张，计5 000元；销售部门领用节能灯200支，计2 000元；行政部门办公室领用三夹板10张，计1 000元；行政部门领用打印纸、墨盒一批，计1 000元。

（三）虹星公司20××年12月份发生以下关于包装物的经济业务：

1.2日，购进包装商品用纸一批，计货款5 000元，增值税税额650元；包装用绳子100捆，计货款2 000元，增值税税额260元，一并以转账支票付讫，所有包装物由后勤部门验收完毕并入库。

2.5日，出租包装物铁桶一批，账面价值5 000元，收取押金3 000元，租期为30天，每天收取租金200元，增值税税额26元，每天摊销150元。押金款项已收到并存入银行，租金每天以现金收取。

3.14日，业务部门领用包装用绳子50捆，计账面价值1 000元。

4.15日，业务部门领用包装用纸一批，计账面价值2 000元。

5.16日，出售一批闲置的包装桶，计5 000元，增值税税额650元，款项已收到并存入银行，该包装桶的账面价值为4 000元。

6.19日，出售油500千克，计货款4 000元，增值税税额520元；随同油一起销售的铁桶50个，计货款400元，增值税税额52元。货款尚未收到。该油原进价3 000元，铁桶原进价300元。

7.20日，销售柴油80桶，计货款4 000元，增值税税额520元；合同约定，随同柴油出售的不单独计价的铁桶账面价值为160元；当即全部收到转账支票并存入银行；该柴油每桶原进价40元。

8.21日，因公司经营需要，从其他单位租入包装箱100个，支付押金1 000元、租赁费用500元，到期一次性以现金支付。

9.23日，归还租入的包装箱100个，并现金支付租赁费500元，收回押金1 000元。

10.25日，收回出租的包装物铁桶，转账（支付）退回押金3 000元。由于收回的铁桶已不能继续使用，作报废处理，残料出售收回现金1 000元。

11.26日，上个月出租给某单位的包装物纸箱已到期，但对方未能按时归还，没收逾期末退的包装物押金 3 000 元。

12.30 日，业务部门领用包装纸 20 00 元、包扎商品用绳、袋 1 000 元，予以转账。

（四）虹星公司 20××年 12 月份发生以下关于低值易耗品的经济业务：

1.5 日，购入电子秤 20 只，每只 60 元，货款计 1 200 元，增值税税额 156 元，商品已验收入库，款项以网银支付。

2.8 日，购入铁皮橱 20 个，每个 800 元，货款计 16 000 元，增值税税额 2 080 元，商品已验收入库，款项尚未支付。

3.10 日，购入小推车 20 辆，每辆 500 元，款项计 10 000 元，增值税税额 1 300 元，商品已验收入库，开具商业承兑汇票。

4.11 日，领用电子秤 10 只，每只进价 60 元，采用一次摊销法。

5.14 日，领用铁皮橱 10 个，每个进价 800 元，采用分次摊销法（两次）。

6.15 日，领用本月购进的小推车 10 辆，预计使用 2 年，用分期摊销法摊销本月负担的费用。

7.21 日，出售一组旧货架，含税收入 2 260 元，增值税税率 13%，款项已经收到并存入银行，该货架账面原值 5 000 元，已经摊销了 3 200 元。

8.30 日，报废铁皮橱 5 个，账面原值 4 000 元，该铁皮橱采用分次摊销法（两次），残料回收估价 100 元，验收入库。

7

项目七

商品流通费用和税金的核算

任务一

商品流通费用的核算

一、商品流通费用的概念

商品流通费用是指企业在购进、销售、调拨和存储商品等的过程中所耗费的物化劳动和活劳动的货币表现，以及为组织商品流通所必需的其他货币支出。

二、商品流通费用的分类

商品流通费用是商品流通领域内的必要劳动消耗。凡与组织商品流通活动有密切联系的人力、财力、物力的正常消耗，都属于商品流通费用开支的范围。商品流通费用分为销售费用、管理费用和财务费用。

（一）销售费用

商品流通企业的销售费用是指商品流通企业在购进、销售商品和材料、提供劳务的过程中发生的各项费用，具体包括：①在购进商品过程中发生的运输费、装卸费、保险费、包装费及运输途中的合理损耗和入库前的挑选整理费用等；②在销售商品的过程中发生的运输费、装卸费、保险费、包装费、展览费和广告费、商品维修费、预计产品质量保证损失等；③为销售本企业商品而专设的销售机构（含销售网点、售后服务网点等）的职工薪酬、业务费、折旧费等经营性费用；④与专设销售机构相关的固定资产修理费用等后续支出；⑤支付的委托代销手续费。

（二）管理费用

商品流通企业的管理费用是指商品流通企业为组织和管理企业生产经营所发生的管理费用，包括企业在筹建期间内发生的开办费、董事会和行政管理部门在企业的经营管理中发生的或者应由企业统一负担的经费（包括行政管理部门的职工薪酬、社会养老保险、社会医疗保险、社会失业保险、社会生育保险、公积金、物料消耗、低值易耗品摊销、办公费和差旅费等）、工会经费、董事会费（包括董事会成员津贴、会议费和差旅费等）、聘请中介机构费、咨询费（含顾问费）、诉讼费、业务招待费、房产税、车船税、城镇土地使用税、印花税、技术转让费、矿产资源补偿费、研究费用、排污费等。

（三）财务费用

商品流通企业的财务费用是指商品流通企业为筹集生产经营所需的资金等而发生的筹资费用，包括利息支出（减利息收入）、汇兑损益、金融机构手续费、企业发生的现金折扣或收到的现金折扣等。

上述销售费用、管理费用、财务费用属于期间费用，在发生时就计入当期损益。

三、商品流通费用的核算方法

商品流通企业应分别设置“销售费用”、“管理费用”和“财务费用”等科目，以核算商品流通费用的增减变动情况。“销售费用”、“管理费用”和“财务费用”均为损益类科目。发生各项费用时，应分别借记以上科目；冲减本期费用和期末将“销售费用”“管理费用”“财务费用”的余额结转“本年利润”科目时，分别贷记“销售费用”、“管理费用”和“财务费用”科目；结转后，“销售费用”、“管理费用”和“财务费用”科目应无余额。

管理费用不多的商品流通企业，可不设置“管理费用”科目，该科目可并入“销售费用”科目核算。

商品流通费用的明细核算，是在“销售费用”“管理费用”“财务费用”科目下，按费用项目设置明细账，以反映各项费用支出的详细情况。明细账的账页格式主要有两种：一种是三栏式，另一种是多栏式。多栏式账页就是在账页的“借方”栏按费用项目设置若干小栏，不设“贷方”栏，如发生贷方金额，可在“借方”栏用红字记载。月末，各小栏蓝字金额合计数与红字金额合计数之差，就是当月的费用净发生额。“销售费用”多栏式明细账账页所包含项目见表 7-1。

表 7-1　销售费用多栏式明细账账页所包含项目

年		凭证		摘要	借方								合计	累计
月	日				运杂费	装卸费	整理费	包装费	展览费	工资及福利费				

（一）销售费用的核算

商品流通企业应设置“销售费用”科目，核算企业发生的各项采购及销售费用。该科目的借方登记发生的销售费用；贷方登记期末转入“本年利润”科目的销售费用；“销售费用”科目结转“本年利润”后无余额。

商品流通企业发生各项采购及销售费用时，借记“销售费用”科目，贷记“库存现金”“银行存款”等科目；期末，将归集的销售费用全部转入本年利润时，借记“本年利润”科目，贷记“销售费用”科目。具体会计分录如下：

1.发生并支付费用

借：销售费用——××

　贷：库存现金

　　　（银行存款）

2.月末结转到“本年利润”科目

借：本年利润

　贷：销售费用

【例 7-1】20××年 12 月份，恒润超市有限公司发生的销售费用如下：

1. 用网银支付广告费等 30 000 元。编制会计分录：

借：销售费用——广告费　30 000

　贷：银行存款　30 000

2. 结转本月专设销售机构的职工工资及福利费 50 000 元。编制会计分录：

借：销售费用——工资　50 000

　贷：应付职工薪酬　50 000

3. 月末结转销售费用。编制会计分录：

借：本年利润　80 000

　贷：销售费用　80 000

（二）管理费用的核算

商品流通企业应设置“管理费用”科目，核算企业发生的各项管理费用。该科目的借方登记发生的管理费用；贷方登记期末转入“本年利润”科目的管理费用；“管理费用”科目结转“本年利润”后无余额。

商品流通企业发生各项管理费用的，借记“管理费用”科目，贷记“库存现金”“银行存款”“应付职工薪酬”“累计折旧”“应交税费”“无形资产”“长期待摊费用”等科目。期末，将管理费用全部转入本年利润时，借记“本年利润”科目，贷记“管理费用”科目。具体会计分录如下：

1. 发生并支付费用

借：管理费用——××

　贷：库存现金

　　（银行存款）

　　（应付职工薪酬）

　　（累计折旧）

　　（应交税费——应交印花税、房产税等）

　　（无形资产）

　　（长期待摊费用）

2. 月末结转到“本年利润”科目

借：本年利润

　贷：管理费用

【例 7-2】20××年 12 月份，恒润超市有限公司发生的管理费用如下：

1. 开出支票，支付本月业务招待费，共计 28 000 元。编制会计分录：

借：管理费用——业务招待费　28 000

　贷：银行存款　28 000

2. 按规定计提行政管理部门的固定资产折旧费 6 000 元，结算行政管理部门人员的工资 10 000 元。编制会计分录：

借：管理费用——工资　10 000

　　　　　——折旧　6 000

贷：累计折旧　　6 000

　　应付职工薪酬　　10 000

3. 按规定计提职工的“五险一金”，共计 56 000 元。编制会计分录：

借：管理费用——五险一金　　56 000

　贷：其他应付款——社保等　　56 000

4. 期末结转管理费用。编制会计分录：

借：本年利润　　100 000

　贷：管理费用　　100 000

（三）财务费用的核算

商品流通企业应设置“财务费用”科目，核算企业发生的手续费、利息支出（减利息收入）、汇兑损失等各项财务费用。该科目的借方登记发生的财务费用；贷方登记期末转入“本年利润”科目的财务费用；“财务费用”科目结转“本年利润”后无余额。

商品流通企业发生各项财务费用时，借记“财务费用”科目，贷记“银行存款”“应付利息”“未确认融资费用”“应付债券”等科目；商品流通企业发生利息收入、汇兑收益、现金折扣时，借记“银行存款”“应付账款”等科目，贷记“财务费用”科目。期末，将本期发生的财务费用转入本年利润时，借记“本年利润”科目，贷记“财务费用”科目。具体会计分录如下：

1. 支付利息、手续费等

借：财务费用——××

　贷：银行存款

　　应付利息

2. 月末结转到“本年利润”科目

借：本年利润

　贷：财务费用

【例 7-3】20××年 12 月份，恒润超市有限公司发生的财务费用如下：

1. 用银行存款支付短期借款利息 25 000 元。编制会计分录：

借：财务费用——利息　　25 000

　贷：银行存款　　25 000

2. 用银行存款支付银行手续费 2 500 元。编制会计分录：

借：财务费用——手续费　　2 500

　贷：银行存款　　2 500

3. 银行通知该企业第四季度银行存款利息收入为 500 元。编制会计分录：

借：银行存款　　500

　贷：财务费用　　500

4. 月末结转财务费用。编制会计分录：

借：本年利润　　27 000

　贷：财务费用　　27 000

应收、应付账款附有现金折扣的，应按照扣除现金折扣前的应收、应付款总额入账。因在折扣期限内提供或获得的现金折扣增加或冲减财务费用。

【例 7-4】恒润超市有限公司于 20××年 6 月 18 日购入一批家电产品并已验收入库。增值税专用发票上列明，该批家电的价款为 2 000 000 元，增值税税额为 260 000 元。按照购货协议的规定，恒润超市如在 15 天内付清货款，将获得 1.5% 的现金折扣（假定计算现金折扣时不考虑增值税）。恒润超市有限公司应编制如下会计分录：

借：库存商品	2 000 000	
应交税费——应交增值税（进项税额）	260 000	
贷：应付账款——恒润超市		2 260 000

如果恒润超市有限公司于 20××年 6 月 28 日按照扣除现金折扣后的金额，用银行存款付清了所欠货款。该公司应编制如下会计分录：

借：应付账款——恒润超市	2 260 000	
贷：银行存款		2 230 000
财务费用		30 000

（四）商品流通费用重点项目的核算

1.进货费用的核算

进货费用是指商品流通企业在采购商品的过程中发生的运输费、装卸费、保险费以及其他采购商品的费用。

（1）直接计入当期的期间费用，统一核算（常用方法）

设置“销售费用”科目，商品流通企业在采购商品时发生的运输费、装卸费、保险费以及其他采购费用，可以在发生时将其直接计入当期损益，即“销售费用——运杂费”科目。

采购时发生运杂费等：

借：销售费用——运杂费

　　应交税费——应交增值税（进项税额）

　贷：银行存款（或应付账款）

（2）进货采购费用先归集后分摊

设置“库存商品——结存费用”科目，进货采购费用先进行归集，期末根据所购商品的存销情况进行分摊。对于已售商品的进货费用，计入当期损益；对于未售商品的进货费用，计入期末存货成本。

进货费用可按以下公式计算分摊：

进货费用结存额=期初结存进货费用+本期进货费用

进货费用分摊率=进货费用结存额÷（期初库存商品额+本期商品购进额）

期末库存商品应摊进货费用=期末库存商品余额×进货费用分摊率

期末库存商品应摊进货费用经计算后，其账务处理方法有两种：①将结存费用留在“销售费用”科目内，编制资产负债表时，将其并入库存商品项目；②设置“库存商品——结存费用”专户，月末将结存费用由“销售费用”科目转入该专户，借记“库存商品——结存费用”科目，贷记“销售费用”科目，次月初再由此专户转回“销售费用”科目，作相反会计分录。

【例 7-5】某商品流通企业经营铁矿石的运杂费按存销比例进行分摊，月初运杂费结存为 2 040 元，该月铁矿石进货运杂费为 20 120 元。月初铁矿石库存商品余额为 554 000 万元，全月铁矿石进货额为 1 026 000 万元，铁矿石期末余额为 553 000 万元。该企业设置“库存商品——结存费用”专户核算。

本期运杂费合计=2 040+20 120=22 160（元）

本期运杂费分摊率=22 160÷（554 000+1 026 000）=0.014

期末库存商品应摊运杂费=553 000×0.014=7 742（元）

本期销售商品应摊运杂费=22 160−7 742=14 418（元）

根据计算结果，编制会计分录如下：

①将本期已销铁矿石应负担的运杂费结转“本年利润”科目：

借：本年利润	14 418	
贷：销售费用——运杂费		14 418

②将本期结存铁矿石应保留的运杂费转入“库存商品——结存费用”专户：

借：库存商品——结存费用	7 742	
贷：销售费用——运杂费		7 742

2.借款费用的核算

借款费用，是指企业因借款而发生的利息及其相关成本，包括借款利息、折价或者溢价的摊销、辅助费用以及因外币借款而发生的汇兑差额等。

商品流通企业发生借款费用可以采取两种会计处理方法：

一是借款费用于发生时直接确认为当期费用，即借款费用计入财务费用，如【例 7-3】的会计处理。

二是对借款费用予以资本化（长期借款）。借款费用资本化，是指借款费用在企业的财务报表中作为购置、建造某些资产的一部分历史成本，即在资产负债表日，按摊余成本和实际利率计算确定的利息费用，借记“在建工程”等科目，贷记“长期借款”“应付债券”等科目。

3.职工薪酬的核算

（1）工资的核算

工资，是指企业使用职工的知识、技能、时间和精力而给予的一种补偿。它是企业对职工的一种负债。工资的核算包括工资的结算和工资的分配两方面内容。

工资的结算，即正确计算和发放职工工资。商品流通企业职工的工资结算内容包括：应付职工工资的计算、代扣款项的计算及实发金额的计算和发放。每月应付职工工资额往往不等于实发金额，这是因为在职工的工资结算中，会计部门还要为有关部门代扣一些款项，如房租等。会计部门根据应付职工薪酬以及各项代扣款项，算出每人的实发工资，编制工资结算凭证进行工资的结算。

商品流通企业应设置“应付职工薪酬”科目，核算工资的结算及分配情况。该科目的贷方登记企业分配的工资费用；借方登记实际发放的工资额及代扣款项；该科目期末一般无余额。

为了进行工资的结算，需要编制工资结算凭证作为核算的原始依据。工资结算凭证主要有“工资结算单”（“工资结算——卡片”）和“工资结算汇总表”等。

【例 7-6】恒润超市有限公司 20××年 12 月工资结算汇总表见表 7-2。

表 7-2 工资结算汇总表

部门	应付职工薪酬	代扣款项			实收工资
		社保	医保	小计	
销售人员	150 850	2 380	1 470	3 850	147 000
设备安装人员	14 200	100	150	250	13 950
管理人员	34 480	480	300	780	33 700
其他业务部门	3 840	100	40	140	3 700
合计	203 370	3 060	1 960	5 020	198 350

根据表 7-2 编制以下会计分录：

①网银支付给银行代发工资：

借：应付职工薪酬 198 350

　贷：银行存款 198 350

②结转各种代扣款项：

借：应付职工薪酬 5 020

　贷：其他应付款——社保局 3 060

　　　　　　——医保部门 1 960

③网银支付代扣款项：

借：其他应付款——社保局 3 060

　　　　　——医保部门 1 960

　贷：银行存款 5 020

④分配工资：

借：销售费用 150 850

　　管理费用 34 480

　　在建工程 14 200

　　其他业务成本 3 840

　贷：应付职工薪酬 203 370

（2）应付社会保险费及住房公积金的核算

【例 7-7】资料承【例 7-6】，该企业按职工工资总额的 6%、16%、1.5%、12% 分别计提医疗保险费、养老保险费、失业保险费和住房公积金，缴纳给当地社保机构和住房公积金管理机构。

应付社会保险费=203 370×（6%+16%+1.5%）=47 791.95（元）

应付住房公积金=203 370×12%=24 404.40（元）

借：销售费用　　53 551.75

　　在建工程　　5 041.00

　　管理费用　　12 240.40

　　其他业务成本　　1 363.20

　贷：应付职工薪酬——社会保险费　　47 791.95

　　　　　　　　——住房公积金　　24 404.40

（3）其他应付职工薪酬的核算

其他应付职工薪酬，是指工会经费、职工教育经费、解除职工劳动关系补偿等。商品流通企业支付工会经费、职工教育经费分别用于工会运作和职工培训费时，借记“应付职工薪酬”科目，贷记“银行存款”“库存现金”科目。

（4）非货币性福利的核算

非货币性福利，是指企业将自产产品或外购商品发放给职工作为福利、将自己拥有的资产无偿提供给职工使用、为职工无偿提供医疗保健服务等。商品流通企业的非货币性福利应按照以下原则处理：①将外购商品作为非货币性福利提供给职工的，应当按照该商品的公允价值确定应付职工薪酬金额。②将住房等资产无偿提供给职工使用的，应当根据受益对象，将住房每期应计提的折旧计入相关资产成本或费用；租赁住房等资产供职工无偿使用的，应当根据受益对象，将每期应付的租金计入相关资产成本或费用，并确认应付的职工薪酬金额。③提供给职工整体使用的资产应计提的折旧、应付的租金，应当根据受益对象分期计入相关资产成本或费用；难以认定受益对象的，直接计入管理费用。

需要说明的是，在将外购商品发放给职工作为福利的情况下，商品流通企业在进行账务处理时，应当先通过“应付职工薪酬”科目归集当期应计入成本费用的非货币性薪酬金额，以确定完整、准确的企业人工成本金额。

【例 7-8】恒润超市有限公司有职工 120 名，其中销售人员为 100 名，总部管理人员为 20 名。20××年 10 月，企业决定以其小家电作为福利发放给职工。该小家电单位成本为 1 000 元，单位计税价格（公允价值）为 1 200 元，适用的增值税税率为 13%。该企业有关非货币性福利的会计处理如下：

（1）决定发放非货币性福利：

借：销售费用　　（100×1 200×（1+13%））135 600

　　管理费用　　（20×1 200×（1+13%））27 120

　贷：应付职工薪酬　　162 720

（2）实际发放非货币性福利：

借：应付职工薪酬　　162 720

　贷：主营业务收入　　144 000

　　　应交税费——应交增值税（销项税额）　　18 720

同时结转成本：

借：主营业务成本　　120 000

　　贷：库存商品　　120 000

【例 7-9】恒润超市有限公司为所属各部门董事级别以上的管理人员每人提供一辆汽车供其免费使用，同时为副总以上的高级管理人员每人租赁一套住房。该公司总部共有董事级别以上的管理人员 2 名、副总以上的高级管理人员 5 名。假定每辆汽车每月计提折旧 5 000 元，每套住房月租金为 3 000 元。该企业有关非货币性福利的会计处理如下：

（1）确认应付职工薪酬：

每月应确认的应付职工薪酬=2×5 000+5×3 000=25 000（元）

借：管理费用　　25 000

　　贷：应付职工薪酬——非货币性福利　　25 000

借：应付职工薪酬——非货币性福利　　10 000

　　贷：累计折旧　　10 000

（2）每月支付住房租金：

借：应付职工薪酬——非货币性福利　　15 000

　　贷：银行存款　　15 000

任务二

商品流通税金的核算

一、税金的概念及种类

（一）税金的概念

税金是国家根据税法规定的税率向企业和个人征收的各种税款和教育费附加。国家财政收入的主要来源是企业和个人上缴的各种税金，企业缴纳的税金也形成企业的一项重要支出。商品流通企业依照税法的规定及时足额缴纳各种税金，对于加强企业经济核算、保证国家财政收入、促进国民经济发展有着重要的作用。

（二）税金的税种

根据我国现行税法的规定，商品流通企业缴纳的税费主要有增值税、消费税、企业所得税、关税、文化事业建设费、城市维护建设税、房产税、城镇土地税、车船税、印花税、代扣代缴的个人所得税、教育费附加等。

（三）科目设置

商品流通企业应设置“税金及附加”“应交税费”等科目，核算税金支出及其缴纳情况。

“税金及附加”是损益类科目，反映商品流通企业由销售商品所负担的税金，包括消费税、城市维护建设税、关税和教育费附加等。该科目的借方登记应交纳的各种税金及附加，贷方登记期末结转至“本年利润”科目的金额，结转后该科目无余额。

“应交税费”科目用来核算商品流通企业应交税费的形成及缴纳情况。该科目的贷方登记应缴纳的各种税金，借方登记实际缴纳的税金。期末余额在贷方，表示企业尚未缴纳的税金；期末余额在借方，表示多交或尚未抵扣的税金。其明细账应按应交税费的种类设置。

二、增值税的核算

（一）征税范围

增值税是指在我国境内销售货物或提供加工、修理修配劳务以及进口货物的单位和个人，就其取得的货物或应税劳务的增值额征收的一种流转税。凡从事销售或者进口货物、提供应税劳务的单位和个人均为增值税纳税人（自 2016 年 5 月 1 日起，全面推行营改增试点，将建筑业、房地产业、金融业、生活服务业纳入试点范围）。

我国现行的增值税条例规定，将纳税人按其经营规模的大小及会计核算健全与否分为一般纳税人和小规模纳税人。

商品流通企业一般纳税人是指从事货物批发或零售、年应税销售额在 500 万元以上且会计核算健全、经税务机关审核认定为增值税一般纳税人的企业或个人。其多适用 13% 的税率。

商品流通企业小规模纳税人是指年应税销售额在 500 万元以下、会计核算不健全、不能按规定报送有关税务资料的从事货物批发或零售的纳税人。其多适用 3% 的征收率。

营改增企业应税服务年销售额超过规定标准（500 万元）的纳税人为一般纳税人，未超过规定标准的纳税人为小规模纳税人。此外，根据《营业税改征增值税试点方案》的规定，交通运输业、建筑业等适用 9% 的税率，租赁有形动产等适用 13% 的税率，其他部分服务业适用 6% 的税率。

（二）税率

我国现行的增值税条例规定：

一般纳税人的增值税税率为 13%、9%、6%（一般商品 13%、农产品（购入后直接销售按 9%、加工后销售按 10%）、交通运输业和建筑业 9%、服务业 6%）。

小规模纳税人的增值税征收率为 3%。

（三）应纳税额的计算

一般纳税人：当期应纳增值税额=当期销项税额−当期进项税额。

小规模纳税人：当期应纳增值税额=当期销售额×征收率（3%）。

（四）增值税的核算

具体会计分录见项目三、四、五中的例子，特别注意购入免税农产品（农业生产者自产）的核算。

进项税额=购买价（收购价）×9%（或 10%）

验收入库商品的成本=购买价（收购价）−进项税额

会计分录如下：

借：在途物资（或库存商品）

应交税费——应交增值税（进项税额）

贷：银行存款（或库存现金）

【例 7-10】恒润有限公司（一般纳税人）向一种植专业户收购芒果用于加工成芒果干销售，购买价 10 万元，用银行存款支付，收购的芒果已验收入库。准予抵扣税率 10%。则：

进项税额=购买价×10%=10×10%=1（万元）

验收入库商品的成本=购买价（收购价）-进项税额=10-1=9（万元）

会计分录如下：

借：库存商品	90 000	
应交税费——应交增值税（进项税额）	10 000	
贷：银行存款		100 000

（五）小微企业的税收减免政策

根据《财政部　税务总局关于实施小微企业普惠性税收减免政策的通知》（财税〔2019〕13 号）的规定，小微企业普惠性税收减免有关政策如下：

1. 对月销售额 10 万元以下（含本数）的增值税小规模纳税人，免征增值税。

2. 由省、自治区、直辖市人民政府根据本地区实际情况，以及宏观调控需要确定，对增值税小规模纳税人可以在 50% 的税额幅度内减征资源税、城市维护建设税、房产税、城镇土地使用税、印花税（不含证券交易印花税）、耕地占用税和教育费附加、地方教育附加。

3. 增值税小规模纳税人已依法享受资源税、城市维护建设税、房产税、城镇土地使用税、印花税、耕地占用税、教育费附加、地方教育附加其他优惠政策的，可叠加享受本通知第三条规定的优惠政策。

4.《财政部　税务总局关于创业投资企业和天使投资个人有关税收政策的通知》（财税〔2018〕55 号）第二条第（一）项关于初创科技型企业条件中的"从业人数不超过 200 人"调整为"从业人数不超过 300 人"，"资产总额和年销售收入均不超过 3 000 万元"调整为"资产总额和年销售收入均不超过 5 000 万元"。

2019 年 1 月 1 日至 2021 年 12 月 31 日期间发生的投资，投资满 2 年且符合财税〔2019〕13 号文件和财税〔2018〕55 号文件规定的其他条件的，可以适用财税〔2018〕55 号文件规定的税收政策。

2019 年 1 月 1 日前 2 年内发生的投资，自 2019 年 1 月 1 日起投资满 2 年且符合财税〔2019〕13 号文件和财税〔2018〕55 号文件规定的其他条件的，可以适用财税〔2018〕55 号文件规定的税收政策。

5. 财税〔2019〕13 号文件执行期限为 2019 年 1 月 1 日至 2021 年 12 月 31 日。

小微企业（月销售额不超过 10 万元（按季纳税的，季度销售额不超过 30 万元））免征增值税的会计核算如下：

①开出增值税普通发票（含税收入）

借：银行存款（应收账款）

贷：主营业务收入

应交税费——应交增值税（减免税额）

②结转减免税额

借：应交税费——应交增值税（减免税额）

贷：其他业务收入（或补贴收入）——免税收入

【例 7-11】某商场（小规模纳税人）本月含税销售额 28 840 元全部为现金收入。该商场应编制如下会计分录：

分析：该商场本月不含税销售额为 2.8 万元，小于 10 万元，则符合小微企业的减免税政策条件。

不含税销售额=含税销售额÷（1+3%）=28 840÷（1+3%）=28 000（元）

减免增值税额=不含税销售额×3%=28 000×3%=840（元）

借：库存现金	28 840	
贷：主营业务收入		28 000
应交税费——应交增值税（减免税额）		840

同时：

借：应交税费——应交增值税（减免税额）	840	
贷：其他业务收入（或补贴收入）——免税收入		840

三、消费税的核算

我国现行消费税暂行条例规定，消费税实行单环节征收，即只在生产环节和进口环节征收。我国只对商品流通企业中经营“金银首饰零售”的企业征收此税种，对其他批发零售商品不征收。

（一）消费税税率

金银首饰、铂金首饰和钻石及钻石饰品的税率为 5%，其他贵重首饰和珠宝玉石的税率为 10%。

（二）应纳消费税额的计算公式

应纳消费税额=含税销售额×税率（5% 或 10%）

具体会计分录如下：

（1）计提时

借：税金及附加

贷：应交税费——应交消费税

（2）上交时

借：应交税费——应交消费税

贷：银行存款

【例 7-12】金六福珠宝股份有限公司某金银首饰零售商场 20××年 12 月份金银首饰零售收入为 100 万元，增值税税率为 13%，消费税税率为 5%，货款已交存银行，税款于次月 6 日到银行缴纳。

①确认收入

借：银行存款　　1 130 000

　贷：主营业务收入　　1 000 000

　　应交税费——应交增值税（销项税额）　　130 000

②计提消费税

应纳消费税税额=含税销售额×税率=100×5%=5（万元）

借：税金及附加　　50 000

　贷：应交税费——应交消费税　　50 000

③上交消费税

借：应交税费——应交消费税　　50 000

　贷：银行存款　　50 000

四、文化事业建设费的核算

文化事业建设费是国务院为进一步完善文化经济政策、拓展文化事业资金投入渠道而对广告、娱乐行业开征的一种规费。缴纳文化事业建设费的单位和个人应按照提供增值税应税服务取得的销售额（含税）、扣除项目和3%的费率计算应缴费额，并由国家税务局在分别征收广告服务业、娱乐业的增值税时一并征收。取得广告费、娱乐收入时：

文化事业建设费=（含税销售额-扣除项目）×3%

扣除项目：支付给代理发布商的代理费。

1.计提时

借：税金及附加——文化事业建设费

　贷：应交税费——应交文化事业建设费

2.上交时

借：应交税费——应交文化事业建设费

　贷：银行存款

【例7-13】上海龙韵广告传媒股份有限公司20××年11月份广告费含税收入为530万元，增值税税率6%，文化事业建设费费率为3%，贷款已交存银行，税款于次月6日到银行缴纳。

①确认收入

借：银行存款　　5 300 000

　贷：主营业务收入　　5 000 000

　　应交税费——应交增值税（销项税额）　　300 000

②计提文化事业建设费

应纳文化事业建设费=含税销售额×费率=530×3%=15.90（万元）

借：税金及附加——文化事业建设费　　159 000

　贷：应交税费——应交文化事业建设费　　159 000

③上交文化事业建设费

借：应交税费——应交文化事业建设费　　159 000

　　贷：银行存款　　159 000

五、城市维护建设税的核算

城市维护建设税是为了加强城市的维护与建设征收的一种税。它是对缴纳增值税、消费税的单位和个人以其实际缴纳的“二税”税额为计税依据，专门用于城市公用事业和公共设施的维护、建设而征收的一种税，是一种附加税。

城市维护建设税的计税依据是纳税人实际缴纳的“二税”税额，不包括非税款项。城市维护建设税的税率按纳税单位的所在地不同实行地区差别比例税率，属于市区的税率为7%，县镇的税率为5%，其他地区的税率为1%。城市维护建设税的应纳税额按以下公式计算：

应纳城市维护建设税税额=（实际缴纳的增值税+实际缴纳的消费税）×适用税率

具体会计分录如下：

1.计提时

借：税金及附加

　　贷：应交税费——应交城市维护建设税

2.上交时

借：应交税费——应交城市维护建设税

　　贷：银行存款

【例 7-14】恒通商场 20××年 9 月份购进商品一批，进价为 350 000 元，售价为 950 000 元，增值税税率为 13%，城市维护建设税税率为 7%，未发生应交的消费税。

应交增值税=（950 000−350 000）×13%=78 000（元）

应交城市维护建设税=78 000×7%=5 460（元）

该企业应编制如下会计分录：

①计提时

借：税金及附加　　5 460

　　贷：应交税费——应交城市维护建设税　　5 460

②上交时

借：应交税费——应交城市维护建设税　　5 460

　　贷：银行存款　　5 460

六、教育费附加的核算

教育费附加不是正式税种，是以实际缴纳的增值税、消费税的税额为计征依据征收的附加费，在申报缴纳增值税、消费税的同时申报缴纳。

1.计提时

借：税金及附加

贷：应交税费——应交教育费附加

——应交地方教育附加

2. 上交时

借：应交税费——应交教育费附加

——应交地方教育附加

贷：银行存款

【例 7-15】资料承【例 7-14】，该商场教育费附加征收率为 3%，地方教育附加征收率为 2%。该企业应编制如下会计分录：

教育费附加=78 000×3%=2 340（元）

地方教育附加=78 000×2%=1 560（元）

①计提应缴纳的教育费附加：

借：税金及附加	3 900	
贷：应交税费——应交教育费附加		2 340
——应交地方教育附加		1 560

②实际缴纳教育费附加：

借：应交税费——应交教育费附加	2 340	
——应交地方教育附加	1 560	
贷：银行存款		3 900

七、房产税、城镇土地使用税、车船税的核算

（一）房产税

房产税是以房产为征税对象，依据房产价格或房产租金收入向房产所有人或经营人征收的一种税。房产税的纳税义务人是房屋的产权所有人，包括经营管理单位、承典人、房产代管人或者使用人。房产税的计税依据是房产的计税价值或租金收入。

房产税的计征包括两种方式：①从价计征，按房产原值一次减除 10%～30% 后的余值计算缴纳；②从租计征，以房产租金收入为计税依据。

房产税的税率有两种：①按房产原值一次减除 10%～30% 的余值计征的，税率为 1.2%；②按房产出租的租金收入计征的，税率为 12%。

（二）城镇土地使用税

城镇土地使用税是以城镇土地为征税对象，对拥有土地使用权的单位和个人征收的一种税。城镇土地使用税的纳税人，是指承担缴纳城镇土地使用税义务的所有单位和个人。它以纳税人实际占用的土地面积为计税依据，土地面积的计量单位是平方米。

城镇土地使用税采用地区幅度定额税率，即采用有幅度的差别税额，按大、中、小城市和县城、建制镇、工矿区分别规定每平方米土地使用税年应纳税额。其具体标准如下：大城市 1.5～30 元，中等城市 1.2～24 元，小城市 0.9～18 元，县城、建制镇、工矿区 0.6～12 元。

（三）车船税

车船税是对在我国境内拥有并使用车船的单位和个人，按照车船种类、数量、吨位等定额征收的一个税种。其对拥有但不使用的车船不征税。车船税根据不同类型的车船及其适用的计税标准分别计算应纳税额。其中，机动车（载货汽车除外）和非机动车应纳税额的计算公式如下：

应纳车船税税额=应税车辆数量×单位税额

1.计提时

借：税金及附加——车船税

贷：应交税费——应交车船税

2.上交时

借：应交税费——应交车船税

贷：银行存款

【例 7-16】恒通商场有机动客车 10 辆、净吨位为 20 吨的机动载货汽车 5 辆、机动三轮摩托车 1 辆。该企业所在地的省人民政府规定，客车每辆全年税额为 90 元、货车每车每吨全年税额为 50 元、三轮摩托车每辆全年税额为 35 元。该企业应编制如下会计分录：

①按规定计算车船税：

应纳税额=（10×90）+（5×20×50）+35=5 935（元）

借：税金及附加——车船税	5 935	
贷：应交税费——应交车船税		5 935

②上交车船税：

借：应交税费——应交车船税	5 935	
贷：银行存款		5 935

八、印花税的核算

印花税是对企业在经济活动和经济往来中书立、使用、领受的凭证所征收的一种税。因纳税人主要是通过在应税凭证上粘贴印花税票来完成税收义务，故名印花税。凡发生书立、使用、领受应税凭证的行为，就必须依照印花税法的有关规定履行纳税义务。应税凭证包括购销、加工承揽、建设工程承包、财产租赁、货物运输、仓储保管、借款、财产保险、技术合同或者具有合同性质的凭证，产权转移书据，营业账簿，权利、许可证照等。纳税人根据应税凭证的性质，分别按比例税率和定额税率计算应纳税额。

按比例税率计算应纳印花税税额的计算公式如下：

应纳印花税税额=计税金额×适用税率

按定额税率计算应纳印花税税额的计算公式如下：

应纳印花税税额=凭证数量×单位税额

购买印花税票时：

借：税金及附加——印花税

　　贷：银行存款

【例 7-17】恒通商场 20××年 2 月与供应商订立商品购销合同一份，所载金额为 300 万元，税率为 0.03%；与银行订立借款合同一份，所载金额为 100 万元，税率为 0.005%。税款以银行存款付讫，则该商场应编制如下会计分录：

订立购销合同应纳税额=3 000 000×0.03%=900（元）

订立借款合同应纳税额=1 000 000×0.005%=50（元）

借：税金及附加——印花税	950	
贷：银行存款		950

九、所得税的核算

所得税是对企业、事业单位和社会团体以及其他组织取得的生产经营所得和其他所得征收的一种税。商品流通企业所得税的计算和会计处理将在本书项目八中讲述。

（一）企业所得税按实际利润率计算应交所得税额

应交所得税额=应纳税所得额×所得税税率

　　　　　　=应纳税所得额×25%（15%）

（二）企业所得税按行业利润率预警值计算应交所得税额

预警值是指各行业企业所得税税率的一个平均值。其计算公式如下：

所得税税负率=应纳税所得额÷利润总额×100%

预警值=∑该行业所得税税率÷∑该行业企业的数量

应交所得税额=应纳税所得额×所得税税率

　　　　　　=营业收入×该行业利润率预警值×25%（15%）

【例 7-18】恒通商场 20××年 1—3 月份实现利润总额 200 万元。按规定其企业所得税符合按实际利润率计算应纳税所得额的条件，税率为 25%，则该公司申报 1—3 月份所得税为：

应交企业所得税税额=应纳税所得额×所得税税率

　　　　　　　　　=200×25%=50（万元）

①计提

借：所得税费用	500 000	
贷：应交税费——应交所得税		500 000

②交纳

借：应交税费——应交所得税	500 000	
贷：银行存款		500 000

【例 7-19】若恒通商场 20××年 1—3 月份实现利润总额 200 万元。按规定其企业所得税符合按实际利润率计算应纳税所得额的条件，税率为 15%（该公司属高新技术企业），则该公司申报 1—3 月份所得税为：

应交企业所得税税额=应纳税所得额×所得税税率

　　　　　　　　　=200×15%=30（万元）

①计提

借：所得税费用　　300 000

　贷：应交税费——应交所得税　　300 000

②交纳

借：应交税费——应交所得税　　300 000

　贷：银行存款　　300 000

【例 7-20】若恒通商场 20××年 1—3 月份实现营业收入 500 万元（假设年应纳税所得额超过 300 万元）。按规定其企业所得税符合按行业利润率预警值计算应纳税所得额的条件，该公司行业利润率预警值为 6%，税率为 15%（该公司属高新技术企业），则该公司申报 1—3 月份所得税为：

应交企业所得税税额=应纳税所得额×所得税税率

=营业收入×该行业利润率预警值×15%

=500×6%×15%=4.5（万元）

①计提

借：所得税费用　　45 000

　贷：应交税费——应交所得税　　45 000

②交纳

借：应交税费——应交所得税　　45 000

　贷：银行存款　　45 000

【例 7-21】若恒通商场（该公司属小型微利企业）20××年 1—3 月份实现营业收入 100 万元。按规定其企业所得税符合按行业利润率预警值计算应纳税所得额的条件，该公司行业利润率预警值为 3%，则该公司申报 1—3 月份所得税为：

应交企业所得税税额=应纳税所得额×所得税税率

=营业收入×该行业利润率预警值×25%×20%

=100×3%×25%×20%=0.15（万元）

①计提

借：所得税费用　　1 500

　贷：应交税费——应交所得税　　1 500

②交纳

借：应交税费——应交所得税　　1 500

　贷：银行存款　　1 500

（三）企业所得税按小型微利企业计算应交所得税额

应交所得税额=应纳税所得额×25%（或 50%）×所得税税率

=营业收入×该行业利润率预警值×25%（或 50%）×20%

（四）小型微利企业的界定

企业所得税法所称符合条件的小型微利企业，是指从事国家非限制和禁止行业，并符合下列条件的企业：

1. 工业企业，年度应纳税所得额不超过 300 万元，从业人数不超过 300 人，资产总额不超过 5 000 万元。

2. 其他企业，年度应纳税所得额不超过 300 万元，从业人数不超过 300 人，资产总额不超过 3 000 万元。从业人数，是指与企业建立劳动关系的职工人数和企业接受的劳务派遣用工人数之和。从业人数和资产总额指标，按企业全年月平均值确定，具体计算公式如下：

月平均值=（月初值＋月末值）÷2

全年月平均值=全年各月平均值之和÷12

年度中间开业或者终止经营活动的，以其实际经营期作为一个纳税年度确定上述相关指标值。

（五）小型微利企业发展的税收优惠政策

根据《中华人民共和国企业所得税法》及其实施条例、《财政部 国家税务总局关于实施小微企业普惠性税收减免政策的通知》（财税〔2019〕13 号）的规定，2019 年 1 月 1 日至 2021 年 12 月 31 日，小微企业普惠性所得税减免政策为：对小型微利企业年应纳税所得额不超过 100 万元的部分，减按 25% 计入应纳税所得额，按 20% 的税率缴纳企业所得税；对年应纳税所得额超过 100 万元但不超过 300 万元的部分，减按 50% 计入应纳税所得额，按 20% 的税率缴纳企业所得税。

项目总结

在本项目中，我们了解了针对商品流通企业最新的各项税收政策，系统学习了商品流通企业期间费用即销售费用、管理费用和财务费用的会计核算；结合目前税收方面的政策、小型微利企业的税收优惠政策等，对其各方面业务的会计处理进行详细阐述。通过各项工作任务的实施，可以了解到，要做好商品流通企业的税收工作，应当结合企业的实际情况选择适当的会计处理方法，合法纳税。这也是本教材的重点、难点和新颖之处。

项目测试

一、单项选择题

1. 目前我国商品流通企业增值税税率中的低税率为（　　）。

A.3%　　B.6%　　C.9%　　D.13%

2. 某市中科商贸公司本月实际上交增值税税额 5 万元，则其应交的城市维护建设税为（　　）元。

A.500　　B.2 500　　C.3 000　　D.3 500

3. 永丰批发商场 20××年实现销售收入 175 万元，且不能够准确核算增值税的进项和销项税额，则该商场的增值税税率可核定为（　　）。

A.3%　　B.6%　　C.9%　　D.13%

4. 以下项目中需征文化事业建设费的是（　　）。

7-1

扫码看答案

A. 销售农业产品　　B. 销售工业产品

C. 广告费　　D. 金属矿采选产品

5. 以下项目中免征增值税的是（　　）。

A. 销售自产农业产品　　B. 煤气

C. 自来水　　D. 金属矿采选产品

6. 对于营改增企业一般纳税人的资格，其标准要求年销售收入达（　　）万元以上。

A.80　　B.180　　C.300　　D.500

7. 以下税种属于附加税性质的是（　　）。

A. 城市维护建设税　　B. 增值税

C. 房产税　　D. 印花税

8. 闽恒房地产有限公司年销售额 1 亿元，其增值税税率是（　　）。

A.3%　　B.6%　　C.9%　　D.13%

9. 若绿源商场（属小型微利企业）20××年 7—10 月份实现营业收入 150 万元。该公司行业利润率预警值为 2%，则该公司申报三季度所得税为（　　）万元。

A.0.15　　B.0.45　　C.0.75　　D.1.5

10. 同路天阔广告传媒有限公司年销售额 300 万元，其增值税税率是（　　）。

A.3%　　B.6%　　C.9%　　D.13%

二、多项选择题

1. 以下税种应通过“税金及附加”账户核算的有（　　）。

7-2

扫码看答案

A. 增值税　　B. 房产税

C. 印花税　　D. 车船税、城镇土地使用税

2. 以下行业属于营改增范畴的有（　　）。

A. 建筑业　　B. 金融保险业

C. 房地产业　　D. 文化娱乐业

3. 以下应记入“财务费用”账户核算的有（　　）。

A. 利息支出　　B. 汇兑净损失

C. 支付给金融机构的手续费　　D. 滞纳金

4. 以下项目中不能作为费用开支核算的有（　　）。

A. 固定资产折旧　　B. 捐赠支出

C. 支付的罚款和滞纳金　　D. 非正常损失

5. 以下行业（属一般纳税人）中增值税税率为 6% 的有（　　）。

A. 建筑业　　B. 金融保险业　　C. 制造业　　D. 文化娱乐业

三、判断题

1. 商品流通企业的期间费用一般有销售费用、管理费用和财务费用。（　　）

2. 应收账款附有现金折扣的，在折扣期限内增加的现金折扣应冲减财务费用。（　　）

7-3

扫码看答案

3. 营改增企业应税服务年销售额超过规定标准（600 万元）的纳税人为一般纳税人。（　）

4. 营改增后，交通运输业、建筑业等适用 9% 的税率，租赁有形动产等适用 13% 的税率，其他部分服务业适用 6% 的税率。（　）

5. 小微企业增值税的减免政策是指企业月销售额（含税）不超过 10 万元（按季纳税 30 万元）可免征增值税。（　）

6. 消费税实行单环节征收，即只在生产环节和进口环节征收。（　）

7. 文化事业建设费是对单位和个人按照提供增值税应税服务取得的销售额和 5% 的费率计算的应缴费额。（　）

8. 对年应纳税所得额低于 100 万元（含 100 万元）的小型微利企业，其所得减按 25% 计入应纳税所得额，按 20% 的税率缴纳企业所得税。（　）

9. 某公司 20××年应纳税所得额为 5 万元（符合小型微利企业条件），则其应纳所得税税额为 0.5 万元。（　）

10. 某广告公司 20××年 10 月份取得代理广告费收入 53 万元（含税），则其应交纳文化事业建设费 1.59 万元。（　）

四、综合实务操作

7-4

扫码看答案

根据下列经济业务编制会计分录（单位：元）。

（一）海顺贸易公司为一般纳税人，适用的增值税税率为 13%，20××年 12 月发生以下经济业务：

1. 业务部门签发转账支票，支付广告费 2 万元。

2. 行政部门购买办公用纸张计 0.5 万元，以网银支付。

3. 业务部门招待来访客户 0.6 计万元，以支付宝支付。

4. 用网银发放工资，具体如下：经营人员 15 万元，行政人员 5 万元，实发工资 20 万元。

5. 提取职工福利经费，按 2% 提取工会经费，按 1.5% 提取职工教育经费。

6. 提取本月固定资产折旧费 5 万元。

7. 网银支付广告费 1 万元。

8. 本月包装物出租取得收入 5 万元，存入银行。

9. 销售金银首饰计 100 万元，增值税税额 13 万元，消费税税率为 5%，货款已收，存入银行。

10. 本月主营业务应交增值税 10 万元，应交消费税 5 万元，城市维护建设税税率为 7%，教育费附加征收率为 2%，地方教育附加征收率为 1%。

11. 本月应交房产税 1 万元，应交城镇土地使用税 0.5 万元，应交车船税 0.3 万元。

12. 与外单位签订保管合同，保管金额 80 万元，印花税为 0.08 万元。

13. 支付本季度银行贷款利息 5 万元，其中前两个月已预提贷款利息 3 万元。

14. 用银行存款支付本月增值税 9 万元。

15. 将本月未交的增值税 1 万元转入未交增值税明细账户。

（二）海天广告传媒有限公司为一般纳税人，适用的增值税税率为6%，20××年12月发生以下经济业务：

1.5日，广告销售含税收入53万元，款项尚未收到。

2.8日，用网银缴纳上月增值税5万元、城市维护建设税0.35万元、教育费附加0.15万元、文化事业建设费6万元。

3.12日，与龙信广告传媒有限公司签订合同，金额500万元，按0.03%计提印花税。

4.15日，购入广告材料50万元，增值税税额为6.5万元，价税款用网银支付。

5.31日，结算本月销售收入（不含税）：广告制作费（属劳务）100万元、广告费（不属劳务）300万元，计提本月文化事业建设费。

6. 若20××年10—12月份实现营业收入1 000万元。按规定，其企业所得税符合按行业利润率预警值计算应纳税所得额的条件，该公司行业利润率预警值为5%。计算该公司10—12月份应申报的所得税额。

7. 若该公司属高新技术企业，20××年10—12月份实现营业收入500万元。按规定，其企业所得税符合按行业利润率预警值计算应纳税所得额的条件，该公司行业利润率预警值为5%。计算该公司10—12月份应申报的所得税税额。

8. 若该公司属小型微利企业，20××年10—12月份实现营业收入150万元。按规定，其企业所得税符合按行业利润率预警值计算应纳税所得额的条件，该公司行业利润率预警值为5%。计算该公司10—12月份应申报的所得税税额。

项目八 8

商品流通企业利润的核算

任务一

利润的概述

一、利润的概念

利润是企业一定会计期间的经营成果，是衡量企业经营业绩的重要指标。利润包括收入减去费用后的净额、直接计入当期利润的利得与损失等，是企业一定期间经营业绩和获利能力的综合反映。通过利润指标，可以评价商品流通企业管理层的经营业绩，可以为投资者、债权人等财务会计报告使用者进行决策提供重要的依据。

二、利润的构成

商品流通企业的利润既有通过商品购销活动获得的，也有通过投资活动取得的，还有从与商品购销活动无直接关系的交易或事项中取得的。商品流通企业的利润包括营业利润、利润总额和净利润。

（一）营业利润

商品流通企业的营业利润是指其从事商品购销等经营活动所产生的利润，是企业利润的主要来源。它能较恰当地反映商品流通企业管理者的经营业绩，有助于投资者、债权人进行盈利预测，并作出正确决策。其计算公式如下：

营业利润=营业收入-营业成本-税金及附加-销售费用-管理费用-财务费用-资产减值损失±公允价值变动损益±投资损益

其中，营业收入包括主营业务收入和其他业务收入；营业成本包括主营业务成本和其他业务成本。

（二）利润总额

商品流通企业的利润总额是指营业利润加上营业外收入，减去营业外支出后的金额。其计算公式如下：

利润总额=营业利润+营业外收入-营业外支出

（三）净利润

商品流通企业的净利润（或净亏损）是指企业当期利润总额减去所得税后的金额，即企业的税后利润。其计算公式如下：

净利润=利润总额-所得税

任务二

营业利润的核算

一、营业收入

商品流通企业的营业收入是指企业在商品购销等经营活动中由于销售商品、提供劳务、让渡资产使用权等所取得的收入。它一般分为主营业务收入和其他业务收入。

1.主营业务收入

主营业务收入是指商品流通企业开展商品销售、提供劳务等活动取得的收入，该收入一般占商品流通企业收入的80%以上，对企业的经济效益有较大影响。其具体会计分录如下：

①销售商品时

借：银行存款（或应收账款、应收票据）

　贷：主营业务收入

　　　应交税费——应交增值税（销项税额）

②月末结转到“本年利润”

借：主营业务收入

　贷：本年利润

2.其他业务收入

其他业务收入是指企业各类主营业务以外不独立核算的其他业务或附营业务所产生的收入，如材料销售、技术转让、固定资产出租和包装物出租收入、减免税收入等。其他业务收入具有发生的次数不多、每笔收入金额不大、收入不稳定、服务对象不固定以及占营业收入比重低等特点。其具体会计分录如下：

①销售材料、取得租金收入时

借：银行存款（或应收账款、应收票据）

　贷：其他业务收入

　　　应交税费——应交增值税（销项税额）

②月末结转到“本年利润”

借：其他业务收入

　贷：本年利润

二、营业成本

商品流通企业的营业成本是指企业在一定期间为取得一定的主营业务收入和其他业务收入所发生的物化劳动和必要的活劳动的货币支出。与营业收入的分类相对应，商品流通企业的营业成本一般分为主营业务成本和其他业务成本。

1.主营业务成本

主营业务成本是商品流通企业确认销售商品、提供劳务等主营业务收入时应结转的成本（是指已销售商品的进价成本）。其具体会计分录如下：

①结转已销售商品的成本时

借：主营业务成本

　贷：库存商品

②月末结转到“本年利润”

借：本年利润

　贷：主营业务成本

2.其他业务成本

其他业务成本是指商品流通企业在销售材料、技术转让、固定资产和包装物出租等的过程中为取得收入而发生的各项业务成本，如出租包装物的价值摊销额、出租固定资产的折旧额等。其具体会计分录如下：

①结转已销材料、摊销成本时

借：其他业务成本

　贷：周转材料

　　　累计折旧

　　　累计摊销

　　　应付职工薪酬

　　　银行存款

②月末结转到“本年利润”

借：本年利润

　贷：其他业务成本

三、税金及附加

商品流通企业税金及附加是指按规定税率计提的各种税金及附加费，主要包括消费税、城市维护建设税和教育费附加等。其具体会计分录如下：

①计提时

借：税金及附加

　贷：应交税费——应交消费税

　　　　　　　——应交城建税

　　　　　　　——应交教育费附加

②上交时

借：应交税费——应交消费税等

　贷：银行存款

③月末结转到“本年利润”

借：本年利润

贷：税金及附加

四、期间费用

商品流通企业的期间费用是指不计入商品成本、直接计入当期损益的费用，具体包括管理费用、销售费用和财务费用。

管理费用是指商品流通企业为组织和管理企业商品经营活动而发生的各种费用；销售费用是商品流通企业销售商品、材料及提供劳务的过程中发生的各种费用；财务费用是商品流通企业为筹集商品经营所需的资金等而发生的各种费用。其具体会计分录如下：

①发生时

借：销售费用

　　管理费用

　　财务费用

　贷：银行存款

②月末结转到“本年利润”

借：本年利润

　贷：销售费用

　　　管理费用

　　　财务费用

五、资产减值损失

商品流通企业的资产减值损失是指商品流通企业计提各项资产减值准备所形成的损失，包括应收账款、存货、长期股权投资、债权投资、固定资产、在建工程、工程物资、无形资产、商誉等资产发生减值后确认的减值损失。其具体会计分录如下：

①计提减值时

借：资产减值损失

　贷：坏账准备

　　　存货跌价准备

　　　固定资产减值准备

②资产价值恢复时

借：坏账准备

　　存货跌价准备

　　固定资产减值准备

　贷：资产减值损失

③月末结转到“本年利润”

借：本年利润

贷：资产减值损失

六、公允价值变动损益

商品流通企业的公允价值变动损益是指交易性金融资产以及其他以公允价值计量的资产和负债由于公允价值变动所形成的损益。其具体会计分录如下：

①公允价值高于账面价值时

借：相关资产科目

　贷：公允价值变动损益

②公允价值低于账面价值时

借：公允价值变动损益

　贷：相关资产科目

③月末结转到“本年利润”

公允价值高于账面价值时：

借：公允价值变动损益

　贷：本年利润

公允价值低于账面价值时：

借：本年利润

　贷：公允价值变动损益

七、投资收益

商品流通企业的投资收益是指企业以各种方式对外投资所取得的收益（或发生的损失）。其中包括：企业根据长期股权投资准则确认的投资收益或投资损失；企业确认的采用公允价值模式计量的投资性房地产的租金收入和处置损益；企业处置交易性金融资产、交易性金融负债、指定为以公允价值计量且其变动计入当期损益的金融资产或金融负债、其他债权投资实现的损益；企业债权投资和买入返售金融资产在持有期间取得的投资收益和处置损益。

任务三

利润总额的核算

一、利润总额的组成

商品流通企业的利润总额是由营业利润和营业收支组成的。其计算公式为：

利润总额=营业利润＋营业外收入–营业外支出

在利润总额公式中，有关营业利润在本项目任务二有详细说明，下面对营业外收支作重点介绍。

二、营业外收入的核算

（一）营业外收入

商品流通企业的营业外收入是指企业发生的与其商品经营活动无直接关系的各项净收入。其主要包括以下内容：

1. 处置非流动资产收入。其包括处置固定资产收入和出售无形资产收入。处置固定资产收入是指企业出售固定资产所取得的价款或报废固定资产的材料价值和变价收入等，扣除处置固定资产的账面价值、清理费用、相关税费后的净收益；出售无形资产收入是指企业出售无形资产所取得的价款，扣除出售无形资产的账面价值、相关税费后的净收益。

2. 非货币性资产交换收入。它是指以固定资产、无形资产为对象的非货币性资产交换，具有商业实质且公允价值能够可靠地计量时，换出资产的公允价值与换出资产的账面价值的差额。

3. 债务重组收入。它是指重组债务的账面价值与重组后债务的入账价值和预计负债金额之和的差额。

4. 罚没收入。它是指企业取得的滞纳金和各种形式的罚款收入，在弥补由于对方违反合同或协议而造成的经济损失后的罚款净收入。

5. 政府补助收入。它是指商品流通企业从政府无偿取得的货币资产或非货币资产，但不包括政府作为企业所有者投入企业的资本。

6. 无法支付的应付款项。它是指由于债权人破产、消亡等原因企业无法偿还的款项。这部分款项并不是企业在生产经营活动中取得的收入，而是无法支付给债权人的款项，因此，这部分款项转作营业外收入。

7. 捐赠收入。它是指企业接受捐赠产生的收入。

8. 盘盈收入。它主要指对于现金、商品等资产清查盘点中盘盈的部分，报经批准后计入营业外收入的金额。

商品流通企业应设置"营业外收入"科目，核算企业发生的与其生产经营无直接关系的各项收入。该科目贷方登记企业发生的营业外收入，借方登记期末转入"本年利润"科目的营业外收入；结转后"营业外收入"科目无余额。其明细账应按营业外收入的项目设置。

商品流通企业确认营业外收入时，增加"营业外收入"。期末，将营业外收入转入"本年利润"科目时，减少"营业外收入"。

具体会计分录如下：

①取得营业外收入时

借：银行存款（库存商品、固定资产等）

　贷：营业外收入

②月末结转到"本年利润"

借：营业外收入

　贷：本年利润

【例 8-1】20××年 12 月份，紫金象屿商贸股份有限公司发生如下营业外收入事项：

（1）将固定资产报废清理的净收入 5 000 元转作营业外收入。

（2）应付龙台公司货款 33 000 元，因该公司撤销而无法偿付，经批准予以转账。

（3）期末，将营业外收入 38 000 元转入本年利润。

根据上述资料，该企业会计处理如下：

借：待处理财产损溢　　5 000

　　应付账款　　33 000

　贷：营业外收入　　38 000

借：营业外收入　　38 000

　贷：本年利润　　38 000

（二）政府补助的核算

商品流通企业取得与资产相关的政府补助时，根据配比原则，不能全额确认为当期收益，应当随着相关资产的使用逐渐计入以后各期的收益。

1. 与资产相关的政府补助。其通常为货币性资产形式，企业应当在实际收到款项时按照到账的实际金额入账。其具体会计分录如下：

①收到政府补助款时

借：银行存款

　贷：递延收益

②购建长期资产时

借：在建工程

　　研发支出

　　固定资产

　　无形资产

　贷：银行存款

③计提折旧并分摊递延收益时

借：递延收益

　贷：营业外收入

【例 8-2】20××年 9 月 1 日，某市政府批准了紫金象屿商贸股份有限公司的申请并拨付 100 万元的财政拨款到其银行账户，要求其用于购置大型科研设备。20××年 9 月 30 日，该企业购入不需要安装的科研设备一台，实际成本为 120 万元，其中 20 万元以自有资金支付，使用寿命 10 年，采用直线法计提折旧（假设无残值）。该企业应编制如下会计分录：

①实际收到财政拨款，确认政府补助

借：银行存款　　1 000 000

　贷：递延收益　　1 000 000

②购入设备

借：固定资产　　1 200 000

　贷：银行存款　　1 200 000

③自20××年10月起每月计提折旧，同时分摊递延收益

计提折旧：

借：管理费用　　10 000

　贷：累计折旧　　10 000

④分摊递延收益

借：递延收益　　8 333

　贷：营业外收入　　8 333

2. 与收益相关的政府补助。它是指除与资产相关的政府补助之外的政府补助，通常以银行转账的方式拨付，应当在实际收到款项时按照到账的实际金额确认和计量。如果是用于补偿企业以后的期间费用或损失，在取得时先确认为递延收益，然后在确认相关费用的期间计入当期营业外收入；如果是用于补偿企业已经发生的费用或损失，取得时直接计入当期营业外收入。

【例8-3】紫金象屿商贸股份有限公司销售的商品适用增值税先征后返政策，即先按规定征收增值税，然后按实际缴纳的增值税税额返还70%。20××年10月，紫金象屿商贸股份有限公司实际缴纳增值税20万元。20××年11月公司收到实际返还的增值税税额14万元，收到返还增值税税额时编制会计分录如下：

借：银行存款　　140 000

　贷：营业外收入　　140 000

三、营业外支出的核算

营业外支出是指企业发生的与其经营活动无直接关系的各项净支出。它虽然不属于经营资金的垫支耗费，但不能作为产品补偿价的组成部分，而只是对企业经营成果的扣减。在会计核算中，不应混淆经营费用与营业外支出的界限。

（一）营业外支出的内容

营业外支出包括以下内容：

1. 处置非流动资产损失。这是指企业将多余的、闲置的和不需要用的固定资产、无形资产等非流动资产处理或变卖给其他单位，其收入的价款低于账面价值所发生的损失。

2. 非货币性资产交换损失。这是指以固定资产、无形资产为对象的非货币性资产交换具有商业实质且公允价值能够可靠地计量时，换出资产的公允价值与换出资产账面价值间的差额。

3. 债务重组损失。这是指重组债务的账面价值与重组后债务的入账价值和预计负债金额之和的差额。

4. 盘亏损失。这主要是指清查盘点中盘亏的固定资产，在查明原因处理时按确定的损失计入营业外支出的金额。

5. 罚款支出。这是指企业由于违反税收法规、经济合同等而支付的各种滞纳金和罚款。

6. 捐赠支出。这是指企业对外进行公益性捐赠发生的支出。

7. 非正常损失。这是指企业由于特殊原因，如自然灾害等造成的损失。企业遭受自然灾害所发生的损失，分为流动资产损失和固定资产损失。自然灾害所造成的固定资产毁损价值扣除残值后的净损失以及固定资产修复费用，经批准后列作营业外支出；自然灾害所造成的流动资产损失，包括被毁坏的流动资产的价值扣除废料残值后的数额、自然灾害造成的停工费用和善后清理费用，经批准后在营业外支出中列支。

（二）营业外支出的核算

营业外支出应当按照实际发生的数额进行核算。发生营业外支出时，在相对应的会计期间，应当冲减企业当期的利润总额。其具体会计分录如下：

①发生各种营业外支出时

借：营业外支出

　贷：银行存款

　　　固定资产清理

　　　待处理财产损溢

②期末结转到“本年利润”

借：本年利润

　贷：营业外支出

【例 8-4】20××年 11 月份，紫金象屿商贸股份有限公司发生如下营业外支出事项：

（1）将已经发生的固定资产意外灾害损失 50 000 元转账。

（2）以银行存款 10 000 元支付税款滞纳金。

（3）期末，将营业外收入 80 000 元、营业外支出 60 000 元转入本年利润。

根据上述资料，该商品流通企业会计处理如下：

借：营业外支出	60 000	
贷：固定资产清理		50 000
银行存款		10 000
借：营业外收入	80 000	
贷：本年利润		80 000
借：本年利润	60 000	
贷：营业外支出		60 000

四、利润结转的核算

商品流通企业应设置“本年利润”科目，用于核算企业本年度实现的利润（或亏损）总额。该科目的贷方登记期末转入的主营业务收入、公允价值变动损益、投资收益、营业外收入等，借方登记期末转入的主营业务成本、管理费用、销售费用、财务费用、资产减值损失、营业外支出、所得税费用等。结转以后，“本年利润”科目余额如在贷方，则表示本年度自年初至本期末累计实现的净利润；余额如在借方，则表示本年度自年初至本期末累计发生的净亏损。年度终了，应将所结算的本年实现的净利润（或净亏损）转入“利润分配”科目。年终结转后，本科目应无余额。

本年利润的结转方法有两种：账结法和表结法。

（一）账结法

账结法是通过编制记账凭证来完成损益结转工作的方法。采用账结法确定本年利润，应在期末将该期间各损益类科目的余额转入“本年利润”科目，通过“本年利润”科目计算出本期的利润总额或亏损总额。

结转收入类科目时，借记“主营业务收入”“其他业务收入”“投资收益”“公允价值变动损益”“营业外收入”等科目，贷记“本年利润”科目。

结转费用类科目时，借记“本年利润”科目，贷记“主营业务成本”“税金及附加”“其他业务成本”“销售费用”“管理费用”“财务费用”“资产减值损失”“投资收益”“公允价值变动损益”“营业外支出”“所得税费用”等科目。

结转后，期末各损益类科目应无余额。“本年利润”科目如为贷方余额，反映企业自年初至期末累计实现的净利润；如为借方余额，反映企业自年初至期末累计发生的净亏损。

账结法的优点是各月均可通过“本年利润”科目提供当期利润额，记账业务程序完整。但从实用角度讲，采用账结法编制结转损益分录的工作量较大。

【例 8-5】紫金象屿商贸股份有限公司的利润每月采用账结法核算。20××年 12 月 31 日，该公司转账前各损益类科目余额见表 8-1。

表 8-1　转账前各损益类科目余额　单位：元

科目	贷方余额	借方余额
主营业务收入	40 000 000	
其他业务收入	900 000	
投资收益	80 000	
营业外收入	20 000	
主营业务成本		32 000 000
税金及附加		500 000
其他业务成本		20 000
管理费用		3 200 000
销售费用		700 000
财务费用		300 000
资产减值损失		500 000
营业外支出		80 000

根据表 8-1 的资料，该公司月末应编制如下会计分录：

（1）结转收入类科目

借：主营业务收入　40 000 000
　　其他业务收入　900 000
　　投资收益　80 000
　　营业外收入　20 000
　贷：本年利润　41 000 000

（2）结转支出科目

借：本年利润	37 300 000	
贷：主营业务成本		32 000 000
税金及附加		500 000
其他业务成本		20 000
管理费用		3 200 000
销售费用		700 000
财务费用		300 000
资产减值损失		500 000
营业外支出		80 000

经过以上结转后，该公司 12 月份“本年利润”科目增加贷方余额 3 700 000 元（41 000 000−37 300 000），即 12 月份实现的利润总额。

（二）表结法

表结法是通过“利润表”来完成损益结转工作的方法。采用表结法，月末结账时各损益类科目的本期发生额不转入“本年利润”科目，通过“利润表”计算出从月初到月末的本年累计利润，然后减去上月月末本表中的本年累计利润，就是本月的利润或亏损。年终将各损益类科目的全年累计余额一次转入“本年利润”科目，同时结平各损益类科目。

需要说明的是，即使企业平时采用表结法确定其利润或亏损，但年终时仍需采用账结法，将损益类各科目的全年累计余额转入“本年利润”科目，在“本年利润”科目集中反映本年的全年利润及其构成情况。

任务四

所得税费用的核算

一、所得税费用的概述

商品流通企业所得税费用是对企业商品经营活动的所得征收的一种税负。它是企业的一项资产流出，是一项费用，在净利润中扣除。企业应交所得税额的计算公式为：

应交所得税额=应纳税所得额×所得税税率

应纳税所得额是在企业会计利润基础上调整确定的。其计算公式如下：

应纳税所得额=会计利润+纳税调整增加额−纳税调整减少额

其中：纳税调整增加额主要包括税法规定的允许扣除项目中，企业已计入当期费用但超过税法规定扣除标准的金额（如超过税法规定标准的工资支出、业务招待费支出），以及企业已计入当期损失但税法规定不允许扣除项目的金额（如税收滞纳金、罚款、罚金）。

纳税调整减少额主要包括按税法规定允许弥补的亏损和准予免税的项目，如前五年内的未弥补亏损和国债利息收入等。

二、科目设置

“所得税费用”科目核算企业确认的应从当期利润总额中扣除的所得税费用。

“递延所得税资产”科目核算企业确认的可抵扣暂时性差异产生的所得税资产。

“递延所得税负债”科目核算企业确认的应纳税暂时性差异产生的所得税负债。

三、所得税费用的确认与计量

利润表中的所得税费用由两部分组成：当期所得税和递延所得税。用公式表示为：

所得税费用=当期所得税+递延所得税

其中：

当期所得税=当期应交所得税=当期应纳税所得额×适用的所得税税率

$$\text{递延所得税}=\text{当期递延所得税负债的增加}+\text{当期递延所得税资产的减少}-\text{当期递延所得税负债的减少}-\text{当期递延所得税资产的增加}$$

【例 8-6】一项固定资产的账面价值为 200 万元，计税基础为 260 万元，形成可抵扣暂时性差异 60 万元，意味着企业在未来期间就该项资产可以在其自身取得经济利益的基础上多扣除 60 万元。从整体上来看，未来期间应纳税所得额会减少，如果所得税税率为 25%，应交所得税也会减少 15（60×25%）万元，应确认递延所得税资产 15 万元。

【例 8-7】紫金象屿商贸股份有限公司 20××年度按企业会计准则计算的税前会计利润为 2 000 万元，所得税税率为 25%。当年按税法规定应扣除的工资费用为 360 万元，该企业全年实发工资 400 万元。假定该企业全年无其他纳税调整因素，其递延所得税负债年初数为 40 万元，年末数为 50 万元，递延所得税资产年初数为 25 万元，年末数为 20 万元。

当期应交所得税税额=（2 000+（400−360））×25%=510（万元）

递延所得税费用=（50−40）−（20−25）=15（万元）

所得税费用=510+15=525（万元）

根据计算结果编制如下会计分录：

借：所得税费用	5 250 000	
贷：应交税费——应交所得税		5 100 000
递延所得税资产		50 000
递延所得税负债		100 000

四、年终净利润的结转

年终，企业按上述步骤和方法算出“本年利润”余额后，应将“本年利润”科目的最终余额（即净利润）转入“利润分配”科目。若为贷方余额，编制借记“本年利润”科目、贷记“利润分配——未分配利润”科目的会计分录；若为借方余额，则编制借记“利润分配——未分配利润”科目、贷记“本年利润”科目的会计分录。结转后，“本年利润”

科目应无余额，同时，将利润分配各项目转入未分配利润。

【例 8-8】资料承【例 8-7】，年末，将所得税费用转入本年利润。该企业应编制如下会计分录：

借：本年利润　　　　5 250 000

　贷：所得税费用　　　　5 250 000

任务五

利润分配的核算

一、利润分配的程序

通过企业的生产经营活动，投资者投入企业的资本不仅要保持原投资的完整性，而且要力求超出原投资的价值，即获得盈利。企业当期的利润总额扣除所得税后的净额为当期实现的净利润。

企业当年实现的净利润，加上年初未分配利润，即企业可供分配的利润。按照《中华人民共和国公司法》（以下简称《公司法》）的规定，商品流通企业税后的利润（即净利润），除国家另有规定外，应按下列顺序分配：①弥补企业以前年度亏损；②提取法定盈余公积金；③提取任意盈余公积金；④支付优先股股利；⑤支付普通股股利（或向投资者分配利润）。

二、盈余公积的核算

（一）盈余公积的性质和内容

盈余公积是指企业按照规定从净利润中提取的积累资金。获取盈利既是企业的经营目标，也是企业生存和发展的基础。一个企业取得盈利后，首先应当根据国家税法的规定按时足额地缴纳所得税，扣除所得税后的净利润，需要按照企业的章程、规定提取盈余公积。一般来说，商品流通企业出于以下原因，需要按规定或自愿提取盈余公积：①任何企业都不可以将获取的净利润一次性全部分配给股东，企业应根据生产发展的需要，按照一定的比例从净利润中提取相应的积累资金，用于满足企业进行扩大再生产的资金需要。②在面临激烈竞争的环境，企业经营也必然会随着市场的变化出现波动。有时，企业会受到各种因素的影响，经营不景气甚至严重亏损。提取盈余公积、建立储备资金，企业可以在必要时，通过动用这部分盈余公积来保证企业的正常生产经营，弥补企业经营中的亏损。③在企业没有净收益的会计期间内，保证发放一定数额的股利，以稳定股东的情绪并维护企业的形象。

盈余公积按取得方式和用途的不同，可分为法定盈余公积和任意盈余公积。

1. 法定盈余公积。它是指企业按照规定比例从净利润中提取的盈余公积。其所以称为“法定”，因为它是由我国《公司法》明确规定了的，所有企业均必须计提，只有当企业计提的盈余公积累计达到注册资本的50%时才可以不再提取。按照《公司法》的有关规定，公司制企业应当按照净利润（弥补以前年度亏损后，下同）的10%提取法定盈余公积；非公司制企业法定盈余公积的提取比例可超过净利润的10%。值得注意的是，在计算提取法定盈余公积的基数时，不应包括企业年初未分配利润。

2. 任意盈余公积。公司制企业可根据股东大会的决议提取任意盈余公积；非公司制企业经类似权力机构批准，也可提取任意盈余公积。提取任意盈余公积既不会使公司留存收益减少，也不会使其增加，其目的在于在获利较多的年度，多提公积，积蓄财力，以便用于发生特殊情况或亏损的年度，使各期股利水平不致差距过大。

法定盈余公积和任意盈余公积的区别在于：法定盈余公积的计提是按照国家有关法律、法规进行的，计提的标准也要符合有关规定；任意盈余公积是否计提、计提多少完全取决于公司股东大会的决定。

（二）盈余公积的用途

商品流通企业提取的盈余公积主要有以下几方面的用途：

1. 弥补亏损。根据有关法规的规定，商品流通企业发生亏损的，可以用发生亏损后5年内实现的税前利润来弥补，当发生的亏损在5年内仍不足以弥补的，应用随后实现的所得税税后利润弥补。通常，当企业发生的亏损用所得税税后的利润仍不足以弥补的，可以用所提取的盈余公积来加以弥补，但是，用盈余公积弥补亏损应当由董事会提议，经股东大会批准，或者由类似的机构批准。

2. 转增资本（股本）。当商品流通企业提取的盈余公积累积比较多时，可以将其转增资本（股本），但是必须经股东大会或类似机构批准，并按股东原有股份（或投资）比例结转，用盈余公积转增资本（股本）后，留存的盈余公积不得少于注册资本的25%。

3. 发放现金股利或利润。商品流通企业无利润的，原则上不得分配现金利润或股利。但当企业累积的盈余公积比较多，而未分配利润比较少时，为了维护企业形象，给投资者以合理的回报，符合规定条件的企业，也可以用盈余公积来派现。

三、盈余公积提取、使用的核算

（一）盈余公积提取的核算

商品流通企业应设置“盈余公积”科目，核算盈余公积提取和使用情况。该科目贷方登记企业提取盈余公积的数额；借方登记企业盈余公积使用的数额；期末贷方余额反映企业提取盈余公积的结余额。其明细账按盈余公积的种类设置。

商品流通企业按规定提取盈余公积时，应通过“利润分配”和“盈余公积”等科目处理。

【例8-9】紫金象屿商贸股份有限公司20××年实现净利润1 000万元，年初未分配利润为0。经股东大会批准，该企业按当年净利润的10%提取法定盈余公积。假定不考虑其他因素，编制如下会计分录：

本年提取盈余公积=1 000×10%=100（万元）

借：利润分配——提取法定盈余公积　　　　1 000 000

贷：盈余公积——法定盈余公积　　1 000 000

提取、使用任意盈余公积的会计处理，可参照法定盈余公积的相应办法进行。

（二）盈余公积使用的核算

1. 弥补亏损的核算。商品流通企业发生亏损的，应由企业自行弥补。弥补亏损的资金来源主要有三方面：一是用以后年度的税前利润弥补。按照规定，企业发生亏损，可以用以后年度实现的利润弥补，但弥补期限不得超过 5 年。二是用以后年度的税后利润弥补。超过了税法规定的税前利润弥补期限，未弥补的以前年度亏损可用所得税税后利润弥补。三是用盈余公积弥补。

商品流通企业用盈余公积弥补亏损时，借记“盈余公积”科目，贷记“利润分配——盈余公积转入”科目。

【例 8-10】紫金象屿商贸股份有限公司 20××年经营亏损 150 万元，经股东大会批准，用以前年度提取的盈余公积弥补当年的亏损。该企业应编制如下会计分录：

借：盈余公积——法定（或任意）盈余公积　　1 500 000

贷：利润分配——盈余公积转入　　1 500 000

2. 转增资本（或股本）的核算。经股东大会决议，商品流通企业可以将盈余公积转为资本（或股本）。在转增资本时，一是要先办理增资手续；二是要按股东原有股份比例结转，股份有限公司可采用发放新股等方法增加股本；三是转增后留存的盈余公积不得少于注册资本的 25%。用盈余公积转增资本，增加实收资本，减少盈余公积。

【例 8-11】紫金象屿商贸股份有限公司因扩大经营规模的需要，经股东大会批准，将盈余公积 35 万元转增股本。假定不考虑其他因素，编制如下会计分录：

借：盈余公积——法定（或任意）盈余公积　　350 000

贷：实收资本　　350 000

四、股利分派的核算

（一）股利的性质

股利是公司按股东所持有的股份比例分配给股东的留存收益。分配股利通常是在企业经营获利、具备一定的留存收益时，由公司董事会根据本公司营业展望及未来计划决定股利分发形式、金额和时间。

股份有限公司原则上应以累计盈利分派股利，无盈利不得分派股利，即坚持所谓“无利不分”的原则。但若公司用盈余公积抵补亏损以后，为维护其股票信誉，经股东大会特别决议，也可用盈余公积支付股利，不过这样支付股利后留存的法定盈余公积不得低于注册资本的 25%。

股利的支付方式有多种，常见的有现金股利和股票股利。

（二）股利分派的核算内容

1. 现金股利的核算。商品流通企业分派现金股利属于重大财务事项，何时分派、分派多少均应由董事会作出分配预案，经股东大会批准后，由公司正式宣告。一般来说，董事会和股东大会可根据企业是否有足额的可供分配利润、是否有较为充裕的营运资金等条件，决定是否发放现金股利。现金股利的宣告构成了公司对股东应履行的偿付责任，在现金股利发放完毕之前，此项流动负债不应解除。

经股东大会或类似机构决议，商品流通企业分配给股东或投资者的现金股利或利润，借记“利润分配——支付股利”科目，贷记“应付股利”科目。

【例 8-12】20××年 4 月 26 日，紫金象屿商贸股份有限公司公布上一年度利润分配实施公告：以上年年末公司总股本 9 500 万股为基数，向所有股东每 10 股派发 5 元现金红利（含税）。股权登记日为 20××年 7 月 15 日，除息日为 20××年 7 月 16 日，现金红利发放日为 20××年 7 月 20 日。该公司会计处理如下：

（1）股利宣布日

借：利润分配——支付股利　　47 500 000

　贷：应付股利　　47 500 000

（2）股权登记日和除息日，不作任何会计分录

（3）股利发放日

借：应付股利　　47 500 000

　贷：库存现金　　47 500 000

2. 股票股利的核算。股票股利是指公司以增发股票作为股利分配给股东，以替代现金股利或作为现金股利的补充。股票股利实质上是发行公司将其应分配给股东的盈利凝固化，即将留存收益转增资本。由于股票股利未涉及公司任何资产的分配，也未影响公司各股东权益的变动，并使公司在不增加现金支出的情况下按规定进行股利分配，因而对公司的发展起到了促进作用。股票股利有多种形式，其中以普通股股票分配给普通股股东最为常见。

经股东大会或类似机构决议，分配给股东的股票股利在办理增资手续后，借记“利润分配——转作股本的股利”科目，贷记“股本”科目。

任务六 未分配利润的核算

一、未分配利润的概念

未分配利润是指未进行分配的净利润。它属于企业所有者权益，是企业扩充生产经营规模、准备应对意外事项所需资金的来源。

商品流通企业在制订利润分配方案时，出于多方面的考虑，往往不能把净利润全部分配掉，于是形成了未分配利润。未分配利润有两层含义：一是这部分净利润没有分给企业投资者；二是这部分净利润未指定用途，企业可以随时支配使用。在数量上，未分配利润是期初未分配利润，加上本期实现的净利润，减去提取的各种盈余公积和已分配利润的余额。

二、未分配利润形成的核算

①年度终了结转“本年利润”

盈利：

借：本年利润

　贷：利润分配——未分配利润

亏损：

借：利润分配——未分配利润

　贷：本年利润

②分配利润（按股东大会批准的分配方案）

借：利润分配——提取法定盈余公积

　　　　　　——提取任意盈余公积

　　　　　　——应付现金股利或利润

　贷：盈余公积

　　　应付股利

③年度终了结转利润分配明细

借：利润分配——未分配利润

　贷：利润分配——提取法定盈余公积

　　　　　　　——提取任意盈余公积

　　　　　　　——应付现金股利或利润

【例 8-13】20××年紫金象屿商贸股份有限公司全年实现净利润 1 000 万元，按 10%提取法定盈余公积，并分配给投资者利润 500 万元。该企业应编制如下会计分录：

①结转当年实现的净利润

借：本年利润	10 000 000	
贷：利润分配——未分配利润		10 000 000

②提取法定盈余公积及分配利润

借：利润分配——提取法定盈余公积	1 000 000	
——应付现金股利或利润	5 000 000	
贷：盈余公积		1 000 000
应付股利		5 000 000

③年度终了结转利润分配明细

借：利润分配——未分配利润	6 000 000	
贷：利润分配——提取法定盈余公积		1 000 000
——应付现金股利或利润		5 000 000

项目总结

在本项目中，我们了解了商品流通企业利润总额的构成，系统学习了商品流通企业净利润、所得税、利润分配的会计核算。通过各项工作任务的实施，可以了解到，要做好商品流通企业的报表工作，应当熟练掌握本项目的各项任务内容。

项目测试

一、单项选择题

1. 盈余公积转增资本（股本）后，留存的盈余公积不得少于注册资本的（　　）。

8-1

扫码看答案

A.10%　　B.15%　　C.20%　　D.25%

2. 法定盈余公积按照税后利润提取的比例是（　　）。

A.10%　　B.15%　　C.20%　　D.25%

3. 商品流通企业的主营收入是（　　）。

A. 销售收入　　B. 投资收入　　C. 保险公司赔偿　　D. 政府补贴

二、多项选择题

1. 商品流通企业的利润一般包括（　　）。

8-2

扫码看答案

A. 营业利润　　B. 利润总额

C. 净利润　　D. 投资收益

2. 商品流通企业的期间费用具体包括（　　）。

A. 销售费用　　B. 管理费用

C. 财务费用　　D. 制造费用

3. 企业营业外收入主要包括（　　）。

A. 债务重组收入　　B. 罚没收入　　C. 捐赠收入　　D. 保险公司赔偿

4. 企业营业外支出主要包括（　　）。

A. 债务重组损失　　B. 盘亏损失　　C. 捐赠支出　　D. 非正常损失

5. 企业当年实现的净利润可用于（　　）。

A. 弥补企业以前年度亏损　　B. 提取法定盈余公积

C. 支付优先股股利　　D. 提取任意盈余公积

三、判断题

1. 商品流通企业利润总额由营业利润和营业外收支净额组成。（　　）

8-3

扫码看答案

2. 材料销售收入、固定资产出租收入、包装物出租收入、减免税收入等都属于其他业务收入。（　　）

3. 营业外收入包括处置非流动资产收入、债务重组收入、罚没收入、捐赠收入、保险赔偿收入、盘盈收入。（　　）

4.“递延所得税负债”科目核算企业确认的可抵扣暂时性差异产生的所得税负债。（　　）

5. 盈余公积按取得方式和用途的不同，可分为法定盈余公积和任意盈余公积。（　　）

四、综合实务操作

8-4

扫码看答案

根据下列经济业务编制会计分录（单位：元）。

海通商贸公司第四季度发生下列经济业务：

1. 销售商品取得销售收入 200 万元，增值税税额 26 万元，均已存入银行；结转销售成本 150 万元，应交城市维护建设税 1.3 万元，应交教育费附加 0.13 万元，应交地方教育附加 0.065 万元。

2. 出售一批闲置的包装箱，价款 5 万元，增值税税额 0.65 万元，款项已收到并存入银行，该包装箱的账面价值为 4 万元。

3. 转让持有的短期投资而取得款项 20 万元，款项已收到，该款项的账面价值为 15 万元。

4. 获得国家相关补助 5 万元，已存入银行。

5. 固定资产盘亏 2 台设备，账面价值 3 万元，经批准作营业外支出处理。

6. 收到合作单位的合同违约罚款 0.85 万元。

7. 结转相关期间费用、收入、成本，其中 12 月份管理费用借方发生额 15 万元，销售费用借方发生额 35 万元，财务费用借方发生额 3 万元。

8. 计算所得税费用，并结转入本期利润（该公司属于小型微利企业，其所得减按 25% 计入应纳税所得额，按 20% 的税率缴纳企业所得税）。

9. 按净利润的 10% 提取法定盈余公积。

10. 按净利润的 50% 向普通股投资者分派现金股利。

11. 将“利润分配”各明细账户余额结转入未分配利润。

项目九 财务报表

9

任务一

财务报表的概述

一、财务会计报告的体系

（一）财务会计报告的概念

财务会计报告是指商品流通企业对外提供的反映企业某一特定日期的财务状况和某一会计期间的经营成果、现金流量等会计信息的文件。编制财务会计报告的目标，是向财务会计报告使用者提供与企业财务状况、经营成果和现金流量等有关的会计信息，反映企业管理层受托责任的履行情况，有助于财务会计报告使用者作出经济决策。

（二）财务会计报告的内容

商品流通企业的财务会计报告包括会计报表及其附注和其他应当在财务会计报告中披露的相关信息和资料。其中会计报表包括资产负债表、利润表、所有者权益（或股东权益）变动表、现金流量表。各种财务会计报表之间的关系，如图 9-1 所示。

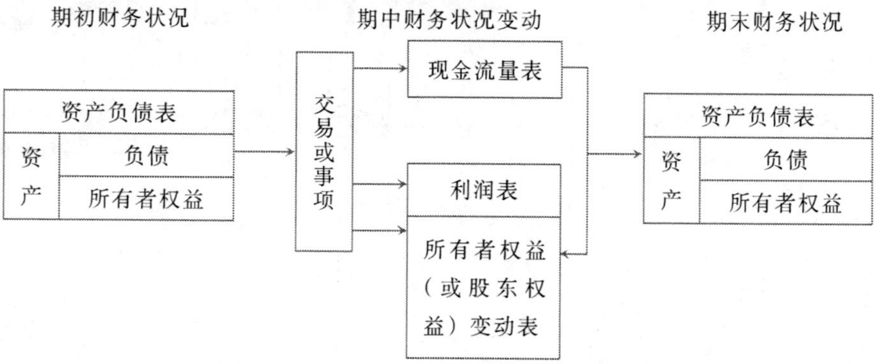

图 9-1 各种财务会计报表之间的关系

二、财务会计报告的编报要求

为了确保财务会计报告的质量，商品流通企业编制财务会计报告时应当以持续经营为基础，考虑报表项目的重要性和不同会计期间会计信息的一致性，报表中所涉及的资产项目和负债项目的金额、收入项目和费用项目的金额在列报时不能相互抵销（但满足抵销条件的除外）而以总额列报。当期报表的列报，至少应当提供所有列报项目上一个可比会计期间的比较数据。除以上基本要求外，财务会计报告的编报还应满足下列 5 点要求：

1. 数字真实。企业应当根据真实的交易、事项及会计账簿记录等资料填列报表项目，不得虚报或隐瞒。

2. 内容完整。企业应当按照完整的会计账簿记录等资料填列报表项目，不得漏报或任意取舍。

3. 计算准确。企业应当按照核对无误的会计账簿记录等资料分析、计算准确后填列报表项目，报表之间、报表各项目之间应保持一定的钩稽关系。

4. 说明清楚。报表附注和财务情况说明书应当按照会计法规的规定，对报表中需要说明的事项作出真实、完整、清楚的说明，以便报表使用者理解。

5. 编报及时。财务会计报告应当在规定的时间内编报。

任务二 资产负债表

一、资产负债表的概念

资产负债表是反映企业某一特定日期财务状况的会计报表。它主要提供如下会计信息：①企业的资产总额及其结构；②企业的负债总额及其结构；③企业的所有者（或股东）权益总额及其结构。

利用资产负债表的有关数据，可以分析企业的资产结构、营运能力、偿债能力、保值增值和每股净资产等指标。

二、资产负债表的结构

商品流通企业资产负债表由表首和基本主体组成。

（一）表首

表首，包括报表名称、编制单位、编制日期、编制编号、货币名称和计量单位等内容。

（二）基本主体

基本主体，是资产负债表的核心内容。它的格式可分为“账户式”和“报告式”，分项列明企业的资产、负债和所有者权益。我国资产负债表采用“账户式”格式。

所谓“账户式”资产负债表，是指报表以左右排列成“T”字形科目基本结构的形式，反映资产、负债和所有者权益的基本状况。资产项目列明在报表的左方，负债和所有者权益项目列明在报表的右方，左方资产总额等于右方负债和所有者权益总额之和。“账户式”资产负债表的简明格式，见表 9-1。

表 9-1 “账户式”资产负债表的简明格式

资产	负债和所有者权益
流动资产 ×××	流动负债 ×××
非流动资产 ×××	非流动负债 ×××
资产总计 ×××	负债和所有者权益总计 ×××

根据财务会计报告列报准则的规定，商品流通企业资产负债表还就各项目再分为“上年年末余额”和“期末余额”两栏，以反映和比较不同时期资产、负债和所有者权益增减变化的状况。

商品流通企业的资产负债表采用科目式结构，为适应会计报表使用者的需要，根据各项资产、负债、所有者权益在经营中的作用以及管理要求分类排列，以便取得经营管理所需的资料。

1.“资产”方。资产负债表的“资产”方分为流动资产和非流动资产。

（1）流动资产。它是指可以在一年或者超过一年的一个营业周期内变现或者耗用的资产。资产满足下列条件之一的，应当归类为流动资产：①预计在一个正常营业周期中变现、出售或耗用；②主要为交易目的而持有；③预计自资产负债表日起一年内（含一年，下同）变现；④自资产负债表日起一年内，交换其他资产或清偿负债的能力不受限制的现金或现金等价物。

资产负债表中列示的流动资产项目通常包括货币资金、交易性金融资产、应收票据、应收账款、预付款项、应收利息、应收股利、其他应收款、存货和一年内到期的非流动资产等。流动资产各项目按流动性和变现能力的大小依次排列。流动性及变现能力较强的资产项目排列在先，流动性及变现能力较弱的资产项目排列在后。

由于流动资产在企业经营活动中不断周转，直接影响企业的经营活动，所以在资产方排为第一类。

（2）非流动资产。它是指流动资产以外的资产。资产负债表中列示的非流动资产项目通常包括长期股权投资、固定资产、在建工程、工程物资、固定资产清理、无形资产、开发支出、长期待摊费用以及其他非流动资产等。

2.“负债和所有者权益”方。资产负债表的“负债和所有者权益”方可分为以下三个类别：

（1）流动负债。它是指需在一年或者超过一年的一个营业周期内偿还的债务。负债满足下列条件之一的，应当归类为流动负债：①预计在一个正常营业周期内清偿；②主要为交易目的而持有；③自资产负债表日起一年内到期应予以清偿；④企业无权自主地将清偿期限推迟至资产负债表日后一年以上。

资产负债表中列示的流动负债项目通常包括短期借款、应付票据、应付账款、预收款项、应付职工薪酬、应交税费、其他应付款、一年内到期的非流动负债等。流动负债是在债权人提出要求时，或预期在资产负债表日后一年内需要清偿的债务。

（2）非流动负债。它是指偿还期在一年或者超过一年的一个营业周期以上的债务。非流动负债项目通常包括长期借款、应付债券、长期应付款、专项应付款、预计负债、递延所得税负债以及其他非流动负债等。

（3）所有者权益。它是指企业资产扣除负债后的剩余权益，反映企业在某一特定日期股东（投资者）拥有的净资产的总额。所有者权益项目通常包括实收资本、资本公积、盈余公积和未分配利润等。

资产负债表“负债和所有者权益”方中的项目是按照需要偿还出资额的先后顺序排列

的。流动负债需要在一年内或一个营业周期内偿还，排在最前面；所有者权益只有在企业解散时才需要偿还，排在最后。负债部分也是按照债务清偿的缓急排列的，先流动负债，后长期负债。

在资产负债表中，资产各项目上年年末总计数和期末总计数，应分别与负债和所有者权益方各项目上年年末总计数和期末总计数相等。

三、资产负债表的编制方法

（一）“上年年末余额”的填列方法

“上年年末余额”栏内各项目数字，应根据上年末资产负债表“期末余额”栏内所列数字填列。如果本年度资产负债表规定的各个项目的名称和内容同上年度不相一致，应对上年年末资产负债表各项目的名称和数字按本年度的规定进行调整，按调整后的数字填入本表“上年年末余额”栏内。

（二）“期末余额”的填列方法

资产负债表“期末余额”的填列方法如下：

1. 根据总账科目余额直接填列。例如，交易性金融资产、固定资产清理、长期待摊费用、递延所得税资产、短期借款、交易性金融负债、应付票据、应付职工薪酬、应交税费、递延所得税负债、实收资本、资本公积、库存股、盈余公积等项目，应当根据相关总账科目的余额直接填列。

2. 根据几个总账科目的余额计算填列。例如，“货币资金”项目，应当根据“库存现金”“银行存款”“其他货币资金”等科目的期末余额合计填列。

3. 根据有关明细科目的余额计算填列。例如，“应付账款”项目，应当根据“应付账款”“预收账款”等科目的所属明细科目期末贷方余额合计填列。

4. 根据总账科目和明细科目的余额分析计算填列。例如，“长期应收款”项目，应当根据“长期应收款”总账科目余额，减去“未实现融资收益”总账科目余额，再减去所属相关明细科目中将于一年内到期的部分填列；“长期借款”项目，应当根据“长期借款”总账科目余额扣除“长期借款”科目所属明细科目中将于一年内到期的部分填列；“应付债券”项目，应当根据“应付债券”总账科目余额扣除“应付债券”科目所属明细科目中将于一年内到期的部分填列；“长期应付款”项目，应当根据“长期应付款”总账科目余额，减去“未确认融资费用”总账科目余额，再减去所属相关明细科目中将于一年内到期的部分填列。

5. 根据总账科目与其备抵科目抵消后的净额填列。例如，“存货”项目，应当根据“在途物资”“库存商品”“发出商品”“周转材料”等科目的期末余额，减去“存货跌价准备”科目期末余额后的金额填列；“债权投资”项目，应当根据“债权投资”科目的期末余额，减去“债权投资减值准备”科目期末余额后的金额填列；“固定资产”项目，应当根据“固定资产”科目的期末余额，减去“累计折旧”“固定资产减值准备”等科目期末余额后的金额填列。

【例 9-1】紫金象屿商贸股份有限公司 20××年度发生的经济业务及编制的会计分录如下：

（1）购入库存商品一批，进价 150 000 元，增值税税额为 19 500 元，该商品售价为 180 000 元，款项以银行存款支付，商品已验收入库。编制会计分录如下：

借：在途物资——××公司	150 000	
应交税费——应交增值税（进项税额）	19 500	
贷：银行存款		169 500
借：库存商品——××商品	180 000	
贷：在途物资——××公司		150 000
商品进销差价		30 000

（2）长期借款发生利息费用 75 000 元。按借款费用资本化的规定，计算出某工程应负担的长期借款利息为 30 000 元，记入财务费用的利息费用为 45 000 元，利息尚未支付。编制会计分录如下：

借：在建工程——××工程	30 000	
财务费用	45 000	
贷：长期借款		75 000

（3）出售交易性金融资产获得价款 300 000 元，确认投资收益 150 000 元，价款已存入银行。交易性金融资产中成本为 140 000 元，公允价值变动 10 000 元。编制会计分录如下：

借：银行存款	300 000	
贷：交易性金融资产——成本		140 000
——公允价值变动		10 000
投资收益		150 000

同时：

借：公允价值变动损益	10 000	
贷：投资收益		10 000

（4）购入食品制冷设备一台，价款 450 000 元（不考虑增值税），全部款项均已用银行存款支付，设备直接交付使用。编制会计分录如下：

借：固定资产	450 000	
贷：银行存款		450 000

（5）假定该企业按年计提折旧，本年计提固定资产折旧 225 000 元。其中，计入销售费用的厂房及设备折旧 150 000 元，计入管理费用的办公用房及设备折旧 75 000 元。编制会计分录如下：

借：销售费用	150 000	
管理费用	75 000	
贷：累计折旧		225 000

（6）实际发放职工工资 300 000 元，并将其分配记入相关成本费用项目（其中：记入销售费用的人员工资为 150 000 元，记入管理费用的人员工资为 75 000 元，记入在建工程的人员工资为 75 000 元）。编制会计分录如下：

借：销售费用　　150 000

　　管理费用　　75 000

　　在建工程　　75 000

　贷：应付职工薪酬　　300 000

借：应付职工薪酬　　300 000

　贷：库存现金　　300 000

（7）本年销售商品收入 1 500 000 元，应收取的增值税税额为 195 000 元。其中货款 750 000 元、增值税税额 97 500 元为现款结算，余款尚未收取；同时，结转商品销售成本。编制会计分录如下：

借：银行存款　　847 500

　　应收账款　　847 500

　贷：主营业务收入　　1 500 000

　　　应交税费——应交增值税（销项税额）　　195 000

借：主营业务成本　　1 500 000

　贷：库存商品　　1 500 000

（8）结转已销售商品实现的进销差价为 900 000 元。编制会计分录如下：

借：商品进销差价　　900 000

　贷：主营业务成本　　900 000

（9）计算利润总额，计提并缴纳所得税（假定无递延所得税）。编制会计分录如下：

利润总额=1 500 000+160 000-（600 000+300 000+150 000+45 000+10 000）=555 000（元）

计提应交所得税=555 000×25%=138 750（元）

借：所得税费用　　138 750

　贷：应交税费——应交所得税　　138 750

交纳税款：

借：应交税费——应交所得税　　138 750

　贷：银行存款　　138 750

（10）将各收支科目转入“本年利润”科目。编制会计分录如下：

借：主营业务收入　　1 500 000

　　投资收益　　160 000

　贷：本年利润　　1 660 000

借：本年利润　　1 243 750

　贷：主营业务成本　　600 000

　　　销售费用　　300 000

　　　管理费用　　150 000

　　　财务费用　　45 000

　　　公允价值变动损益　　10 000

　　　所得税费用　　138 750

（11）分别按净利润的10%、5%提取法定盈余公积和任意盈余公积。编制会计分录如下：

借：利润分配——提取法定盈余公积　　41 625
　　　　　　——提取任意盈余公积　　20 812.50
　贷：盈余公积　　62 437.50

（12）将“本年利润”科目余额转入“利润分配——未分配利润”科目。编制会计分录如下：

借：本年利润　　416 250
　贷：利润分配——未分配利润　　416 250

（13）将“利润分配”科目中已分配的利润转入“利润分配——未分配利润”科目。编制会计分录如下：

借：利润分配——未分配利润　　62 437.50
　贷：利润分配——提取法定盈余公积　　41 625
　　　　　　　——提取任意盈余公积　　20 812.50

（14）以银行存款偿还长期借款25 000元。编制会计分录如下：

借：长期借款　　25 000
　贷：银行存款　　25 000

根据上述经济业务登记账簿（略），编制“资产负债表”（见表9-2）、“利润表”、“现金流量表”和“所有者权益变动表”。

表9-2　　资产负债表　　会企01表

编制单位：紫金象屿商贸股份有限公司　　20××年12月31日　　单位：元

资产	期末余额	上年年末余额	负债和所有者权益（或股东权益）	期末余额	上年年末余额
流动资产：			流动负债：		
货币资金	364 250	300 000	短期借款	20 000	20 000
交易性金融资产	0	150 000	交易性金融负债	0	0
应收票据	60 000	60 000	应付票据	0	0
应收账款	1 147 500	300 000	应付账款	30 000	30 000
预付款项	40 000	40 000	预收款项	35 000	35 000
应收利息	0	0	应付职工薪酬	5 000	5 000
应收股利	0	0	应交税费	475 500	300 000
其他应收款	0	0	其他应付款	10 000	10 000

续表

资产	期末余额	上年年末余额	负债和所有者权益（或股东权益）	期末余额	上年年末余额
存货	2 150 000	2 600 000	一年内到期的非流动负债	0	0
一年内到期的非流动资产	0	0	其他流动负债	0	0
其他流动资产	0	0	流动负债合计	575 500	400 000
流动资产合计	3 761 750	3 450 000	非流动负债：		
非流动资产：			长期借款	1 100 000	1 050 000
债权投资	0	0	应付债券	0	0
其他债权投资	0	0	长期应付款	0	0
长期应收款	0	0	专项应付款	0	0
长期股权投资	0	0	预计负债	0	0
投资性房地产	0	0	递延所得税负债	0	0
固定资产	975 000	750 000	其他非流动负债	0	0
在建工程	855 000	750 000	非流动负债合计	1 100 000	1 050 000
工程物资	0	0	负债合计	1 675 500	1 450 000
固定资产清理	0	0	所有者权益（或股东权益）:		
生产性生物资产	0	0	实收资本（或股本）	1 900 000	1 900 000
油气资产	0	0	资本公积	0	0
无形资产	0	0	减：库存股	0	0
开发支出	0	0	盈余公积	662 437.50	600 000
商誉	0	0	未分配利润	1 353 812.50	1 000 000
长期待摊费用	0	0	所有者权益（或股东权益）合计	3 916 250	3 500 000
递延所得税资产	0	0			
其他非流动资产	0	0			
非流动资产合计	1 830 000	1 500 000			
资产总计	5 591 750	4 950 000	负债和所有者权益（或股东权益）总计	5 591 750	4 950 000

任务三

利润表

一、利润表的概念

利润表又称损益表，是反映企业一定会计期间经营成果的报表。它主要提供如下会计信息：①营业收入情况；②营业成本、税金及附加、期间费用等情况；③投资损益情况；④直接计入当期损益的利得和损失情况；⑤所得税费用情况；⑥净利润情况。

利用利润表的有关数据，可以分析企业的获利能力、发展能力及销售利润率、成本费用利润率等指标。

二、利润表的结构

利润表的结构分单步式和多步式两种。我国的利润表采用多步式结构。

利润表包括表首、表体两部分。采用多步式结构的利润表，根据“收入-费用=利润”的公式编制而成，按营业收入、营业利润、利润总额和净利润分步计算列示。多步式利润表见表 9-3。

表 9-3　　　　利润表　　　　会企 02 表

编制单位：紫金象屿商贸股份有限公司　　20××年度　　单位：元

项目	行次	本期金额	上期金额
一、营业收入	1	1 500 000	
减：营业成本	2	600 000	
税金及附加	3	0	
销售费用	4	300 000	
管理费用	5	150 000	
财务费用	6	45 000	
加：投资收益（损失以“-”号填列）	7	-10 000	
其中：对联营企业和合营企业的投资收益	8	160 000	
公允价值变动收益（损失以“-”号填列）	9	0	
资产减值损失（损失以“-”号填列）	10	0	
二、营业利润（亏损以“-”号填列）	11	555 000	
加：营业外收入	12	0	
减：营业外支出	13	0	
其中：非流动资产处置净损失	14	0	
三、利润总额（亏损以“-”号填列）	15	555 000	
减：所得税费用	16	138 750	
四、净利润（净亏损以“-”号填列）	17	416 250	
五、每股收益	18	略	
（一）基本每股收益	19		
（二）稀释每股收益	20		

三、利润表的编制方法

（一）利润表中“本期金额”“上期金额”栏的填列方法

（1）“本期金额”栏反映各项目的本期实际发生数，应根据损益类账户的本期发生额分析填列。

（2）“上期金额”栏反映各项目上年同期利润表中的“本期金额”，应根据上年同期利润表“本期金额”栏内的所列数字填列。

（二）利润表中各项目的填列方法

利润表中的各项目主要根据各损益类账户的本期发生额分析填列。

（1）“营业收入”项目，应根据“主营业务收入”和“其他业务收入”账户的发生额分析填列。

（2）“营业成本”项目，应根据“主营业务成本”和“其他业务成本”账户的发生额分析填列。

（3）“税金及附加”项目，应根据“税金及附加”账户的发生额分析填列。

（4）“销售费用”项目，应根据“销售费用”账户的发生额分析填列。

（5）“管理费用”项目，应根据“管理费用”账户的发生额分析填列。

（6）“财务费用”项目，应根据“财务费用”账户的发生额分析填列。

（7）“投资收益”项目，应根据“投资收益”账户的发生额分析填列。如为投资损失，以“-”号填列。

（8）“公允价值变动收益”项目，应根据“公允价值变动收益”账户的发生额分析填列。如为净损失，以“-”号填列。

（9）“资产减值损失”项目，应根据“资产减值损失”账户的发生额分析填列。如为损失，以“-”号填列。

（10）“营业利润”项目，应根据“营业利润”账户的发生额分析填列。如为亏损，以“-”号填列。

（11）“营业外收入”项目，应根据“营业外收入”账户的发生额分析填列。

（12）“营业外支出”项目，应根据“营业外支出”账户的发生额分析填列。

（13）“利润总额”项目，反映企业实现的利润总额。如为亏损，以“-”号填列。

（14）“所得税费用”项目，应根据“所得税费用”账户的发生额分析填列。

（15）“净利润”项目，反映企业实现的净利润。如为亏损，以“-”号填列。

（16）基本每股收益：归属于普通股股东的当期净利润÷当期发行在外的普通股的算术加权平均数。

（17）稀释每股收益，是指以基本每股收益为基础，假设企业所有发行在外的稀释性潜在普通股均已转换为普通股，从而分别调整归属于普通股股东的当期净利润以及以发行在外的普通股的加权平均数计算确定的每股收益。

任务四

现金流量表

一、现金流量表的概念

现金流量表是反映企业在一定会计期间现金和现金等价物流入与流出情况的会计报表。它是以现金为基础（收付实现制）编制的。

现金流量表的作用，具体体现在以下三方面：①有助于评价企业的支付能力、偿债能力和周转能力；②有助于预测企业未来的现金流量；③有助于分析企业的收益质量及影响现金净流量的因素。

现金是指企业库存现金以及可以随时用于支付的存款和现金等价物。

二、现金流量的分类

现金流量是指一定会计期间企业现金和现金等价物流入和流出的数量。按企业业务活动的性质，现金流量可分为三类：

（一）经营活动产生的现金流量

经营活动产生的现金流量是指销售商品或提供劳务、购买商品或接受劳务、收到返还的税费、支付工资、支付各项税费等活动产生的现金流量。

（二）投资活动产生的现金流量

投资活动产生的现金流量是指取得和收回投资、处置固定资产和无形资产、处置子公司及其他营业单位的现金净额、购建固定资产和无形资产、投资支付的现金等活动产生的现金流量。

（三）筹资活动产生的现金流量

筹资活动产生的现金流量是指发行股票或接受投入资本、分派现金股利、取得和偿还银行借款、发行股票和偿还公司债务等活动产生的现金流量。

三、现金流量表的结构

商品流通企业现金流量表分正表和附注两部分。

（一）正表

商品流通企业现金流量表正表采用报告式结构，包括六项内容。其中：经营活动产生的现金流量、投资活动产生的现金流量、筹资活动产生的现金流量这三项是正表的核心内容，分别反映经营活动、投资活动和筹资活动的“现金流入”“现金流出”“现金流量净额”；还有三项是汇率变动对现金及现金等价物的影响、现金及现金等价物净增加额和期末现金及现金等价物余额。

（二）附注

商品流通企业现金流量表的附注一般包括三部分内容：补充资料、取得或处置子公司及其他营业单位的现金净额情况、现金及现金等价物情况。

四、现金流量表的编制方法

现金流量表正表的编制方法一般有工作底稿法、T形账户法、公式计算法和多栏式现金日记账法。其中，工作底稿法适用于大型商贸企业，公式计算法和多栏式现金日记账法适用于中小型商贸企业。

经营活动产生的现金流量的列报方法有两种：直接法和间接法。

我国现金流量表正表中的“经营活动产生的现金流量”采用直接法填列。附注的补充资料中的“将净利润调节为经营活动的现金流量”采用间接法填列。

（一）“经营活动产生的现金流量”各项目的内容和计算公式

1.“销售商品、提供劳务收到的现金”项目。该项目的计算公式为：

销售商品、提供劳务收到的现金=当期销售商品、提供劳务收到的现金+当期收到前期的应收账款和应收票据+当期预收账款−当期销售退回而支付的现金+当期收回前期核销的坏账损失

或

销售商品、提供劳务收到的现金=（“主营业务收入”净额+“其他业务收入”中销售材料的部分）×（1+增值税税率）+（应收账款期初余额−期末余额）+应收票据（期初余额−期末余额）+预收账款（期末余额−期初余额）+当期收回前期核销的坏账损失−当期核销坏账而减少的应收账款−当期以非现金资产清偿债务而减少的应收账款和应收票据−应收票据贴现利息

2.“购买商品、接受劳务支付的现金”项目。该项目的计算公式为：

购买商品、接受劳务支付的现金=当期购买商品、接受劳务支付的现金+当期支付前期的应付账款和应付票据+当期预付账款−当期因购货退回收到的现金

或

购买商品、接受劳务支付的现金=（“主营业务成本”+“其他业务成本”中销售材料的成本）+应交增值税进项税额（仅指付现金部分）−存货（期初余额−期末余额）+应付账款（期初余额−期末余额）+应付票据（期初余额−期末余额）+预付账款（期末余额−期初余额）−当期购货退回收到的现金−当期以非现金资产清偿债务而减少的应付账款和应付票据−当期以债务转为资本而减少的应付账款和应付票据

3.“支付给职工以及为职工支付的现金”项目。该项目的计算公式为：

支付给职工以及为职工支付的现金=管理费用、销售费用中的应付职工薪酬等费用+应付职工薪酬（期初余额−期末余额）−应付职工薪酬（在建工程、无形资产明细（期初余额−期末余额））+其他应收款（代垫款项明细（期末余额−期初余额））等

4.“支付的各项税费”项目。该项目的计算公式为：

$$\frac{支付的}{各项税费}=\frac{所得税}{费用}+\frac{税金及}{附加}+\frac{计入管理费用、存货、}{其他业务成本等的税费}+\frac{交纳的}{增值税}+\frac{除增值税外的}{应交税费}\left(\frac{期初}{余额}-\frac{期末}{余额}\right)$$

（二）“投资活动产生的现金流量”各项目的内容和填列方法

1.“收回投资所收到的现金”项目，反映收回除现金等价物以外的投资而收到的现金，不包括长期债权投资收回的利息以及非现金资产。本项目可以根据“库存现金”“银行存款”“交易性金融资产”“债权投资”“长期股权投资”等科目的记录分析填列。

2.“取得投资收益所收到的现金”项目，反映商品流通企业因投资而取得的现金股利、利息以及分派利润收到的现金，不包括股票股利。本项目可以根据“投资收益”“应收股利”“应收利息”“库存现金”“银行存款”等科目的记录分析填列。

3.“处置固定资产、无形资产和其他长期资产所收回的现金净额”项目，反映商品流通企业处置上述资产所取得的现金，减去为处置这些资产而支付的有关费用后的净额。因自然灾害造成的固定资产等长期资产损失而收到的保险赔偿收入，也在本项目反映。本项目可以根据“固定资产清理”“库存现金”“银行存款”等科目的记录分析填列。

4.“收到的其他与投资活动有关的现金”项目，反映商品流通企业除了上述各项目以外，收到的其他与投资活动有关的现金。本项目可以根据“库存现金”“银行存款”和其他有关科目的记录分析填列。

5.“购建固定资产、无形资产和其他长期资产所支付的现金”项目，反映企业购买、建造固定资产、取得无形资产和其他长期资产支付的现金。本项目可以根据“固定资产”“无形资产”“专项工程支出”“库存现金”“银行存款”“其他货币资金”等科目的记录分析填列。为购建固定资产而发生的借款利息资本化的部分，以及融资租入固定资产支付的租赁费，在筹资活动产生的现金流量中反映。

6.“投资支付的现金”项目，反映商品流通企业进行除现金等价物以外的权益性投资和债权性投资所支付的现金。本项目可以根据“交易性金融资产”“长期股权投资”“债权投资”“库存现金”“银行存款”等科目的记录分析填列。

7.“支付其他与投资活动有关的现金”项目，反映商品流通企业除了上述各项目外，支付的其他与投资活动有关的现金流出。本项目可以根据有关科目的记录分析填列。

商品流通企业购买股票和债券时，实际支付的价款中包含的已宣告但尚未领取的现金股利或已到付息期但尚未领取的债券利息，应在投资活动的“支付其他与投资活动有关的现金”项目反映；收回购买股票和债券时支付的已宣告但尚未领取的现金股利或已到付息期但尚未领取的债券利息，在投资活动的“收到其他与投资活动有关的现金”项目反映。

（三）“筹资活动产生的现金流量”各项目的内容和填列方法

1.“吸收投资收到的现金”项目，反映商品流通企业收到的投资者投入的现金，包括以发行股票、债券等方式筹集资金实际收到的款项净额（发行收入减去支付的佣金等发行费用后的净额）。以发行股票、债券等方式筹集资金而由商品流通企业直接支付的审计、咨询等费用，在“支付其他与筹资活动有关的现金”项目反映，不从本项目内扣除。本项目可以根据“实收资本（或股本）”“库存现金”“银行存款”等科目的记录分析填列。

2.“取得借款收到的现金”项目，反映商品流通企业举借各种短期、长期借款所收到的现金。本项目可以根据“短期借款”“长期借款”“应付债券”“库存现金”“银行存款”等科目的记录分析填列。

3.“收到其他与筹资活动有关的现金”项目，反映商品流通企业除上述各项目外，收到的其他与筹资活动有关的现金，如接受现金捐赠等。本项目可以根据有关科目的记录分析填列。

4.“偿还债务所支付的现金”项目，反映商品流通企业以现金偿还债务的本金。本项目可以根据“短期借款”“长期借款”“应付债券”“库存现金”“银行存款”等科目的记录分析填列。商品流通企业偿还的借款利息、债券利息，在“分配股利、利润或偿付利息支付的现金”项目反映。

5.“分配股利、利润或偿付利息支付的现金”项目，反映商品流通企业实际支付的现金股利，支付给其他投资单位的利润以及支付的借款利息、债券利息等。本项目可以根据“应付股利”“财务费用”“长期借款”“库存现金”“银行存款”等科目的记录分析填列。

6.“支付其他与筹资活动有关的现金”项目，反映商品流通企业除了上述各项目外，支付的其他与筹资活动有关的现金，如捐赠现金支出、融资租入固定资产支付的租赁费等。本项目可以根据有关科目的记录分析填列。

（四）“汇率变动对现金及现金等价物的影响额”项目的填列方法

“汇率变动对现金及现金等价物的影响额”项目，反映商品流通企业外币现金流量及境外子公司的现金流量折算为人民币时，所采用的按现金流量发生日的汇率或平均汇率折算的人民币金额与“现金及现金等价物净增加额”中外币现金净增加额按期末汇率折算的人民币金额之间的差额。

五、现金流量表的编制实例

【例 9-2】资料承【例 9-1】，采用分析填列法，该公司编制现金流量表，见表 9-4。

表 9-4　　现金流量表　　会企 03 表

编制单位：紫金象屿商贸股份有限公司　　20××年度　　单位：元

项目	本期金额	上期金额
一、经营活动产生的现金流量：		
销售商品、提供劳务收到的现金	847 500	
收到的税费返还	0	
收到其他与经营活动有关的现金	0	
经营活动现金流入小计	847 500	
购买商品、接受劳务支付的现金	169 500	
支付给职工以及为职工支付的现金	225 000	
支付的各项税费	138 750	

续表

项目	本期金额	上期金额
支付其他与经营活动有关的现金	0	
经营活动现金流出小计	533 250	
经营活动产生的现金流量净额	314 250	
二、投资活动产生的现金流量：		
收回投资收到的现金	0	
取得投资收益收到的现金	300 000	
处置固定资产、无形资产和其他长期资产收回的现金净额	0	
处置子公司及其他营业单位收到的现金净额	0	
收到其他与投资活动有关的现金	0	
投资活动现金流入小计	300 000	
购建固定资产、无形资产和其他长期资产支付的现金	525 000	
投资支付的现金	0	
取得子公司及其他营业单位支付的现金净额	0	
支付其他与投资活动有关的现金	0	
投资活动现金流出小计	525 000	
投资活动产生的现金流量净额	−225 000	
三、筹资活动产生的现金流量：		
吸收投资收到的现金	0	
取得借款收到的现金	0	
收到其他与筹资活动有关的现金	0	
筹资活动现金流入小计	0	
偿还债务支付的现金	25 000	
分配股利、利润或偿付利息支付的现金	0	
支付其他与筹资活动有关的现金	0	
筹资活动现金流出小计	25 000	
筹资活动产生的现金流量净额	−25 000	
四、汇率变动对现金及现金等价物的影响		
五、现金及现金等价物净增加额	64 250	
加：期初现金及现金等价物余额	300 000	
六、期末现金及现金等价物余额	364 250	

表中一些项目的计算过程如下：

①销售商品、提供劳务收到的现金=1 500 000+195 000+（300 000−1 147 500）=847 500（元）

②购买商品、接受劳务支付的现金=600 000+19 500−（600 000−150 000）=169 500（元）

③支付给职工以及为职工支付的现金=75 000+150 000=225 000（元）

④支付的各项税费=138 750元

⑤取得投资收益收到的现金=150 000+150 000=300 000（元）

⑥购建固定资产所支付的现金=450 000+75 000=525 000（元）

⑦偿还债务所支付的现金=25 000元

六、现金流量表补充资料的编制方法

商品流通企业应当采用间接法在现金流量表附注中披露将净利润调节为经营活动产生的现金流量的信息，其格式见表9-5。

间接法是指以净利润为起算点，调整不涉及现金的收入、费用、营业外收支等有关项目，据此计算出经营活动产生的现金流量。调整公式如下：

$$\text{经营活动产生的现金流量净额}=\text{本期净利润}+\text{不引起现金变动的费用、损失}-\text{不引起现金变动的收益}+\text{与经营有关的流动资产减少（或流动负债增加）}-\text{与经营有关的流动资产增加（或流动负债减少）}$$

同时，企业还应在附注中以总额披露当期取得或处置子公司及其他营业单位的现金净额的有关信息，以及披露现金和现金等价物的有关具体信息。

【例9-3】资料承【例9-1】、【例9-2】，公司将净利润调节为经营活动的现金流量，各项目计算结果及过程如下：

固定资产折旧=150 000+75 000=225 000（元）

财务费用=45 000元

投资损失=−160 000元

公允价值变动损失=10 000元

存货的减少=450 000元

经营性应收项目的减少=−847 500元

将上述计算结果填入现金流量表补充资料，见表9-5。

表9-5 现金流量表补充资料

补充资料	本期金额	上期金额
1.将净利润调节为经营活动现金流量：		（略）
净利润	416 250	
加：资产减值准备	0	
固定资产折旧、油气资产折耗、生产性生物资产折旧	225 000	
无形资产摊销	0	
长期待摊费用摊销	0	
处置固定资产、无形资产和其他长期资产的损失（收益以“−”号填列）	0	
固定资产报废损失（收益以“−”号填列）	0	
公允价值变动损失（收益以“−”号填列）	10 000	

续表

补充资料	本期金额	上期金额
财务费用（收益以“-”号填列）	45 000	
投资损失（收益以“-”号填列）	-160 000	
递延所得税资产减少（增加以“-”号填列）	0	
递延所得税负债增加（减少以“-”号填列）	0	
存货的减少（增加以“-”号填列）	450 000	
经营性应收项目的减少（增加以“-”号填列）	-847 500	
经营性应收项目的增加（减少以“-”号填列）	-533 250	
其他	0	
经营活动产生的现金流量净额	314 250	
2.不涉及现金收支的重大投资和筹资活动：		
债务转为资本	0	
一年内到期的可转换公司债券	0	
融资租入固定资产	0	
3.现金及现金等价物净变动情况：		
现金的期末余额	364 250	
减：现金的期初余额	300 000	
加：现金等价物的期末余额	0	
减：现金等价物的期初余额	0	
现金及现金等价物净增加额	64 250	

任务五

所有者权益变动表

一、所有者权益变动表的作用

所有者权益变动表是反映构成所有者权益各组成部分当期增减变动情况的报表。当期损益、直接计入所有者权益的利得和损失，以及与所有者的资本交易导致的所有者权益的变动，应一一加以列示。所有者权益变动表为会计信息使用者分析企业所有者权益的增减、准确判断企业资本保值增值等情况，提供了有用的信息。

二、所有者权益变动表的结构

所有者权益变动表应当单独列示以下项目：①净利润；②直接计入所有者权益的利得和损失及其总额；③会计政策变更和差错更正的累积影响金额；④所有者投入资本和向所有者分配利润等；⑤按照规定提取的盈余公积；⑥实收资本（或股本）、资本公积、盈余公积、未分配利润的期初和期末余额及其调节情况。所有者权益变动表的格式见表 9-6。

表 9-6　　　　所有者权益变动表　　　　会企 04 表

编制单位：　　　　____年度　　　　单位：元

项目	本年金额											本年金额										
	实收资本（或股本）	其他权益工具			资本公积	减：库存股	其他综合收益	专项储备	盈余公积	未分配利润	所有者权益合计	实收资本（或股本）	其他权益工具			资本公积	减：库存股	其他综合收益	专项储备	盈余公积	未分配利润	所有者权益合计
		优先股	永续股	其他									优先股	永续股	其他							
一、上年年末余额	1 900 000								600 000	1 000 000	3 500 000										1 000 000	3 500 000
加：会计政策变更																						
前期差错更正																						
其他																						
二、本年年初余额	1 900 000								600 000	1 000 000	3 500 000										1 000 000	3 500 000
三、本年增减变动金额（减少以"-"号填列）																						
（一）综合收益总额										416 250	416 250										416 250	416 250
（二）所有者投入和减少资本																						
1.所有者投入的普通股																						
2.其他权益工具持有者投入资本																						
3.股份支付计入所有者权益的金额																						
4.其他																						
（三）利润分配																						
1.提取盈余公积									62 437.50	-62 437.50	0											
2.对所有者（或股东）的分配																						
3.其他																						
（四）所有者权益内部结转																						
1.资本公积转增资本（或股本）																						
2.盈余公积转增资本（或股本）																						
3.盈余公积弥补亏损																						
4.设定受益计划变动额结转留存收益																						
5.其他综合收益结转留存收益																						
6.其他																						
四、本年年末余额	1 900 000								662 437.50	1 353 812.50	3 916 250											

任务六

财务会计报告附注

一、财务会计报告附注的作用

财务会计报告附注是对在资产负债表、利润表、所有者权益变动表和现金流量表等报表中列示项目的文字描述或明细资料，以及对未能在这些报表中列示项目的说明等。

在财务会计报告中，无论是主表还是附表，由于受格式、反映形式等因素的限制，有时所提供的信息不能完全满足报表使用者的需要。对此，需要以附注的形式完善财务会计报告，为会计信息使用者理解财务报告提供帮助。财务会计报告附注既是对财务会计报告的补充说明，也是财务会计报告不可缺少的内容。很多情况只有通过附注，才能对财务会计报告有全面、准确的理解，一些在报告中以表格形式难以表述的内容，也需要通过附注加以反映。

二、财务会计报告附注的具体内容

财务会计报告附注提供的信息十分广泛，商品流通企业财务会计报告附注主要包括以下内容：

（一）企业的基本情况

1. 企业注册地、组织形式和总部地址。
2. 企业的业务性质和主要经营活动。
3. 母公司以及集团最终母公司的名称。
4. 财务会计报告的批准报出者和财务报表批准报出日。

（二）财务会计报告的编制基础

财务会计报告的编制基础包括会计年度、记账本位币、会计计量所运用的计量基础以及现金和现金等价物的构成。

（三）遵循企业会计准则的声明

商品流通企业应当声明编制的财务会计报告符合企业会计准则的要求，真实、完整地反映了企业的财务状况、经营成果和现金流量等有关信息。

（四）重要会计政策和会计估计

商品流通企业应当披露采用的重要会计政策和会计估计，不重要的会计政策和会计估计可以不披露。在披露重要的会计政策和会计估计时，应当披露重要会计政策的确定依据和财务报告项目的计量基础，以及会计估计中所采用的关键假设和不确定因素。

（五）会计政策和会计估计变更以及差错更正的说明

商品流通企业应当按照《企业会计准则第 28 号——会计政策、会计估计变更和差错更正》及其应用指南的规定，披露会计政策和会计估计变更以及差错更正的有关情况。

（六）报表重要项目的说明

商品流通企业对报表重要项目的说明，应当按照资产负债表、利润表、现金流量表、所有者权益变动表及其项目列示的顺序，采用文字和数字描述相结合的方式进行披露。报表重要项目的明细金额合计，应当与报表项目金额相衔接。

（七）其他需要说明的重要事项

其他需要说明的重要事项主要包括或有事项和承诺事项、资产负债表日后非调整事项、关联方关系及交易等，具体的披露要求需遵循相关准则的规定。

项目总结

在本项目中，我们了解了商品流通企业财务会计报告的内容及编报要求，系统学习了商品流通企业财务会计报告的结构和编报方法。通过各项工作任务的实施，可以熟练进行各种财务会计报告的编报与分析。

项目测试

一、单项选择题

9-1

扫码看答案

1. 编制现金流量表时，企业的罚款收入应在（　　）项目反映。

A.“销售商品、提供劳务收到的现金”

B.“收到其他与经营活动有关的现金”

C.“支付其他与经营活动有关的现金”

D.“购买商品、接受劳务支付的现金”

2. 下列各项中，属于经营活动产生的现金流量的是（　　）。

A. 销售商品收到的现金　　B. 发行债券收到的现金

C. 发生筹资费用所支付的现金　　D. 分得股利所收到的现金

3. 反映企业报告期末的资产、负债和所有者权益情况的报表是（　　）。

A. 利润表　　B. 现金流量表

C. 资产负债表　　D. 所有者权益变动表

4. 下列需要通过其明细余额调整后填列的会计科目是（　　）。

A.“固定资产”　　B.“银行存款”　　C.“应付账款”　　D.“实收资本”

5. 下列各项中，会影响现金流量净额变动的是（　　）。

A. 用原材料对外投资　　B. 从银行提取现金

C. 用现金支付购买材料款　　D. 用固定资产清偿债务

6. 下列项目会减少企业现金流量的是（　　）。

A. 购买固定资产　　B. 长期待摊费用摊销

C. 固定资产折旧　　D. 固定资产盘亏

7. 现金流量表中的现金流量正确的分类方法是（　　）。

A. 经营活动、投资活动和筹资活动　　B. 现金流入、现金流出和非现金活动

C. 直接现金流量和间接现金流量　　D. 经营活动、投资活动及收款活动

8. 会计报表不包括（　　）。

A. 资产负债表　　B. 利润表　　C. 现金流量表　　D. 财务情况说明书

9. “应收账款”科目所属明细科目期末有贷方余额，应在资产负债表（　　）项目内填列。

A. “预收款项”　　B. “预付款项”　　C. “应付账款”　　D. “其他应付款”

10. “预付账款”科目所属明细科目期末有贷方余额，应在资产负债表（　　）项目内填列。

A. “预付款项”　　B. “应付账款”　　C. “预收款项”　　D. “应收账款”

二、多项选择题

9-2

扫码看答案

1. 下列各项中，属于筹资活动产生的现金流量的有（　　）。

A. 购买固定资产所支付的现金

B. 工程交付使用前的利息支出

C. 融资租赁所支付的现金

D. 经营租赁所支付的现金

2. 下列各项中，影响经营活动现金流量的项目有（　　）。

A. “发行长期债券收到的现金”　　B. “偿还应付购货款”

C. “支付生产工人工资”　　D. “支付所得税”

3. 下列各项中，属于经营活动产生的现金流量的是（　　）。

A. 购买机器设备所支付的增值税款项

B. 支付的所得税款项

C. 购买土地使用权支付的耕地占用税款项

D. 支付的印花税款项

4. “不涉及现金收支的投资活动和筹资活动”需列示（　　）。

A. 债务转为资本　　B. 一年内到期的可转换公司债券

C. 融资租入固定资产　　D. 从银行提取现金

5. 企业的现金流量分为（　　）。

A. 经营活动的现金流量　　B. 投资活动的现金流量

C. 筹资活动的现金流量　　D. 借款活动的现金流量

6. “销售商品、提供劳务收到的现金”反映（　　）。

A. 本期销售商品、提供劳务收到的现金

B. 前期销售商品本期收到的现金

C. 前期提供劳务本期收到的现金

D. 本期预收的账款

7. “支付给职工以及为职工支付的现金”项目不反映（　　）。

A. 企业生产工人的工资　　B. 在建工程人员的工资

C. 支付的退休统筹金　　　　　　　　D. 支付的未参加统筹的退休人员的费用

8.“货币资金”项目包括（　　）。

A. 库存现金　　B. 银行汇票存款　　C. 银行本票存款　　D. 商业汇票

9. 会计报表包括（　　）。

A. 资产负债表　　B. 利润表　　C. 现金流量表　　D. 相关附表

10. 财务会计报告包括（　　）。

A. 会计报表　　B. 会计报表附注　　C. 财务情况说明书　　D. 预算报告

三、判断题

1. 资产负债表是反映企业某一特定期间财务状况的会计报表。（　　）

9-3

扫码看答案

2. 资产负债表中的“应收账款”项目应根据“应收账款”“应付账款”所属明细分类账户期末余额分析填列。（　　）

3. 商品流通企业现金流量表正表的内容分别反映经营活动、投资活动和筹资活动的“现金流入”“现金流出”“现金流量净额”等指标。（　　）

4. 经营活动产生的现金流量包括销售商品、提供劳务收到的现金，购买商品、接受劳务支付的现金，支付给职工以及为职工支付的现金，支付的各项税费和支付的利息。（　　）

9-4

扫码看答案

5. 处置固定资产所收回的现金净额属筹资活动产生的现金流量。（　　）

四、综合实务操作

（一）熟练掌握资产负债表中部分指标的填列方法

安州贸易公司20××年12月31日部分总账账户的期末余额见表9-7：

表9-7　安州贸易公司20××年12月31日部分总账账户的期末余额　单位：万元

账户名称	借方余额	账户名称	贷方余额
库存现金	5	商品进销差价	180
银行存款	180	存货跌价准备	20
应收账款	350	应付账款	320
预付账款	50	预收账款	80
其他应收款	20	应付职工薪酬	15
应收利息	0	应交税费	5
库存商品	550	应付债券	60
委托加工物资	60	本年利润	120
周转材料	25	实收资本	500
债权投资	50		
利润分配	10		
合计	1 300		1 300

应收账款明细账借方总额400万元，贷方总额50万元；预付账款明细账借方总额65万元，贷方总额15万元；应付账款明细账借方总额50万元，贷方总额370万元；预收账款明细账借方总额10万元，贷方总额90万元；债权投资账户期末余额50万元，其中一年内到期的债权投资10万元；应付债券账户期末余额20万元，其中一年内到期的债券20万元。

根据上述资料计算资产负债表中下列各个项目的数值：

1. 货币资金
2. 应收账款
3. 预付款项
4. 存货
5. 一年内到期的长期债券投资
6. 长期债券投资
7. 应付账款
8. 预收款项
9. 一年内到期的长期负债
10. 应付债券
11. 未分配利润

（二）熟练掌握利润表的编制

津州贸易公司20××年12月份有关损益类账户本期发生额及累计发生额见表9-8：

表9-8　津州贸易公司20××年12月份有关损益类账户本期发生额及累计发生额　单位：万元

账户名称	12月份发生额		1—11月份累计发生额	
	借方	贷方	借方	贷方
主营业务收入		300		2 200
主营业务成本	250		2 000	
其他业务收入		25		75
投资收益				30
营业外收入		5		10
税金及附加	2		13	
销售费用	20		100	
管理费用	20		80	
财务费用	5		30	
资产减值损失	3			
其他业务成本	20		50	
营业外支出			2	
所得税费用	2.5		10	
合计	322.5	330	2 285	2 315

依上述资料编制利润表。

主要参考文献

[1] 中华人民共和国财政部. 企业会计准则应用指南（2019 年版）[M]. 上海：立信会计出版社，2019.

[2] 林莉，朱传华 .最新企业会计准则讲解与实务 [M]. 北京：新华出版社，2015.

[3] 郑建志. 商品流通企业会计 [M]. 3 版. 北京：中国财政经济出版社，2015.

[4] 王国生. 商品流通企业会计 [M]. 3 版. 北京：首都经济贸易大学出版社，2017.

[5] 周涛. 商品流通企业会计 [M]. 2 版. 北京：中国人民大学出版社，2012.

[6] 丁元霖. 商品流通企业会计 [M]. 10 版. 上海：上海财经大学出版社，2015.

[7] 卢德湖，陈德洪. 商品流通企业会计实务 [M]. 4 版. 大连：东北财经大学出版社，2019.

[8] 史玉光. 商品流通企业会计实务 [M]. 6 版. 北京：电子工业出版社，2018.

[9] 雷玲. 电子商务案例分析 [M]. 6 版. 大连：大连理工大学出版社，2018.

[10] 邵安兆. 网络营销 [M]. 2 版. 北京：高等教育出版社，2014.

[11] 商玮. 电子商务物流管理 [M]. 北京：中国财政经济出版社，2008.

[12] 财政部、国家税务总局 .《关于进一步支持小微企业增值税和营业税政策的通知》（财税〔2014〕71 号），2014.

[13] 财政部、国家税务总局 .《关于继续执行小微企业增值税和营业税政策的通知》（财税〔2015〕96 号），2015.

[14] 财政部、国家税务总局 .《关于全面推开营业税改征增值税试点的通知》（财税〔2016〕36 号），2016.

[15] 财政部、国家税务总局 .《关于小型微利企业所得税优惠政策有关问题的通知》（财税〔2019〕13 号），2019.